Kirschbuch Verlag

Zum Buch:

Ein Zufallsfund bei einer Massenkarambolage: 48 Leichen werden in einem Container aufgefunden – ohne Papiere, ohne Fahrer und ohne erkennbaren Grund.

Kommissarin Laura Braun und Gerichtsmedizinerin Elena Salonis stehen vor einem Rätsel: Handelt es sich um einen Unfall oder doch um ein gewaltiges Verbrechen?

Die Ermittlungen ziehen die beiden Frauen immer tiefer hinein in einen Sog aus menschlichen Abgründen und grenzenloser Gier. Und zu allem Überfluss tritt auch Elenas Ex-Freund wieder in ihr Leben ...

Zur Autorin:

Kirsten Sawatzki, geboren in Bad Dürkheim und aufgewachsen in der Pfalz, begann nach der Schule eine Ausbildung zur Tierarzthelferin und war in diesem Beruf noch weitere zehn Jahre tätig. Danach wechselte sie zu einem Automobilzulieferer, wo sie bis heute im Bereich Qualitätssicherung tätig ist. 2017 gehörte sie zu den Preisträgern der Wieslocher Kriminacht mit ihrem Roman »Gottesbrut«. Sie ist Mitglied der Autorenvereinigung »Mörderische Schwestern e.V.« Zu ihren literarischen Vorbildern gehören Tess Gerritsen und Simon Beckett.

Kirsten Sawatzki

# Die Komplizen des Todes

Roman

Kirschbuch Verlag

FSC
www.fsc.org
FSC® C020637

The mark of
responsible forestry

Erstauflage
veröffentlicht im Kirschbuch Verlag,
ein Imprint der QualiFiction GmbH
Hamburg, März 2021

Umschlaggestaltung: QualiFiction GmbH
Satz: QualiFiction GmbH
ISBN 9783948736095
Herstellung: Bookpress, Olsztyn (PL)

Für meine Eltern

# PROLOG

Der Gestank des Todes umgibt mich wie eine zweite Haut. Ich öffne den Mund zu einem stummen Schrei und bereue es sofort, weil er mir den Atem nimmt. Ich überlege, wie lange wir schon in dieser Dunkelheit gefangen sind. Aber mein Gehirn hat schon vor einer Ewigkeit die Fähigkeit zu rationalem Denken verloren.

Dabei sind wir doch die Auserwählten!

Die Glücklichen. Diejenigen, die es geschafft haben.

Ich kann mich noch an die Blicke derer erinnern, die zurückgelassen wurden. Ihre Enttäuschung. Ich war vertraut mit diesem Gefühl. Wenn die Augen der Männer dich mustern und du ihnen ansiehst, dass sie sich nicht für dich entscheiden. So viele Male wurden wir zurück in das Lager geschickt, wo wir täglich ums Überleben kämpfen mussten.

Doch jetzt sollte alles anders werden.

Dieses Mal war die Wahl auf uns gefallen. Wir konnten unser Glück kaum fassen, als wir den LKW besteigen durften. Endlich. Wir drängten uns in die hinterste Ecke, zwischen Menschen, die wir kaum kannten, aber die das gleiche Ziel hatten: Ein besseres Leben.

Doch heute zweifle ich an den guten Absichten der Schlepper.

Nach der nächtlichen Odyssee über das Meer, in dem eine Frau ertrank, war ich froh, dass die Reise an Land weiterging. Aber die Enge in dem Stahlkoloss ist kaum zu ertragen. Sie umgibt mich wie schwarzes Wasser. Zusammengepfercht wie Tiere sitzen wir in diesem rollenden Käfig, wo die Kälte des Metalls mir schmerzhaft in den Rücken schneidet, als wollte sie mir alles Leben aussaugen.

Ich bemerke eine Bewegung neben mir. Langsam drehe ich den Kopf. Doch die Dunkelheit lässt kein Erkennen zu. Muss sie auch nicht. Ich weiß, von wem das Wimmern kommt. Es ist Naadir. Mein bester Freund, meine Familie. Ich habe die Jahre nicht gezählt, aber es sind viele, in denen wir gemeinsam durch das staubige Land geirrt waren. Auf der Suche nach einem Zuhause. Wir haben zusammen gestohlen, gebettelt, gekämpft und uns von einem Flüchtlingslager zum anderen durchgeschlagen.

Ich will ihn beruhigen und strecke die Hand aus. Unter meinen Fingern spüre ich das Brennen seiner feuchten Haut, sein Zittern. Ich rieche die Fäulnis seiner eiternden Wunden. Verletzungen, die ihm nicht die somalischen Soldaten zugefügt hatten, sondern die Männer, die uns hier eingesperrt haben.

Naadir beginnt zu stöhnen, als er von einem heftigen Schütteln erfasst wird. Ich ziehe ihn an mich und halte ihn so lange, bis der Krampf verebbt. Als sich seine Atemzüge beruhigen, bette ich ihn wieder auf den Boden. *Lasst uns raus*, flehe ich. Aber die Worte finden nicht den Weg über meine Lippen. Meine Zunge fühlt sich dick und schwer an, und ich sehne mich nach Wasser. Mir kommt eine Idee, und ich beginne, mir den Schweiß von den Armen zu lecken. Er schmeckt scheußlich.

In meinem Kopf ordnen sich meine Gedanken, und ich fasse einen Entschluss. Wir müssen hier raus. Jetzt!

Als ich mich erhebe, entsteht Tumult. Doch ich ignoriere ihn. Ich muss Hilfe für meinen Freund finden. Mit der Klarheit in meinem Kopf kommen mir wieder Zweifel an den guten Absichten unserer Transporteure. Mein Herz hämmert wild gegen meine Brust, als ich versuche, das andere Ende des Kubus zu erreichen. »Setz dich wieder hin!« ruft eine Stimme, und eine andere schimpft, dass ich alle nervös machen würde. Ich stolpere über Gliedmaßen und muss aufpassen, nicht hinzufallen.

»Ich will raus!«, heule ich.

Im nächsten Moment packen mich Hände und drücken mich zu Boden. Eine Stimme an meinem Ohr flüstert. »Mach keinen Scheiß, Junge! Willst du, dass uns die Männer erschießen?«

Natürlich will ich das nicht, trotzdem wehre ich mich gegen seinen Griff.

Die Bremsen kreischen.

Ein heftiger Ruck geht durch die Menschen im Container. Ich versuche, mich irgendwo festzuhalten. Aber meine Finger finden keinen Halt. Die Person, die mich festgehalten hat, stürzt zuerst auf mich und dann zu Boden. Schreie erfüllen das Innere des Containers. Wir rutschen wahllos umher, und unsere Körper prallen gegeneinander. Wieder trifft mich etwas. Vielleicht ein Bein oder ein Arm. Dann werde ich unter unzähligen Körpern begraben.

# KAPITEL 1

Die Laune von Dr. Elena Salonis war schon übel genug, noch bevor sie das rechtsmedizinische Institut betreten hatte. Der Berg unbearbeiteter Dokumente, die fein säuberlich auf ihrem Schreibtisch geordnet worden waren, dämpften ihre Stimmung noch mehr. Fast jede Akte war gespickt mit einer Notiz. Deshalb war sie heute früher gekommen. Ihr erster Arbeitstag. Sie wusste, was dringend zu erledigen war, denn seit zwei Wochen lagen die Befunde und medizinischen Unterlagen zur Durchsicht auf ihrem Schreibtisch. Hinzu kamen die Fälle, die sie schon vor ihrem Urlaub nicht erledigt hatte. Während des Duschens hatte sie sich vorgenommen, dass sie noch vor der ersten Obduktion alle Berichte unterschreiben würde. Jetzt fühlte sie sich der Aufgabe keinesfalls gewachsen.

Lustlos sank sie gegen den Türrahmen, umklammerte ihren Kaffeebecher und inhalierte förmlich dessen Aroma. Aus sicherer Entfernung beäugte sie ihren Schreibtisch, als würde allein der Wunsch, der Büroarbeit zu entfliehen, den Stapel Akten in Luft auflösen. Natürlich klappte das nicht. Sie kippte den Rest des Kaffees hinunter und knallte die Tasse mit einem unsanften Geräusch neben den Computerbildschirm.

Ohne den Unterlagen einen weiteren Blick zu schenken, stürmte sie aus dem Zimmer. Von einem plötzlichen Einfall beflügelt, stieß sie die Tür zur Leichenhalle auf. Die Stille des Raumes war ihr so vertraut, dass sie einen Moment innehielt und die Ruhe auf sich wirken ließ. Kühle Luft, vermischt mit dem Gestank nach totem Fleisch und Desinfektionsmittel. Die meisten Menschen hätte jetzt sicher das Grauen gepackt. Ihr war der Geruch des Todes schon lange nicht mehr fremd. Aber heute kratzte er so verdächtig in ihrer Nase, dass sie einen Moment innehielt. Die Leuchtstofflampen blinzelten und zuckten, und schließlich erhellten sie den Raum. Im Vorbeigehen zog sie ein Paar Nitrilhandschuhe aus einem Spender und ließ sie mit einem satten Schnalzer über die Hände gleiten. Beinahe motiviert steuerte Elena die hohen Kühlschränke an und zog eine Schublade heraus.

Dunkles Nahtmaterial. Grobe Stiche. Die behaarte Brust trug die unverkennbare Handschrift eines Rechtsmediziners. Sie öffnete die nächste Lade. Ein Greis. Auch hier hatten die Kollegen schon ganze Arbeit geleistet. Sie wiederholte die Prozedur. Überprüfte ein Schubfach nach dem anderen.

»Das gibt's doch nicht. Mist!«, stieß sie hervor.

Enttäuscht und geradezu ihres Elans beraubt, pfefferte sie die Handschuhe in den Mülleimer und lief zurück zu ihrem Büro. Eine Leiche wäre jetzt ein guter Grund gewesen, um sich vor dem Schreibkram zu drücken. Büroarbeit war nicht ihr Ding. Das hatte sie wohl ihren griechischen Genen zu verdanken. Hieß es nicht immer, dass die Griechen ein Volk der Taten waren und nicht ein Volk von Bürokraten?

Mit einem resignierenden Stöhnen ließ sie sich in ihren Bürostuhl fallen. Missmutig starrte sie auf den Aktenberg. War dieser vor wenigen Minuten nicht um einiges kleiner gewesen? Sie griff nach der obersten Kladde.

*Viktor Böhm.* Die Worte sprangen ihr entgegen, und sofort hatte sie den Fall vor Augen. Das Bild eines attraktiven Mittsechzigers mit silbernem Haar und stahlblauen, wachen Augen. Wie überrascht sie darüber gewesen war, dass diese Augen, auch nach Eintreten des Todes, ihre Leuchtkraft nicht verloren hatten. Schnell war sie hinter deren Geheimnis gekommen. »Farbige, irisierende Kontaktlinsen«, hatte sie damals Dimitri erklärt. Der Sektionsassistent hatte überrascht die Augenbrauen hochgezogen. »Wieso trägt ein alter Mann leuchtend blaue Kontaktlinsen, das ist doch eher was für die junge Generation?«

»Alter Mann?!«

Oberhauptkommissar Bode war schon öfters Gast in Elenas Sektionssaal gewesen. Er stand kurz vor der Pension und sie wusste, dass er in seiner Dienstzeit bei der Kripo Mannheim-Heidelberg schon einiges gesehen hatte. Aber noch nie hatte sie es erlebt, dass Alexander Bode durch etwas aus der Fassung geraten war. Grimmig hatte er den Sektionsassistenten angefunkelt. Hatte dessen jungen, muskulösen Körper beäugt, über dem sich das grüne OP-Hemd gespannt hatte.

»Nur weil der Mann keine dreißig mehr ist, ist er noch lange kein alter Knacker!«

Eine Entschuldigung murmelnd, hatte sich Dimitri schnell den Instrumenten zugewandt.

*Mia Bauer.* Sie seufzte, als sie die nächste Kladde öffnete und die fein säuberlich getippten Seiten herauszog. Sie wusste, dass sie sich auf ihre Kollegin verlassen konnte. Trotzdem las sie den kompletten Text durch, um sich zu vergewissern, dass sich keine Fehler eingeschlichen hatten, ehe sie in schwungvollen Lettern unterschrieb. Sie wollte soeben die nächste Fallakte vom Stapel ziehen, als ihr Handy klingelte.

Bereits aus der Ferne versuchte Elena, das Ausmaß des Unfalls zu erahnen. Massenkarambolage. Das war eines der Worte von Kommissarin Laura Braun am Telefon gewesen. *Massenkarambolage!*

Aber das, was sich durch die Windschutzscheibe ihres Dienstwagens auftat, ging weit über ihre Vorstellungskraft hinaus. Ein riesiger Feuerschein zeichnete sich gegen das Morgengrauen ab und stieß eine gigantische Rauchsäule in den Himmel. Blaulichter durchzuckten die weichende Nacht und schraffierten alles saphirblau. Längst hatte man die Autobahn abgesperrt und den Verkehr umgeleitet. Frühe Pendler verstopften die Straße und machten es fast unmöglich, durch die Rettungsgasse zu kommen.

Endlich erreichte sie eine Polizeisperre. Der Mann in Uniform ließ sich Zeit, ihren Ausweis zu kontrollieren, dann warf er ihr einen letzten prüfenden Blick zu und ließ sie passieren. Im Schritttempo rollte sie über den Asphalt.

Geschickt lenkte sie den Wagen zwischen stehenden Fahrzeugen hindurch und suchte eine geeignete Parkmöglichkeit, um die abfahrenden Rettungsfahrzeuge nicht zu blockieren. Um sich einen Überblick zu verschaffen, beschloss sie, noch einen Moment im Wagen sitzen zu bleiben.

Sofort fielen ihr die erschöpften Feuerwehrmänner am Straßenrand auf. Fahle Gesichter, denen man das Grauen und die Überlastung buchstäblich ansah. Einer schraubte eine Wasserflasche auf, und seine Hand zitterte, als er sie zum Mund führte. Eine kurze Pause, bevor er sich wieder dem Kampf gegen das Feuer stellen würde.

Sie griff nach Mantel und Einsatzkoffer und war gerade im Begriff auszusteigen, als sich ein dunkler Schatten vor ihr aufbaute.

»Hey, was wollen Sie hier? Verschwinden Sie!«

Noch bevor Elena antworten konnte, fiel der Blick des Feuerwehrmannes auf das Armaturenbrett. Auf die Worte, welche in dicken roten Lettern auf eine kleine Tafel gedruckt waren. Worte, die jedem sagten, warum sie hier war: *Rechtsmedizin im Einsatz.*

»Sorry. Ich dachte, Sie wären einer dieser Reporter, die hier ständig auftauchen und uns nur im Weg rumstehen!«, begann er mit einer Entschuldigung.

Sie konnte ihm kaum einen Vorwurf machen. Sie hatte selbst schon erlebt, wie aufdringlich einige Journalisten sein konnten. Elena hob beschwichtigend die Hand. »Sagen Sie mir lieber, wo ich Kommissarin Laura Braun finde.«

Er zuckte mit den Achseln. »Hier sind Unmengen an Polizisten. Wir sind schon seit Stunden im Einsatz. Ich weiß nicht, wie viele Lastwagen an dem Unfall beteiligt sind, aber es sind eine ganze Menge, das können Sie mir glauben. Ganz zu schweigen von den vielen PKWs. Aber das Schlimmste ist der Tankwagen. Der hatte irgendetwas Explosives geladen. Er hat sich und ein paar umherstehende Fahrzeuge in die Luft gejagt. Die Teile sind bis auf die Gegenspur geflogen. Ein Inferno, sage ich Ihnen. Sind Sie deshalb hier?«

Elena ignorierte die Frage, jedoch nicht aus Unhöflichkeit. Ihr war immer noch nicht klar, warum Laura sie angerufen hatte. Die Besorgnis der Freundin am Telefon war deutlich spürbar gewesen, aber es war nicht das erste Mal, dass sie zu einem Unfallort auf der Autobahn gerufen wurde. Die meisten Menschen kannten die Arbeit des Rechtsmediziners nur aus Romanen oder dem Fernsehen. Dort bekamen sie das Bild vermittelt, wonach sich Rechtsmediziner meist nur mit der Untersuchung von Leichen beschäftigen würden. Die wenigsten wussten, dass dieses Fachgebiet viel mehr Aufgabenbereiche umfasste. Die Verkehrsmedizin war so ein Thema. Allerdings untersuchte Elena die Opfer in den seltensten Fällen direkt vor Ort. Heute war das offensichtlich anders.

»Wo finde ich den Einsatzleiter?«

Mit einer Kopfbewegung deutete der Mann auf eine Gruppe von Löschfahrzeugen. »Versuchen Sie es mal da vorne, aber passen Sie auf, dass Sie nicht zu nahe an die LKWs kommen. Die Reifen könnten durch die extreme Hitze platzen, und Sie wollen so ein Geschoss sicherlich nicht abbekommen.«

»Ja, danke.«

Unter den ernsten Blicken der Feuerwehrmänner huschte Elena an der Mittelleitplanke entlang. Sie spähte über die abgesperrte, leere Gegenfahrbahn, als das rhythmische Donnern von Rotorblättern einen Helikopter ankündigte. Kurz verfolgte sie den Flug des Rettungshubschraubers auf der Suche nach einem geeigneten Landeplatz. Dann wandte sie den Blick wieder auf das, was sich auf der Autobahn abspielte. Ein Bild des Schreckens.

Unzählige Fahrzeuge waren ineinander verkeilt, PKWs, LKWs und Transporter. Einige standen quer. Verbogenes Metall reckte sich in den Himmel wie bleiche Knochen. Mehrere Wracks waren unlängst von den Bergungskräften an den Straßenrand gezogen worden und warteten darauf, abgeschleppt zu werden.

Die Fahrbahn war übersät von Fahrzeugteilen und verlorener Ladung. Verletzte wurden versorgt. Einige standen mit bleichen Gesichtern am Rande des Geschehens und starrten mit geweiteten Augen auf die Reste ihrer Autos. Eine Frau mit einem weinenden Kleinkind auf dem Arm ließ sich, wie in Trance, von einem Rettungssanitäter zu einem Krankenwagen führen. Überall liefen Feuerwehrmänner, Sanitäter und Polizisten durcheinander. Anweisungen wurden über die Fahrbahn gebrüllt. Pralle Schläuche zogen sich kreuz und quer über den nassen Asphalt, und nicht wenige wurden komplett von einem dicken Teppich aus Löschschaum verdeckt. Wie sollte sie in diesem Durcheinander Laura finden?

Vorsichtig bahnte sie sich einen Weg durch das Chaos. Der leichte Herbstwind wehte ihr kühl ins Gesicht, trieb ihr einen scharfen Geruch von Feuer und verkohlten Kunststoffen entgegen und brannte in ihren Augen. Von Laura fehlte jede Spur. Ungeduldig zog sie ihren Mantel vor der Brust zusammen. Jetzt erst wurde ihr klar, wie kalt es heute morgen war. Sie hatte weiß Gott keine Lust darauf, die Kommissarin weiter in dem Durcheinander ausfindig zu machen und wollte gerade nach ihrem Handy suchen, als sie Falk Ackermann entdeckte.

Umgeben von Polizisten hob ihn seine Zivilkleidung von den uniformierten Beamten ab. Mit ausdrucksloser Miene hörte der Kommissar den Kollegen zu und machte sich Notizen. Unvermittelt schien er ihren Blick zu spüren und sah sie direkt an. Ein Ausdruck freudiger Überraschung huschte über sein Gesicht. Dann verrutschte sein Lächeln, und seine Miene wurde wieder ernst. Er löste sich aus der Gruppe und rief ihr etwas entgegen, aber der Lärm war zu stark.

»Was?«, brüllte sie.

Statt einer Antwort bedeutete er ihr mit einem Kopfnicken, dass sie mitkommen solle. Vorsichtig watete sie durch den Löschschaum. Hier und da ragten die Spitzen undefinierbarer Gegenstände heraus. Selbst wenn sie zu sehen waren, war es schwierig, zwischen ihnen hindurchzugehen. Unter dem Schaum verborgen, waren sie unberechenbar. Als sie Ackermann erreichte, waren ihre Schuhe komplett durchnässt, und die vollgesogene Hose klebte feucht an ihren Beinen.

Falk Ackermann trug eine Wildlederjacke, darunter einen schwarzen Rollkragenpullover und die obligatorischen Jeans. Sein Haar, länger als sie es in Erinnerung hatte und vom Wind zerzaust, gab ihm das jugendliche Aussehen eines Dandys.

»Elena!« Seine Augen lächelten, auch wenn er ernst blieb.

»Hallo, Falk, wo ist Laura? Warum habt ihr mich gerufen?«

»Du weißt es nicht?«

Das Lächeln in seinen Augen verschwand. Er zog sie mit sich. Mühsam schoben sie sich an den Wracks vorbei. Immer wieder musste er sich ausweisen, damit sie passieren konnten. Kurz vor dem brennenden Tanker boten sich zwei Feuerwehrmänner als Eskorte an. Trotzdem mussten sie bis weit auf die Gegenfahrbahn ausweichen, um sicher an dem in Flammen stehenden Fahrzeug vorbeizukommen.

Ein Feuerwehrmann erklärte: »Inzwischen haben wir das Feuer unter Kontrolle!« Er deutete auf die verkohlten Überreste der involvierten Transporter. »Aber den Tanker können wir nicht löschen und müssen ihn kontrolliert abbrennen lassen!«

Extreme Hitze und der Geruch von brennendem Diesel schlug ihnen entgegen und brannte in ihren Augen, und sie musste blinzeln. Sie suchte in ihrem Mantel nach einem Taschentuch und wischte sich damit über die Augen. Das kostete nur wenige Sekunden Zeit, aber sie konnte so schon kaum mit Ackermann mithalten. Sie hätte ihn gern gefragt, um was es ging. Doch der Lärm und die Umstände ließen kein Gespräch zu.

*Nimmt dieser Unfall denn gar kein Ende?*, dachte sie mit Entsetzen, als sie die Schlange aufeinandergeprallter Lastkraftwagen erblickte. Wie Perlen an einer Kette reihten sich die Fahrzeuge auf. Zusammengeschoben durch die Kraft von Maschinen. Vermutlich verursacht durch menschliches Versagen und zu geringe Distanz.

## KAPITEL

# 2

Kommissarin Laura Braun trat seit mindestens fünfundzwanzig frostigen Minuten von einem Bein auf das andere. Ihre Füße hatten sich schon vor einer gefühlten Ewigkeit in Eisklumpen verwandelt, und das Auf-und-Ab-Laufen war lediglich der verzweifelte Versuch, irgendwie warm zu bleiben. Wo blieb Elena?

Wieso ließen heute alle auf sich warten? Sie seufzte. Es war ein resigniertes Seufzen, weil sie wusste, dass manche Dinge einfach ihre Zeit brauchten. Sie hob die Hand zur Stirn und ließ ihren Blick über das Chaos gleiten, um Elena darin ausfindig zu machen. Aber das war nicht so einfach. Wie fleißige Ameisen wuselten die Einsatzkräfte über den Asphalt, und es schien ihr geradezu unmöglich, ein bekanntes Gesicht zu erkennen. Sie versuchte es in Fahrtrichtung. Ein Krankenwagen löste sich aus dem Cluster von Rettungsfahrzeugen und fuhr einsam davon. Der eisige Wind und die Tatsache, dass sie schon eine Ewigkeit in der feuchten Kälte stand, zerrten an ihrer Geduld. Hinzu kam die Müdigkeit. *Kaffee.*

Der Wunsch nach einer heißen Tasse Kaffee wurde nahezu übermächtig. Als würde in dem Heißgetränk die Lösung für alles liegen. Sie stöhnte und überlegte, ob sie sich an die Kollegen wenden sollte. Irgendjemand würde doch wohl eine Thermoskanne Kaffee dabeihaben.

Sie haderte einen Augenblick mit sich, entschied sich aber schließlich zu bleiben, um Elena keinesfalls zu verpassen. Laura hatte Elena auf ihrem privaten Handy angerufen, um sicherzustellen, dass *sie* den Fall bearbeiten würde. Obwohl sie mit der Rechtsmedizinerin befreundet war, konnte sie objektiv beurteilen, dass Elena eine der Besten auf ihrem Gebiet war. Ein weiterer Vorteil bestand darin, dass Elena auch nach ihrem Feierabend für sie erreichbar war. Andere Mitarbeiter aus dem Institut waren da nicht so tolerant.

Außerdem war Laura die Freundschaft zu Elena wichtig. Sie hatten sich bei ihrem ersten Fall letztes Jahr kennengelernt. Damals wurde sie von einem Serienmörder gefangen gehalten, und die ganze Angelegenheit hatte die beiden einander sehr nahe gebracht.

Sie ließ ihren Blick suchend über die verschiedenen Fahrzeuge gleiten und auf das, was von einigen übrig war. So stark waren sie ineinander verkeilt, dass man teilweise das Führerhaus nur noch annähernd erahnen konnte. Das Ausmaß an Verletzten war angesichts der Schwere des Unfalls kaum auszumachen. Sie hatte gesehen, dass die Rettungskräfte einen Fahrer nur noch tot bergen konnten.

*Der Tod fährt mit*, dachte sie. Der Tod … Er hatte auch sie am frühen Morgen aus dem Bett gerissen. Er war auch ihr Geschäft. Als leitende Ermittlerin der Mordkommission Mannheim-Heidelberg musste sie sich regelmäßig mit dem Tod und seinen Opfern beschäftigen. Dass sie einmal zu einer Massenkarambolage gerufen werden würde, hätte sie nicht gedacht. Von Elena fehlte weiterhin jede Spur.

Sie rieb sich die kalten Hände. Und plötzlich gesellte sich zu ihrem Wunsch nach Kaffee und Wärme ein weiteres, sehr unangenehmes Gefühl. Sie musste zur Toilette. *Mist!* Wie hatte sie dies nur die ganze Zeit ignorieren können?

Sie sah zum Straßenrand. Der Grünstreifen bot wenig Deckung. Zudem wurde es merklich heller. Ihr Blick blieb an einer Böschung hängen. Dichtes Gestrüpp säumte die Hügel. Sie überlegte, ob sie es wagen konnte, sich hinter einem Busch zu erleichtern, als sie zwei Gestalten entdeckte. »Na endlich, das wurde aber auch Zeit!«

Elena ließ es sich nicht anmerken, ob es sie ärgerte, von Laura mit einem Vorwurf empfangen zu werden. Betont freundlich begrüßte sie die Kommissarin. »Guten Morgen, warum bin ich hier?«

Lauras Blick schnellte zu ihrem Partner. »Du hast es ihr nicht erzählt?«

Ehe Falk Ackermann etwas erwidern konnte, fügte Laura hinzu: »Die gute Nachricht zuerst? Sie sind nicht im Feuer umgekommen!«

Mit diesen Worten eilte die Kommissarin zu einem demolierten Sattelschlepper. Elena sah kurz zu Falk, seufzte und folgte der Polizistin.

Ohne ihre Schritte zu verlangsamen, sagte Laura: »Das Führerhaus hat ordentlich was abbekommen. Der Fahrer wurde entweder schon geborgen, oder war bereits über alle Berge, noch bevor wir eingetroffen sind.« Sie sah zu Falk. »Konntest du in Erfahrung bringen, in welches Krankenhaus er möglicherweise gebracht wurde?«

Ackermann schüttelte stumm den Kopf. Elena beäugte die verschobene Karosserie des Führerhauses. »Wenn es nicht um den Fahrer geht, warum hast du mich dann angerufen?«

»Weil du dir unbedingt etwas ansehen musst. Ich wette, so etwas ist dir auch noch nicht untergekommen!«

Zwei Polizisten standen am Ende des Überseecontainers. Frischlinge, wie Laura unschwer an den nagelneuen Uniformen erkannte. Ihre jugendlichen Gesichter waren blass, und man sah ihnen die Erleichterung deutlich an, als Laura den Männern zu verstehen gab, dass sie ihren Posten verlassen konnten.

»Als die Kollegen von der Autobahnpolizei den Fahrzeugführer nicht ausfindig machen konnten, haben sie den Schiffscontainer geöffnet, um die Ladung zu überprüfen. Sie wussten ja nicht, ob er etwas Giftiges oder Explosives geladen hatte. Stattdessen haben sie dann das hier gefunden. Ich glaube, dass die Jungs diesen Anblick nie wieder vergessen werden!«

Elena hatte ihr stirnrunzelnd zugehört. Jetzt starrte sie auf die angelehnte Stahltür, als würde sie mit dem Schlimmsten rechnen. Doch Laura wusste, dass die Freundin Profi genug war, um sich dem Fund zu stellen. Was immer die jungen Polizisten so schockiert hatte: Elena würde sich nicht davon abhalten lassen, ihren Job zu machen.

Die Kommissarin streifte ein paar Handschuhe über und zog die rechte Tür einen Spalt weit auf. Eine Welle fauliger, feuchter Luft schwappte ihnen entgegen. Ackermann hielt sich den Arm vor Nase und Mund und wandte sich ab. »Na, wunderbar.«

Elena warf Laura einen Blick zu, der zwischen Neugier und Abscheu schwankte, als der Geruch in vollem Ausmaß auf die Gruppe traf.

»Falk, leuchte doch mal da rein, damit sie es sehen kann«, sagte Laura.

Ackermanns Blick sprach Bände. Er sah aus, als wäre er überall lieber als hier. Zögernd kam er näher und knipste seine Mag-Lite an.

Die Kommissarin verpasste der Tür einen unsanften Stoß. Der Gestank, der ihnen daraufhin entgegenschlug, war geradezu unerträglich. Laura war nicht entgangen, dass selbst die Rechtsmedizinerin angewidert die Nase kraus zog. Und ihrem Gesicht konnte man unweigerlich ablesen, dass sie Schreckliches ahnte. Mit einer Taschenlampe bewaffnet stellte sich Elena auf die Zehenspitzen, um besser sehen zu können. Doch als der Schein der beiden Taschenlampen auf das Innere des Containers traf, wich sie taumelnd zurück und keuchte: »Um Gottes willen!«

Laura, die direkt hinter Elena stand, konnte nicht schnell genug ausweichen, und unsanft prallten die Frauen ineinander. Laura schnappte erschrocken nach Luft, als Elena auf ihre Zehen trat, was zur Folge hatte, dass sie einen Schwall des Gestanks einatmete. Ein heftiger Schmerz jagte durch ihren Fuß. Sie biss die Zähne zusammen und zischte: »Mensch, pass doch auf!«

Doch Elena, unfähig zu antworten, taumelte ein paar Schritte zur Seite, wo die Luft besser war. Ackermann nahm ebenfalls Reißaus.

Während die Dunkelheit das Innere wieder umhüllte, tat Elena ein paar beruhigende Atemzüge, offenbar schockiert von dem, was sie gesehen hatte. »Das ist …«, begann sie, aber sie fand keine weiteren Worte.

Laura trat zur Freundin. Selbst hier war der Gestank nach verrottendem Fleisch noch deutlich zu vernehmen. »Schlimme Sache! Obwohl ich schon einmal in den Container geschaut habe, kann ich mich kaum an den Anblick gewöhnen.«

»Sind … sind sie alle tot?«, wisperte Elena.

»Wir haben einen der Notärzte hineingeschickt, und er kam nur kopfschüttelnd raus. Ich glaube, er erholt sich gerade in einem der Rettungswagen.«

»Wie viele sind es?«

»Keine Ahnung. Das herauszufinden, ist deine Aufgabe.«

Elena seufzte, als würde ihr noch einmal bewusst werden, welch grausige Aufgabe ihr bevorstand. Sie warf den Beamten einen Blick zu, den man fast als Vorwurf bezeichnen konnte, griff nach ihrem Einsatzkoffer und zog einen Schutzanzug heraus. Geradezu umständlich schlüpfte sie in den Anzug.

Laura kannte die Rechtsmedizinerin, und sie hatte es noch nie erlebt, dass sie bei einem Leichenfund gezögert hatte. »Ist mit dir alles okay?«

Elena nickte, während sie den Reißverschluss mit einer energischen Bewegung hochzog und ihre Schuhe gegen Gummistiefel tauschte.

Lauras Gefühle fuhren Achterbahn. Allein der Gedanke daran, dass ohne Elenas Hilfe *sie* es gewesen wäre, die die Vielzahl der Leichen hätte begutachten müssen, ließ sie erschaudern. Um sich abzulenken, wandte sie sich an Ackermann.

»Falk, wann kommt die Hundestaffel?«

»Der Einsatzleiter sagte etwas von einer halben Stunde«, antwortete er.

»Ich frage mich, ob die Hunde den Fahrer finden. Kein Wunder, dass der abgehauen ist, bei der Ladung. Hast du was von den Spusis gehört?«

Aber Ackermann hatte sich bereits abgewandt und schritt langsam an einer der langen Flanken des Vierzigtonners entlang. Er hörte sie erst, als sie ihn erneut ansprach: »Was machst du da?«

Falk Ackermann runzelte die Stirn, und in seinem Gesicht spiegelte sich Verwirrung.

»Während meiner Ausbildung war ich für einige Zeit bei der Hafenpolizei. Überseecontainer haben normalerweise Lüftungsbänder oder wenigstens Lüftungsschlitze.« Er zeigte auf die obere Kante des Anhängers. »Ich sehe aber keine.«

Laura umrundete den Container. Auf der anderen Seite waren ebenfalls keine Luftlöcher zu sehen. Stattdessen klebte ein grüner Streifen um den Stahlmantel.

Eingehend musterte Laura den rostigen Koloss. Hier transportierte jemand auf die ganz billige Tour. Aber es waren nicht die Beulen oder Rostflecken, die sie schockierten, sondern die Tatsache, dass jemand die Lüftung mit einem Klebeband versiegelt hatte.

»Zugeklebt!«, stieß Laura atemlos hervor. »Denkst du, das Band klebt schon länger dort oben?« Die Vorstellung, jemand hätte mehrere Menschen vorsätzlich und grausam ersticken lassen, war mehr als erschreckend.

Ackermanns Blick haftete auf dem Container. »Ich glaube schon, aber warten wir lieber, was die Spurensicherung dazu sagt.« Er sah auf seine Uhr. »Die werden sicherlich gleich eintreffen. Ich schau mich mal weiter um.«

Laura nickte kurz, froh darüber, dass er sich wieder abwandte. Auch wenn der Leichenfund ihre ganze Aufmerksamkeit forderte, konnte sie das Ziehen in ihrem Unterleib nun nicht mehr länger ignorieren. Inzwischen waren die Schmerzen derart heftig, dass sie bei jedem Schritt an das Drängen ihrer Blase erinnert wurde. *Ich muss jetzt!* Dieses Gefühl war plötzlich so übermächtig, dass sie an nichts anderes mehr denken konnte. Sie spürte, wie sich ihr Unterleib verkrampfte und sich die Härchen in ihrem Nacken aufstellten. Lange würde sie es nicht mehr aushalten.

Sie sah sich hektisch um. Immer noch herrschte ein großes Durcheinander. Sie umrundete den Lastwagen und starrte erneut auf das schmutzige Grün des Seitenstreifens. Nein, hier würde sie jeder sehen.

Wie oft hatte sie schon mitbekommen, dass die zumeist männlichen Einsatzkräfte sich am nächsten Baum erleichtert hatten. Aber sie brauchte Privatsphäre oder wenigstens ein Gebüsch. Ihr Blick folgte dem Hang. Die üppige Bepflanzung würde ihr ausreichend Schutz bieten. *Ich bin schneller wieder zurück, als man mich vermissen wird.*

Sie kletterte über die Leitplanke und sprintete los. Innerhalb von wenigen Herzschlägen hatte sie den Gipfel des Hügels erreicht.

Laura stieß einen zufriedenen Seufzer aus, als sie wenige Minuten später ihre Hose wieder hochzog. Doch ein Rascheln hinter ihr vertrieb das Gefühl der Erleichterung.

Schnell schloss sie den Reißverschluss. Das hatte ihr gerade noch gefehlt, dass einer der Rettungsleute sie beim Pinkeln erwischen würde.

Mit hochrotem Kopf drehte sie sich um. Aber da war niemand. Nervös lachte sie auf. Sie musste sich verhört haben.

*Gott, wenn mich jemand gesehen hätte. Wie peinlich!*

Erleichtert, dass ihre Ohren ihr einen Streich gespielt hatten, begann sie, den Hügel wieder hinabzusteigen.

Ein Wimmern.

Sie hielt inne. Dann ein Stöhnen. Sie drehte den Kopf und versuchte noch einmal, das Geräusch einzufangen. Jetzt war sie sich sicher. Sie hatte etwas gehört. Jemanden.

Sie kletterte noch einmal den Hügel hinauf. Oben angekommen erwartete sie, die Ursache des Geräusches umgehend auszumachen. Aber es war niemand zu sehen. Sie nahm sich noch eine Minute und hoffte auf eine Wiederholung. Auf irgendetwas, das ihr sagte, dass sie sich nicht geirrt hatte.

Sie kniff die Augen zusammen und ließ ihren Blick über die Sträucher gleiten. Das Laub der in Gruppen stehenden Bäume färbte sich langsam gelb, und das kniehohe Gras hatte sich teilweise in Stroh verwandelt. Tautropfen glitzerten in der Morgensonne, die langsam den Kampf gegen den Bodennebel gewann. Der Herbst hielt Einzug und zeigte jetzt schon seine ersten Spuren.

Schließlich gab sie auf und wandte sich zum Gehen. *Vermutlich doch nur ein Hase, der von mir aufgeschreckt wurde.*

Aber irgendetwas nagte an ihrem Unterbewusstsein, das sie nicht zu fassen bekam. Sie blieb stehen und schenkte der Landschaft einen letzten prüfenden Blick. Nichts. Nur das melancholisch-traurige Krächzen einer Krähe unterbrach die Stille. Vielleicht doch nur ein Tier?

Sie suchte den Himmel nach dem Vogel ab. Ihr Nacken kribbelte, und da war es wieder. Das Gefühl, etwas zu übersehen.

Sie strich durch das hohe Gras, und plötzlich meldete ihr Verstand, dass da doch etwas nicht stimmte. Sie entsicherte die Waffe in ihrem Holster. Es war eine unbewusste Bewegung. Routine. Vorsichtig schob sie sich näher. Nach und nach verdichtete sich das Bild, und sie erkannte Einzelheiten. Realisierte, was ihr Gehirn schon vor wenigen Sekunden registriert hatte. Es war das Leuchten einer signalroten Nylonjacke, das die harmonische Farbpalette der Landschaft erheblich störte.

Er lag auf dem Rücken. Schnittwunden zeichneten ein wildes Muster auf seinem blassen Gesicht, und das Blut sammelte sich an seinem Hals. Die Augen waren geschlossen. Eine tiefe Narbe reichte vom Haaransatz bis zur linken Augenbraue. Sein Atem ging hektisch und pfeifend.

Sie zückte ihr Mobiltelefon.

KAPITEL

# 3

Elenas erster Impuls war es, zurückzuweichen.

Es kostete sie ihre ganze Willenskraft, in den dunklen Schlund des Stahlkubus zu steigen. Ihr Körper sträubte sich gegen das, was sie nun vorhatte. Sie straffte die Schultern. Es war ihr Job, da hineinzugehen, und ihr Beruf hatte sie schon vor Langem davon geheilt, allzu zimperlich zu sein.

Aber weshalb hatte sie dann dieses ungute Gefühl?

Sie zog sich an dem Auflieger hoch. Sie wusste, dass Falk sie beobachtete, und bemühte sich, eine gewisse Eleganz in ihre Kletterversuche zu legen.

Oben angekommen, richtete sie sich auf und schaltete die Taschenlampe wieder ein. Der schmale Lichtkegel huschte lautlos über das Innere des Containers und verdeutlichte noch einmal das Drama zu ihren Füßen. Sie erkannte ein Wirrwarr aus Armen, Beinen, Köpfen, Körpern! Kreuz und quer durcheinander gewürfelt, wie unzählige Käfer in einer Streichholzschachtel. Sie sah Kleidung, nackte Füße, dunkle Haare. Und Hände.

Ihr Herz trommelte gegen ihren Brustkorb. Vorsichtig setzte sie einen Fuß vor den anderen und spürte geradezu, wie die Dunkelheit sie verschluckte. Das Material des Schutzanzuges rieb über ihre Haut, und durch die Vliesmaske vor Mund und Nase bekam sie kaum Luft. Gleichwohl ließ der Gestank kaum einen Atemzug zu.

Starr richtete sie ihren Blick nach vorn und wagte es nicht, sich zu Ackermann umzudrehen. Er sollte ihren Widerwillen nicht sehen. Stattdessen konzentrierte sie sich auf das, was vor ihr lag. Sie musste ohnehin höllisch aufpassen, um in dem Halbdunkel nicht zu stolpern oder gar auszurutschen. Sie umklammerte die Mag-Lite und richtete deren Strahl ganz bewusst nicht auf den Boden. Es reichte ihr, dass sie bei jedem Schritt etwas Erhabenes spürte und dass die Überzieher ein schmatzendes Geräusch machten. Sie nahm sich vor, ihre Stiefel im Anschluss erst gar nicht zu reinigen, sondern gleich wegzuwerfen.

Sie schob sich weiter, und ein beklemmendes Gefühl, als wollte sie das Ende nie erreichen, erfasste sie. Der schwere, süßliche Gestank faulenden Fleisches durchdrang die Atemmaske und umschloss sie wie ein Kokon. Drang in ihre Poren, legte sich bleiern auf ihre Lunge. Ein Geruch, den sie nur zu gut kannte. Der ständige Begleiter ihrer Arbeit, und er begegnete ihr täglich; an Tatorten oder im Sektionssaal. Doch heute war er kaum auszuhalten. Stärker, intensiver, geballter. Das war für sie das erste Indiz.

Diese Menschen waren nicht durch den Unfall gestorben. Sie waren bereits tot, bevor die Lastwagen ineinandergerast waren. Der Aufprall hatte ihre leblosen Körper wie rutschende Ladung durch den Anhänger geschleudert. Sie ließ den Lichtschein der Lampe über die Menschen gleiten.

Mein Gott, so viele Leichen. Fast allesamt Männer. Nur hier und da konnte sie fröhliche Farbkleckse und weibliche Umrisse erkennen. Der Schein der Lampe erfasste einen Körper. Dann einen weiteren. Eine Hand. Einen Kopf. Ein Gesicht, auf dessen Wangen dunkle Tränen getrocknet waren. Sie ließ den Lichtstrahl umherstreifen und betrachtete die unwillkürliche Lage der Gliedmaßen. Aber das Gewirr der Körper ließ keine genaue Beurteilung zu. Alles, was sie erblickte, waren verrenkte Extremitäten, verdrehte Leiber. Starre Gesichter mit entsetzten Blicken. Weit aufgerissene Münder, verzerrt im Todeskampf zu stummen Schreien. Ein Massengrab.

Alle Personen hatten dunkle Haut. Nicht die Verfärbungen, die Leichen häufig annahmen, sondern die dunkle Pigmentierung von Menschen afrikanischer Herkunft. Aber noch etwas anderes schockierte sie. Es war etwas, was ihr Unterbewusstsein die ganze Zeit versucht hatte zu sagen. Hektisch lenkte sie den Lichtstrahl zurück zu dem einen Gesicht. Sie ging in die Hocke, um besser sehen zu können. Im Kegel der Taschenlampe musterte sie die Tränenflüssigkeit, die wie rissiges Pergament die Wangen der Leiche umspannte. Das waren keine Tränen, das war Blut. Blut.

Sie schob zwei Finger unter die Oberlippe des Toten. Winzige Blutstropfen funkelten wie kleine Rubine in seiner Mundschleimhaut. Sie hatte so etwas schon einmal gesehen. Ein Verdacht kratze an ihrem Verstand. Sie ignorierte ihn und überprüfte die Augenlider. Stecknadelkopfgroße Einblutungen zeichneten sich deutlich gegen die wächserne Bindehaut ab.

Und dann traf sie die Erkenntnis wie ein Schlag ins Gesicht. Sie keuchte, sprang auf. Der plötzliche Wechsel war für ihren Kreislauf zu viel. Ihr eigenes Blut sackte in ihre Waden, und in ihrem Kopf drehte es sich. Die Mag-Lite fiel polternd zu Boden, und während die Dunkelheit die toten Menschen wieder umhüllte, taumelte sie atemlos rückwärts. Ihr Gehirn war jetzt nur noch zu einem Gedanken fähig. *Raus! Ich muss hier raus!*

Panisch drehte sie sich zur Tür und sprintete los. Ihre Füße versuchten, auf dem schmierigen Holzboden Halt zu finden. Sie durfte jetzt auf keinen Fall ausrutschen. Es galt, jeden Kontakt mit den Körperflüssigkeiten dieser unglücklichen Menschen zu vermeiden.

Den Ausgang fest im Blick hechtete sie weiter. Ihre Lunge brannte, und das ohnmächtige Gefühl, dass sie die Tür nicht vor dem nächsten, lebenswichtigen Atemzug erreichen würde, trieb ihr die Tränen in die Augen, trübte ihren Blick. Sie hörte das Rauschen ihres eigenen Blutes und das heftige Hämmern ihres Herzens, während sie nur noch ein Ziel hatte. Raus! Frische, klare Luft atmen!

Der rettende Ausgang war nah. Trotzdem kam es ihr vor, als müsste sie einen Marathon laufen, dessen Ziel unerreichbar blieb. Einen Wettlauf gegen den eigenen Tod. Erschüttert von dem, was sie gerade entdeckt hatte, klammerte sie sich keuchend an die Tür des Aufliegers.

Sie musste würgen. Sie riss die Maske herunter und zog scharf die kühle Morgenluft ein. Dann ein weiterer Atemzug. Sauerstoff drang tief in ihre Lunge, und sie spürte, wie jede Alveole umspült wurde.

»Was ist? Was hast du entdeckt?«

Elena hob den Kopf und blinzelte verwirrt. Vor ihr entstand Bewegung. Es war Kommissar Falk Ackermann, der etwas abseits gestanden hatte und nun mit schnellen Schritten auf sie zu kam. Seine Miene, eine Mischung aus Neugier und Besorgnis. Und noch etwas erkannte sie in dem vertrauten Gesicht. Vorwürfe!

Aber dafür war jetzt keine Zeit. Keuchend schüttelte sie den Kopf, als wollte sie einen namenlosen Schrecken abschütteln. »Geh weg!«

»Was?«

Mit zitternden Händen fischte sie nach ihrem Einsatzkoffer, zog ihr Handy heraus und suchte im Display nach einer Nummer.

»Elena, was meinst du?«

Das Mobiltelefon fixierend zischte sie: »Verschwinde von hier!«

Verwirrt starrte er sie an. Sie hatte jetzt keine Zeit für ihn und wich seinem Blick aus. Doch er interpretierte ihr Verhalten falsch.

»Seit Tagen ignorierst du meine Anrufe, gehst mir aus dem Weg, und jetzt soll ich verschwinden?«

Elena, immer noch mit dem Handy beschäftigt, reagierte nicht auf ihn. Dann sah sie ihn direkt an. Doch anstatt ihm zu antworten, schrie sie in das Telefon: »Sebastian? Ich habe einen *Stufe-Vier*-Verdacht!«

»*Stufe Vier?* Was meinst du?«, mischte sich Falk Ackermann ein.

Er hatte sich nicht von der Stelle gerührt. Das war gut so. Für ihren Geschmack war er immer noch viel zu nah am Container, und sie warf ihm vorsorglich einen warnenden

Blick zu, der offensichtlich seine Wirkung nicht verfehlte. Mit verschränkten Armen musterte er sie, und ihr war klar, dass er, sobald sie das Telefonat beendet hatte, eine Erklärung fordern würde.

Der Schock ebbte langsam ab, trotzdem konnte sie ein Zittern kaum unterdrücken. Mit einer Hand stützte sie sich am Container ab, und die andere umklammerte das Handy, doch der Mann am Telefon wollte ihr keinen Glauben schenken. Wut keimte in ihr auf.

»Ich bin mir ziemlich sicher. Komm vorbei und schau es dir selbst an«, rief sie in die Sprechmuschel.

Offensichtlich war ihre Stimme so laut, dass sich jetzt sogar ein Feuerwehrmann umdrehte und sie neugierig beobachtete. Doch er verlor schnell wieder das Interesse, als sie die Stimme senkte.

Das galt nicht für Ackermann. Mit aufmerksamem Blick taxierte er sie. Doch sie hatte jetzt weder Zeit noch Lust, ihn aufzuklären. Sie wusste, dass sie sich nicht gerade klug verhielt, aber ihre Prioritäten lagen jetzt eindeutig woanders.

Sie drehte sich noch einmal um und betrachtete die Toten im Container, als könnte Sebastian Kevekordes am anderen Ende der Leitung durch ihre Augen die schrecklichen Bilder erkennen. Sie gab sich Mühe, sachlich und relativ emotionslos zu schildern, was sie entdeckt hatte.

Als sie den Blick wieder auf die Straße richtete, war sie erleichtert und erschrocken zugleich. Erleichtert, weil sie die Toten nicht mehr ansehen musste; erschrocken, weil sie jetzt durch das aufkommende Tageslicht und die erhöhte Position das ganze Ausmaß des Unfalls überblicken konnte.

Kaum, dass sie das Gespräch beendet hatte, setzte sich Ackermann in Bewegung. Sie hob abwehrend die Hand und zischte: »Bleib weg von mir!«

Ihre Worte verfehlten ihre Wirkung nicht. Sein Gesicht verzog sich, und er ließ jede Höflichkeit fahren. »Das ist doch bescheuert! Verdammt, sag mir endlich, was los ist!«

»Du musst dich von dem Container fernhalten!«

»Warum?«

Sie schüttelte den Kopf, und ihre schwarzen Locken fanden ihren Weg aus der Kapuze. Mit einer barschen Bewegung schob sie sich die Haare aus dem Gesicht. »Ich bin mir nicht sicher, aber bleib weg von mir.« Sie sah ihm an, dass er mit dieser Antwort nicht zufrieden war und fragte: »Wo ist Laura? Ihr müsst dafür sorgen, dass sich niemand dem Container nähert.«

Sie ließ ihren Blick über Ackermann hinweg gleiten. Rettungskräfte wuselten über die Straße, Abschleppwagen begannen, Autos wegzukarren. Der Rettungshubschrauber startete mit lautem Getöse. Unweit von ihnen standen einige Polizisten. Von Laura fehlte jede Spur.

»Warum? Was zum Teufel ist da drinnen los? Mit wem hast du telefoniert?«, rief er und reckte den Hals, um noch einmal ins Innere des Containers sehen zu können.

Elena seufzte, weil ihr klar wurde, dass Falk Ackermann nicht so schnell das Feld räumen würde. Schließlich war er Polizist. Es lag in der Natur der Dinge, dass er Antworten wollte. Auch wenn es unbequem werden würde.

Doch da klingelte sein Handy. Sichtlich verstimmt musterte er das Display seines Handys, ehe er den Anruf annahm. In seiner Stimme schwang Wut, als er sagte: »Mensch, Laura, wo steckst du?«

## KAPITEL 4

Der Mann, der dem Superpuma entstieg, war es gewohnt, dass man seinen Anweisungen Folge leistete, das konnte Laura selbst aus der Entfernung deutlich erkennen. Mit einer schnellen Bewegung sprang er aus der Kabine, kaum dass die Kufen des Hubschraubers den Boden berührt hatten. Im Schlepptau einen Tross Personen, deren auffallend gelbe Vollschutzanzüge sich gegen alles abhoben, zog er im Gehen den Reißverschluss seines eigenen Overalls zu und ließ sich von einem Mitarbeiter die Laschen mit Klebeband verschließen.

Laura stand immer noch auf dem Hügel. Sie spürte ein Pochen im Nacken. Kopfschmerzen. Irgendwie hatte sie es fertiggebracht, diese die ganze Zeit zu ignorieren. Sie schloss die Augen und war versucht, sich dem Schmerz hinzugeben, kam aber sofort zu dem Entschluss, dass es dafür der falsche Zeitpunkt war. Sie schüttelte den Kopf, massierte sich den Nacken und überlegte mit geschlossenen Lidern, was sie jetzt tun sollte. Sie hatte wenig Lust, hier oben zu warten. Es gab ihr das Gefühl, ausgebremst zu werden. Aber so lautete nun mal die Anweisung, die man ihr gegeben hatte, kurz nachdem Ackermann mit dem Rettungsteam bei dem Verletzten angekommen war.

Sie stöhnte leise und öffnete die Augen. Weitere Gestalten in Overalls strömten aus dem Hubschrauber wie eifrige Bienen aus einem Nest. In stummer Choreografie begannen sie auszuladen. Zelte wurden in Windeseile aufgebaut und der Container mit den Leichen abgesperrt. Zwischen all dem Gewusel liefen vermummte Personen und besprühten jeden Zentimeter großzügig mit dem Inhalt der Flaschen auf ihren Rücken.

Laura warf Ackermann einen nervösen Blick zu. Sie erkannte, dass es ihm nicht besser erging. Sein Körper war gespannt wie ein Bogen, und seine Lippen verzogen sich ärgerlich, als er sprach: »Was geht denn hier ab? Wer sind diese Leute?«

Laura schüttelte den Kopf. Ihr Blick klebte auf der Szenerie am Container. Der Mann hatte Elena erreicht. Sofort entstand eine hitzige Diskussion. Das war eindeutig zu erkennen. Über was auch immer die beiden sprachen, es schien ihm nicht zu gefallen.

»Was hat sie entdeckt? Wieso ist der Typ so sauer?«, fragte sie.

Falk Ackermanns Miene wurde unnachgiebig. »Tja, das hatte ich sie auch gefragt. Doch bevor sie antworten konnte, hast du angerufen.« Er schüttelte wütend den Kopf. »Das ist alles so … typisch für sie.«

Laura hatte absolut keine Ahnung, weshalb Falk so wütend war, und sah ihn verwundert an. Mit ihren eigenen Gedanken über den Leichenfund beschäftigt, war ihr sein Zustand nicht aufgefallen. Die Stimme des Notarztes hinter ihr riss sie aus ihren Gedanken. »Das ist eine Dekontaminationseinheit!«

»Eine was?« Sie wirbelte herum.

»Was ist in dem Container?«, fragte der Notarzt und ließ ihre Frage unbeantwortet. Sie zögerte und musterte die Männer, doch schließlich entschied sie, dass sie ihm antworten sollte.

»Leichen. Das Ding ist voller Leichen.«

Der Arzt starrte die Polizistin ungläubig an, und die beiden Sanitäter glucksten überrascht. »Das ist ein Witz, oder?«, rief er, und Laura erkannte einen Anflug von Spott in den grauen Augen des Mannes.

»Leider nicht!« Sie sprach es so aus, als würde sie keinerlei Bedenken dulden. Allerdings funktionierte das nicht.

»Wir sind von der Mordkommission«, sagte sie, um jede Ungewissheit auszuräumen.

Die Augenbrauen des Mannes schnellten in die Höhe. Sie merkte ihm an, dass er ihr nicht glaubte. »Wieso ist dann ein Seuchenschutztrupp aufgetaucht, wenn es sich um Mord handelt?«

Laura und Ackermann warfen sich stumme Blicke zu. Sie wollten keinesfalls Details preisgeben, andererseits hatten sie beide keine Antwort auf die Frage des Mannes.

Ackermann brach schließlich das Schweigen. »Dr. Salonis hatte etwas von einem *Stufe-Vier*-Verdacht erzählt.«

Diese Neuigkeit raubte dem Arzt schier den Atem. Seine Lippen wurden schmal, und doch presste er zwischen ihnen hervor: »Mein Gott! Sind Sie sicher?«

Auf Ackermanns stummes Nicken fügte er hinzu: »Waren Sie auch in dem Anhänger?«

»Nein. Was bedeutet *Stufe Vier?*«

Der Arzt sah in die Runde. An den aschfahlen Gesichtern der Sanitäter erkannte Laura, dass dem Rettungsteam schon lange bewusst war, was Elena vermutete. Allem Anschein nach tappten nur sie im Dunkeln. Ehe sich Ärger in ihrer Brust breitmachen konnte, raunte der Arzt: »Tödliche Erreger!«

»Geht das auch genauer?« Laura spürte, dass ihr langsam der Geduldsfaden riss. *Tödliche Erreger.* Was sollte das sein?

»Hochansteckende Viren wie zum Beispiel das Ebola- oder Marburg-Virus«, erklärte der Arzt.

»Ebola!«, echote Laura, und das Pochen in ihrem Kopf schwoll zu einem Hämmern an. Sie spürte, wie sich ihre Nackenhaare aufstellten und das Entsetzen über diese Aussage direkt in jede ihrer Hirnzellen kroch. Ihr Blick schnellte zu dem Mann auf der Trage, den sie kurz vorher hier gefunden hatte. Vielleicht war er im Container gewesen und könnte nun infiziert sein?

Sie wich zurück und stellte sich die Frage, wie nahe sie ihm gekommen war. Sie beäugte ihre Hände. Hatte sie ihn berührt? Zur Sicherheit wischte sie sich die Hände an ihrer Hose ab. Sie wusste, dass das keine Wirkung hatte. Trotzdem konnte sie diesen Impuls nicht unterdrücken.

Doch dann zog etwas anderes ihre Aufmerksamkeit auf sich. Zwei vermummte Gestalten kletterten den Wall hinauf. Beide bepackt mit Flaschen und etwas, das aussah wie Schutzanzüge. Durch die Atemschutzmaske hörte sich die Stimme des Mannes seltsam dumpf an.

»Kommissarin Braun?«

Ohne Lauras Antwort abzuwarten, kam er sofort zur

Sache. »Ich bin Karsten Hummel, Zugführer des ABC-Trupps. Wir übernehmen jetzt.«

»Das kommt nicht in Frage. Dies ist schließlich mein Tatort!«, sagte Laura und verschränkte die Arme vor der Brust. Nicht nur, dass man sie angewiesen hatte, auf dem Hügel auszuharren und sie somit von dem Container mit den Leichen fernhielt. Jetzt tauchte auch noch jemand auf, der meinte, die Regie übernehmen zu müssen.

»Ich diskutiere nicht!«, antwortete Hummel scharf.

Lauras Wangen brannten, und sie warf ihm einen vernichtenden Blick zu. Wie konnte er so mit ihr reden? Sie war schließlich die leitende Ermittlerin. Sie war seit Stunden auf den Beinen, kämpfte mit Müdigkeit und der Kälte, und dann auch noch das. Sie schnaubte verächtlich und holte tief Luft. Doch dann fing sie Falk Ackermanns Blick auf und verstand. Offensichtlich war jetzt nicht der richtige Zeitpunkt für Machtspielchen.

Sie ließ die Luft aus ihren Lungen entweichen und bemühte sich um einen freundlicheren Ton: »Was ist eigentlich passiert, wieso bedarf es eines ABC-Trupps?«

Der Mann in dem Schutzanzug ignorierte ihre Frage und wandte sich an die Rettungskräfte: »Wie geht es der verletzten Person?«

»Der Mann muss dringend in ein Krankenhaus!«, sagte der Notarzt.

Hummel schenkte dem Verletzten keinen weiteren Blick. »Wir haben einen *Stufe-Vier*-Verdacht. Sie kennen ja das Prozedere, oder?«

Die Rettungssanitäter schlüpften kommentarlos in die Overalls. Doch die Aussage des Notarztes nagte immer noch an Lauras Verstand.

»Könnte es tatsächlich Ebola sein?«

»Es muss nicht zwangsläufig Ebola sein!«, sagte Hummel, und die Kommissarin wollte schon aufatmen, als er hinzufügte: »Es könnte auch ein anderes Hämorrhagisches Fieber sein. Auf jeden Fall ist es zwingend notwendig, dass Sie alle dekontaminiert werden. Bitte achten Sie darauf, dass Ihre Körper komplett bedeckt sind, und benutzen Sie die Überzieher und den Mundschutz.«

Verwirrt griff sie nach dem Overall. Das Kunststoffgewebe knisterte, und sofort verfing sich der Wind in dem Material. Mit dem Anzug kämpfend sah sie zu Falk Ackermann. Er bemühte sich um eine neutrale Miene, doch leider passte seine Gesichtsfarbe nicht dazu.

*Ebola!*, summte es in ihren Ohren. Sofort erschienen grausige Bilder von Reportagen aus Afrika vor ihrem inneren Auge. Fotos hoffnungslos überfüllter Auffanglager von Organisationen wie Ärzte ohne Grenzen, die verzweifelt versuchten, die Erkrankten zu retten. *Ebola!*

Sie sah zu den Rettungssanitätern, und ein seltsames Gefühl der Panik nahm ihr den Atem. Sie keuchte. Doch der Zellstoff ihres Mundschutzes machte ein tiefes Einatmen nahezu unmöglich.

Die Menschen auf dem Hügel erinnerten sie an die Helfer in den Krisengebieten. Eingemummt in weiße Kapuzenoveralls mit Atemschutz und Schutzbrille, die keinen Blick auf den Träger zuließen, pausenlos damit beschäftigt, Leichen in schwarzen Plastiksäcken in anonymen Gräbern zu verscharren. *Ebola!*

Der Abstieg in den Schutzanzügen erwies sich als äußerst schwierig. Die Schuhüberzieher waren glatt und für einen Steilhang nicht geschaffen. Sie drohte abzurutschen, denn nach jedem Schritt besprühten die Männer den vermeintlich kontaminierten Boden und verwandelten den Untergrund in eine schlammige Bahn.

Es kam, wie es kommen musste. Laura schlitterte. Aber Hummel packte sie und verhinderte, dass sie den Hang herunterpurzelte. »Danke!«, murmelte sie und sah verlegen an ihm vorbei.

Was den Container geradewegs in ihr Blickfeld schob. Vermummte Männer versiegelten den Stahlkoloss. Sofort erfasste sie wieder ein ungutes Gefühl. *Wohin hatte man Elena gebracht?*

Ihre Gedanken rasten, und ihr Puls galoppierte, als sie daran dachte, dass *sie* diejenige gewesen war, die die Freundin in den Schiffscontainer geschickt hatte. Sie und Ackermann hatten sich nur außerhalb des Unglücksfahrzeugs aufgehalten. Aber Elena war bei den Leichen gewesen, war direkt mit ihnen in Berührung gekommen.

Je mehr sie darüber nachdachte, desto stärker hämmerte ihr Herz gegen ihre Brust, und ein unangenehmes Gefühl von Schuld machte sich in ihrem Bauch breit. Wieder einmal hatte sie ihre Freundin in Gefahr gebracht. Sie hatte Elena ganz bewusst auf ihrem privaten Handy angerufen, weil sie sichergehen wollte, dass sich kein anderer Rechtsmediziner des Falls annehmen würde. Nun war *sie* es gewesen, die ihre Freundin in den Todesfrachter hineingeschickt hatte. In einen Container voller Leichen, die ein tödliches Virus in sich trugen.

KAPITEL

# 5

Das Desinfektionsmittel hinterließ einen bitteren Geschmack auf Lauras Lippen, zudem brannten die Dämpfe in ihren Augen. Aber das war das kleinste Übel. Als hätte der Tag heute nicht schon schrecklich genug begonnen, so empfand Laura die Prozedur der Dekontamination als äußerst demütigend. Ihr war kalt. Im Dekontaminationszelt zog es erbärmlich, und das Desinfektionsmittel war eisig. Nur in Unterwäsche bekleidet stand sie in der engen Kabine und ließ sich erneut mit der stechend riechenden Flüssigkeit besprühen.

Der Mann war unter dem Kapuzenoverall und dem Mundschutz anonym, doch sie erkannte die Stimme, als er ihr ein Tuch reichte. Es war Hummel. Scham flackerte in ihr auf, und sie hoffte inständig, dass er sie durch die beschlagene Schutzbrille nicht eindeutig erkennen konnte. Schnell schlang sie das Leinentuch um ihren Körper und schaute verlegen zur Seite. Aber es gab kein Entkommen.

Eine weitere Person trat auf sie zu, gab ihr ein Zeichen

und führte sie zu einer Duscheinheit. Froh, endlich das Desinfektionsmittel wieder abwaschen zu können, seifte sie sich gleich zwei Mal ab. Trotzdem blieb das unangenehme Gefühl, einem tödlichen Virus gefährlich nahegekommen zu sein. Diese winzigen Mikroorganismen konnte man nicht sehen, fühlen oder schmecken. Erst, wenn sie in einen Organismus eingedrungen und ihre unheilbringende Fracht abgeladen hatten, führten sie zu Krankheit oder Tod.

Ihren Gedanken nachhängend, trat sie aus der Duschkabine und schlüpfte schnell in einen weißen Overall und viel zu große Stiefel. Das Material des Anzugs war dünn, und sie fröstelte, während sie den Reißverschluss zuzog.

Ackermann wartete bereits. Seine Haare glänzten feucht, und auch er trug einen Anzug. »Meine Güte, dir steht das Ding genauso wenig wie mir!«, grunzte er, als er Laura sah.

Statt einer Antwort fragte sie: »Was passiert mit unseren Sachen?«

Ackermann zuckte ratlos mit den Schultern.

»Sollte sich der Verdacht auf hämorrhagisches Fieber bestätigen, werden Sie Ihre Kleidung nicht mehr zurückbekommen. Aber warten wir es erst einmal ab. Ich soll Sie zur Besprechung in die Kommandoeinheit bringen«, sagte Hummel.

Vor dem Zelt wartete bereits ein weiterer Mitarbeiter der ABC-Einheit. Er begleitete sie zu einem Trailer. Laura nutzte die Gelegenheit, sich auf der Autobahn umzusehen. Die Kollegen von Polizei und Feuerwehr hatten immer noch alle Hände voll zu tun, um das Chaos auf der A5 zu beheben. Sie fixierte den Container und dachte an die Menschen, die darin lagen. Waren sie tatsächlich an Ebola gestorben, und hatten sie wirklich die tödliche Seuche nach Deutschland eingeschleppt? Sie war sich der Tragweite dieses Problems nicht bewusst, aber ihr war klar, dass es einer Katastrophe gleichkam.

Ihre Überlegungen wurden jäh unterbrochen, als laute Stimmen an ihre Ohren drangen. Eine kam ihr sehr vertraut vor, und langsam formten sich die Gesprächsfetzen zu zusammenhängenden Sätzen.

»Ich kann es gern wiederholen. Es ist meine Schuld, ich habe nicht sofort erkannt, dass es sich bei den Leichen um Afrikaner handelt, die vermutlich erkrankt waren. In dem Container war es schließlich dunkel.«

Laura und Ackermann betraten die Einsatzzentrale und fanden die Rechtsmedizinerin in einer heftigen Diskussion mit einem großen Mann.

»Du hättest da nicht reingehen dürfen! Du bist dir doch der Konsequenzen bewusst, oder? Was, wenn du dich infiziert hast?«, rief er aus.

Sein Tonfall war wütend. Und noch etwas schwang in seiner Stimme mit. Aber ehe ihr der Funke der Erkenntnis gekommen war, war er auch schon wieder verflogen.

Laura klopfte laut an den Türrahmen. Ihr war bewusst, dass sie damit den Streit der beiden unterbrach. Aber sie hatte das dringende Bedürfnis, ihre Freundin aus dieser hitzigen Diskussion herauszuholen. Elena drehte sich um. Wenn es einen weiteren Beweis brauchte, dass die Situation ernst zu nehmen war, dann war der Mundschutz, den die Rechtsmedizinerin trug, ein sichtbarer. Über den Rand des weißen Zellstoffes funkelten Elenas dunkle Augen wütend. Aber ihre Wut verebbte, als sie Laura erkannte. Auch sie hatte sich der Dekontamination unterziehen müssen, und der viel zu große Overall raschelte bei jeder Bewegung. Sie sparte es sich, die Polizisten zu begrüßen, und stellte den Mann direkt vor. »Das ist Dr. Sebastian Kevekordes, Leiter des Seuchenschutzes.«

Laura nickte ihm zu und wollte ihm die Hand reichen, doch er musterte sie nur mit argwöhnischem Blick. Seine Wut schien dem Raum den Sauerstoff zu nehmen, und sie atmete tief, ehe sie fragte: »Ist es wirklich ein Fall von Ebola?«

Die ohnehin schon angespannte Miene des Mannes wurde noch eine Spur ernster. »Meine Leute sind gerade dabei, die ersten Proben zu untersuchen.« Mit Blick auf die Uhr fügte er hinzu: »Das vorläufige Ergebnis sollten wir bald haben. Es sind schließlich sehr viele Leichen. Nicht auszudenken, wenn diese Menschen bereits weitere Personen infiziert haben. Angenommen, dass der Schnelltest auch nur bei einer Probe positiv ausfällt, dann haben wir ein ernstzunehmendes Problem.«

»Wie meinen Sie das?«, fragte Laura.

»Im Falle von Ebola oder einem anderen hämorrhagischen Fieber müssen wir die Leichen *in situ*, das heißt zusammen mit dem Container, von hier wegtransportieren.«

Er fuhr sich nervös durch das Haar, was Laura die Gelegenheit gab, ihn genauer zu betrachten. Er war etwa Ende vierzig, gut aussehend und nicht übel gebaut, mit zerzauster grauer Kurzhaarfrisur und dichten Bartstoppeln, die aus der Maske frech hervorlugten.

»Wie Sie sich sicher vorstellen können«, fuhr er fort, »ist das ungeheuer aufwendig. Außerdem muss ausnahmslos jeder in Quarantäne, der in irgendeiner Form Kontakt zu den Menschen hatte. Wir desinfizieren gerade das ganze Areal, und ein weiteres Team prüft, wer von der Rettungsmannschaft in dem Container war. Hinzu kommt, dass abgeklärt werden muss, wie diese Leute in unser Land gekommen sind und ob sie mit jemandem Kontakt hatten.

»Quarantäne? Wie lange kann das dauern?«, warf Ackermann ein. Er hatte sich die ganze Zeit zurückgehalten und die Rolle des stummen Beobachters eingenommen. Jetzt fixierte er Kevekordes.

»Im ungünstigsten Fall könnte es bis zu zweiundvierzig Tage dauern! Das Problem ist, dass wir zurzeit noch nicht wissen, mit welchem Erreger wir es zu tun haben.« Er sah die Beamten an. »Wenn sich unser Verdacht bestätigt, brauchen wir eine Blutprobe von Ihnen.«

»Zweiundvierzig Tage!«, rief Laura entsetzt. »Ich habe einen Container voller Leichen. Ich muss einen Massenmord aufklären. Da kann ich nicht sechs Wochen tatenlos zusehen, bis ihr eure Testergebnisse habt. Was, wenn sich herausstellt, dass das Ebola-Virus nicht für den Tod dieser Menschen verantwortlich ist, dann sind die Mörder schon über alle Berge!«

»Mir ist zu Ohren gekommen, dass eventuell der Fahrer gefunden wurde! Ist er vernehmungsfähig?«, fragte Elena, und ihre Stimme klang durch das Vlies des Mundschutzes seltsam gedämpft.

»Wir wissen nicht, wer er ist«, gab Laura zu und sah Kevekordes an. »Falls es sich um den Fahrer handelt, können wir nur hoffen, dass er keinen Kontakt zu den Menschen im Container hatte.«

»Von ihm haben wir auch schon eine Probe genommen.

Sind die Blutproben erst einmal im Labor, geht es relativ schnell. In der Regel dauert der Schnelltest dreißig Minuten. Aber meine Leute haben achtundvierzig Leichen gezählt. Es wird ein wenig dauern, bis wir alle Ergebnisse haben.«

»Achtundvierzig!« Kommissarin Laura Braun starrte den Leiter der Seuchenschutzbehörde entsetzt an. »Wirklich achtundvierzig?«

Kevekordes nickte düster, dann griff er nach einer Kladde und las vor: »Vierunddreißig Männer, sieben männliche Jugendliche, fünf Frauen, zwei Kleinkinder!«

»Achtundvierzig! Meine Güte!« Ungläubig schüttelte Laura den Kopf. »Unvorstellbar, dass so viele Menschen in einen Container passen.«

Kevekordes sah von der Kladde auf. »Ich vermute, dass es sich hier um Flüchtlinge handeln könnte. Vielleicht aus der Republik Kongo oder dem Sudan, wir wissen es nicht. Aber beten Sie, dass diese armen Seelen nicht an einem tödlichen Virus gestorben sind, und –«, er machte eine Pause, »dass kein Infizierter unwissentlich in Deutschland herumläuft. Denn sollte dem so sein, dann gnade uns Gott!«

# KAPITEL 6

Ist das wirklich notwendig?«

Dr. Elena Salonis sah von ihrem Instrumententablett auf. Laura hatte gerade zusammen mit Ackermann und dem Kollegen Christian Sommer den Obduktionssaal betreten. Alle trugen Schutzkleidung der besonderen Art, und Laura kam sich vor wie eine Mumie.

»Ja, auf jeden Fall!« Der Mann war unter dem Kapuzenoverall und dem Mundschutz kaum auszumachen, doch sie erkannte an der Stimme den Leiter der Seuchenschutzbehörde, Sebastian Kevekordes. Elena hatte heute seltene Zuschauer in ihrem Sektionssaal.

Laura warf der Leiche unter dem Tuch einen misstrauischen Blick zu. »Wie sicher bist du dir, dass die Menschen nicht an Ebola gestorben sind?«, fragte die Kommissarin, bemüht, ihre wachsende Nervosität zu ignorieren. Leichenöffnungen waren nicht ihr Ding.

»Die Tests waren bei allen negativ«, antwortete Elena.

Mit einer kurzen Kopfbewegung in Richtung Kevekordes raunte Laura: »Und warum ist dann *er* da?«

Sie musste seinen Namen nicht aussprechen. Sie sah der Freundin an, dass sie wusste, wer gemeint war. Elena warf ihr einen genervten Blick zu und sparte sich die Antwort.

»Und was ist mit den Blutungen des Toten?«, wechselte Laura das Thema.

»Auch negativ. Petechien sind nur eine Begleiterscheinung. Sie können harmlose Ursachen haben, aber auch Symptome ernsthafter Erkrankungen sein. Vermutlich finden wir die Ursache für seine Blutungsneigung bei der Obduktion.«

»Wie viele Obduktionen wirst du durchführen?«

»Ich hoffe, dass ich möglichst viele schaffe. Nimm dir für heute mal nichts mehr vor.«

Laura stöhnte. Diese ganze Ebola-Sache hatte sowieso schon so viel Zeit gekostet, und da sie als ermittelnde Beamtin bei jeder Obduktion zugegen sein musste, würde sie die nächsten Tage nur mit Leichenöffnungen beschäftigt sein.

Sie starrte den Leichensack auf dem Obduktionstisch an. Alle Leichen wurden mit höchster Vorsicht behandelt, und sie wappnete sich innerlich für die bevorstehende Prozedur. Sie trug den Anzug erst seit ein paar Minuten, und sie spürte jetzt schon, wie sich Schweiß auf ihrem Rücken bildete. Das konnte ein langer Tag werden.

Elena sah in die Runde. »Da wir nun vollzählig sind, können wir ja endlich anfangen.«

Obwohl die Atemmaske Elenas Stimme ebenso verzerrte wie die der anderen Anwesenden, registrierte Laura den gereizten Unterton. Es passte der Freundin nicht, dass ihr Obduktionssaal heute überfüllt war, denn Kevekordes war nicht allein gekommen. Er hatte einen jungen Arzt mitgebracht.

Dimitri, der Sektionsassistent, drängte sich an den Tisch, und Laura musste einen Schritt zurückgehen. Mit einer schnellen Bewegung öffnete er den Reißverschluss des Spezialsackes, und mit einem Mal war sie dankbar für die Atemmaske. Aus Erfahrung wusste sie, dass sich die üblen Gerüche in einem Leichensack sammelten und nur darauf warteten, freigelassen zu werden.

Während der Mann entkleidet wurde, beobachtete sie ihre Kollegen. Falk Ackermann, der gespannt jede Bewegung der Rechtsmedizinerin verfolgte. Christian Sommer. Über dem Mundschutz erkannte sie einen mürrischen Blick, der sich zu einem Ausdruck des Widerwillens vertiefte und ihr verriet, dass er im Moment überall lieber wäre als an diesem Ort.

Sie konzentrierte sich wieder auf das Geschehen auf dem Obduktionstisch. Inzwischen hatte der Sektionsassistent die Kleidung komplett entfernt, und Laura sah zum ersten Mal den toten Körper. Ein junger Mann. Der kaffeebraune Farbton der Haut war jetzt einem schmutzigen Schwarz gewichen, und obwohl der Leib der Leiche durch die Bakterien stark aufgebläht war, ließen sich drahtige Sehnen und eine starke Muskulatur erahnen. Mit stoischem Blick verfolgte sie die äußere Leichenschau.

»Sämtliche Fingernägel sind abgebrochen, teilweise bis zur Nagelwurzel. An zwei Fingerkuppen fehlt die Haut«, sagte Elena und wies Dimitri an, die Hände des Mannes zu fotografieren. Sie inspizierte die Fingerbeeren des Zeigefingers und des Mittelfingers. »Die Wundränder zeigen noch keine Anzeichen eines Heilungsprozesses. Deshalb gehe ich davon aus, dass er sich die Verletzungen beim Versuch, aus dem Container zu entkommen, zugezogen hat.«

Stumm betrachtete Laura die aufgeschürften Hände des Toten und erwischte sich dabei, wie sie ihre eigenen Hände musterte. Eingezwängt in Nitrilhandschuhe fühlten sich ihre Hände seltsam beschützt und lebendig an.

»Es muss schrecklich eng und stickig in diesem Container gewesen sein. Wenn ihr mich fragt, ein grausamer Ort um zu sterben!«, sagte Elena und widmete sich den Verletzungen der anderen Hand. »Habt ihr Spuren an der Tür entdeckt?«

Ackermann übernahm das Antworten: »Ja, die Spurensicherung ist immer noch dabei. Aber ich kann dir jetzt schon sagen, dass im gesamten Innenbereich des Containers deutliche Kratzspuren festgestellt wurden.«

Laura nickte, sie hatte die Bilder des Containers deutlich vor Augen, aber jetzt galt es erst einmal zu klären, was die Menschen getötet hatte. Zu ihrer Verwunderung begann die Freundin nun mit der Untersuchung des Kopfes. Diese Prozedur empfand Laura immer als die schlimmste, und sie war dankbar, dass der Anzug das Geräusch der Oszillationssäge dämmte. Sie wandte sich ab und versuchte, sich auf etwas anderes zu konzentrieren. Aber alle Instrumente und Geräte im Obduktionssaal erinnerten sie an das, was den Leichen hier angetan wurde. Ihr Blick fiel auf die Waage, und sofort hatte sie das Bild im Kopf, wie Organe gewogen wurden. Sie versuchte, angenehme Bilder heraufzubeschwören, aber in diesem tristen Raum war es ihr unmöglich, nicht an den Tod zu denken. Zu sehr beschäftigte sie die Frage, warum achtundvierzig

Tote in dem Container waren. Achtundvierzig Menschen! Achtundvierzig Leben! Sie konnte die Zahl noch so oft wiederholen, sie verlor ihren Schrecken nicht, und der Leichnam vor ihr war nur der Anfang.

»Wie lange wird es dauern, bis du alle Ergebnisse hast?«, fragte Laura.

Das Skalpell der Rechtsmedizinerin durchdrang mühelos die Haut der Brust und stoppte erst, als es das Schambein des Mannes erreichte. Elena sah die Polizistin nicht an, als sie antwortete: »Dr. Werner wird heute Nachmittag parallel arbeiten. Außerdem erwarten wir einen Kollegen aus Freiburg. Er wird morgen zu uns stoßen, um uns zu unterstützen.«

»Dann wirst du die ganze Woche mit den Opfern beschäftigt sein?«

»Ja«, antwortete Elena knapp und begann, mithilfe einer Zange die Rippen zu durchtrennen. Ein scheußliches Geräusch, das Laura durch Mark und Bein ging und ihr verdeutlichte, wie einfach es war, einen menschlichen Knochen zu durchschneiden. Sie schloss die Augen für einen Augenblick, und als sie sie wieder öffnete, sah sie, wie ihre Freundin, ohne zu zögern, in die Brusthöhle der Leiche griff und mit souveränen Bewegungen des Skalpells die Lunge herauslöste.

»Oh Mann, mir bleibt heute aber nichts erspart!«

Sie wandte den Blick ab. Auch wenn sie häufig Gast in Elenas Obduktionssaal gewesen war – diese Prozedur erschreckte sie immer aufs Neue.

Sie musterte Kevekordes. Ihr fiel es schwer, nachzuvollziehen, wieso der Leiter des Seuchenschutzes bei der Leichenöffnung unbedingt dabei sein wollte. Normalerweise interessierten sich die Behörden nur für die Ergebnisse. Die hätte er jedoch auch per Mail haben können. Dieser Mann war aufdringlich und behinderte die Rechtsmedizinerin unentwegt. Gerade unterbrach er sie erneut. Elenas Stimme war gereizt, als sie antwortete: »Das wird das Labor herausfinden. Ich werde mich keinesfalls zu vorschnellen Ergebnissen verleiten lassen!«

Für Laura war klar, dass Kevekordes diese Wirkung auf Elena hatte. Die Spannung zwischen den beiden Medizinern war fast greifbar. Sie konnte ihre Freundin verstehen. Sein Team störte und verzögerte die Abläufe. Elena war es nicht gewohnt, Anweisungen zu folgen. Sie allein herrschte in ihrem Reich der Toten. Befände Laura sich an Elenas Stelle, wäre sie vermutlich auch wütend.

Sie sah, wie die Freundin ihre Arbeit wieder aufnahm. Mit stoischem Blick ließ sie Proben in einen Behälter fallen und reichte ihn Dimitri zur Beschriftung. Jeder hier im Saal konnte sehen, dass sie Kevekordes auswich. Elenas Reserviertheit erinnerte Laura an die unnahbare und überkorrekte Rechtsmedizinerin, die sie Anfang des Jahres kennengelernt hatte. Nicht an die Freundin, mit der sie letzten Monat eine Radtour gemacht hatte. Dieser Ausflug hatte ihnen beiden fast das Leben gekostet. Es war eine Tour, die die echte Elena gezeigt hatte. Eine Frau mit normalen Gefühlen und Ängsten. Als die Rechtsmedizinerin gestern am Unfallort eingetroffen war, hatte Laura gleich bemerkt, dass ihre Freundin immer noch leicht hinkte und ihr ohnehin schmales Gesicht erschreckend hohlwangig wirkte. Und obwohl Elena mit gewohnter Professionalität den Tatort betreten hatte, war Laura das Zögern der Rechtsmedizinerin aufgefallen, als sie die

Leichen erblickt hatte. War es das, was ihre Freundin beschäftigte?

»Laura, hörst du mir eigentlich zu?«

Laura riss sich zusammen. Ihr war nicht bewusst gewesen, dass ihre Gedanken abgeschweift waren. Offensichtlich war sie doch müder, als sie gedacht hatte.

»Entschuldigung. Ich habe nur nachgedacht.«

»Ich fragte, ob du mal fühlen möchtest?«, sagte Elena und fuchtelte mit der Hand vor Lauras Nase herum.

Laura starrte auf ein blutiges Stück Fleisch, welches feucht glänzend im Handschuh der Rechtsmedizinerin lag. Es war kaum größer als Elenas Handfläche, hatte eine glatte Außenhülle und unterschied sich nur in geringem Maße von dem blutbeschmierten Latexhandschuh. Laura hätte beim besten Willen nicht sagen können, um welches Organ es sich handelte, und fragte sich gerade, was Elena von ihr wollte. Ob sie es wagen konnte, der Frau zu gestehen, dass sie nicht wusste, was sie ihr vor die Nase hielt?

Doch diese Entscheidung musste sie nicht treffen, denn Elena sagte: »Steine! Dieser Magen ist voller Steine!«

»Wieso?«

»Ich zeige es euch.«

Ohne ein weiteres Wort trug Elena das Organ zu einem Tisch. Mit einem Skalpell schnitt sie tief in die Magenwand, und klirrend fiel der Inhalt des Magens in die Metallschüssel. Alle starrten auf die Schale. Laura konnte die Kieselsteine nicht einordnen. Keiner glich dem anderen, weder in der Farbe noch in der Form oder der Größe.

Sommer machte seiner Verwunderung zuerst Luft: »Das sind ja wirklich Steine! Ich dachte, Sie sprechen von

Diamanten.« Er schüttelte den Kopf. »Der Typ ist doch verrückt!«

»Nein. Wäre das hier eine Leiche aus einem reichen Industrieland, dann hätte ich Ihnen vielleicht zugestimmt. Aber wie man hier sehen kann, befindet sich außer den Steinen nichts im Magen«.

Um ihre Aussage zu unterstreichen, schob Elena die Kiesel mit einer Pinzette auseinander. »Viele Menschen in Afrika praktizieren das Steine-Essen. Aus Hunger, Durst oder Mineralstoffmangel. So, wie es aussieht, hat dieser Mann schon seit Tagen nichts mehr gegessen. Ich kann hier keine Reste von Nahrung erkennen.«

»Das ist doch sicherlich gefährlich?«, erwiderte Laura. Die Vorstellung, dass jemand freiwillig Steine essen würde, war ihr zuwider. Aber wenn ihr als Polizistin eines im Dienst klar geworden war, dann, dass Menschen zu allem fähig waren.

Elena nickte. »Ja, je nach Größe, Beschaffenheit oder Menge des aufgenommenen Gesteins kann es zu einem Darmverschluss oder Darmverletzungen kommen.«

»Meine Güte, da muss die Verzweiflung schon extrem sein, wenn jemand Steine isst!«, sagte Ackermann kopfschüttelnd.

»Das passt zum Allgemeinzustand dieses Mannes. Er ist unterernährt, und die Organe zeigen Anzeichen von jahrelanger Mangelernährung. Aber ich glaube nicht, dass es das ist, was ihn getötet hat. Er ist nicht verhungert, und einen Darmverschluss kann ich ebensowenig erkennen.«

Sie suchte Kevekordes Blick: »Ich werde Proben für eine toxikologische Untersuchung entnehmen, damit wir Gift ebenso ausschließen können. Ich würde die Leichenschau nun abschließen. Brauchst du noch etwas?«

Kevekordes kontrollierte seine Probenröhrchen. »Wir haben alles. Wie lautet deine Vermutung bezüglich der Todesursache?«

Die Rechtsmedizinerin sah in die Runde. »Tod durch äußerliche Gewalteinwirkung ist nicht festzustellen. Warten wir auf die Ergebnisse aus dem Labor. Die $CO_2$-Konzentration im Blut wird uns verraten, ob es sich hier um ein hypoxisches Ersticken handelt.«

Laura verzog das Gesicht. »Kannst du das bitte so erklären, dass es die Nichtmediziner hier auch verstehen?«

»Hypoxisches Ersticken? Ganz einfach.« sagte Elena. »Hierbei handelt es sich um Ersticken infolge eines Sauerstoffmangels in der Atemluft.«

Als Laura nichts erwiderte, fügte Elena hinzu: »Machen wir ihn zu und schauen wir uns die nächste Leiche an. Vielleicht erfahren wir mehr.«

Sie deutete mit einer Kopfbewegung auf einen anderen Obduktionstisch in dem Raum. Dimitri, der Sektionsassistent, hatte die Leichenöffnung schon vorbereitet, sodass alle Anwesenden nur zum benachbarten Tisch gehen mussten.

»Das wird ein Obduktionsmarathon«, dachte Laura. Eigentlich hatte sie jetzt schon keine Lust mehr. Eine Leichenöffnung pro Tag war mehr, als sie verkraften konnte. Außerdem hatte sie noch jede Menge Papierkram zu erledigen und mit ihren Ermittlungen zu dem Fall kaum angefangen. Aber siebenundvierzig weitere Tote aus dem Container warteten darauf, dass Elena ihnen ihre Geheimnisse entlocken würde.

»Wie geht es eigentlich dem Verletzten? Habt ihr bereits feststellen können, ob er aus dem gleichen LKW kam, und ist er aus dem Koma erwacht?«, fragte die Rechtsmedizinerin, während sie nach neuen Latexhandschuhen griff.

Laura schüttelte den Kopf. »Wir sind uns ziemlich sicher, dass es sich bei ihm um den Fahrer handelt. Leider ist er noch nicht aufgewacht, sodass er uns noch nichts erzählen konnte. Aber die Ärzte haben versprochen, sich sofort zu melden, falls es Neuigkeiten gibt!«

»Das kann Tage dauern, vielleicht sogar Wochen. Bei seinen Verletzungen können wir froh sein, wenn er überhaupt wieder aufwacht!«, erwiderte Elena und öffnete den Leichensack.

»Mal mir den Teufel nicht an die Wand! Wir brauchen seine Aussage.«

Laura wollte noch hinzufügen, dass es an ein Wunder grenze, dass der Mann trotz seiner Verletzungen das Fahrzeug hatte verlassen können, aber da wurde sie auch schon vom Anblick des Toten abgelenkt. Sie schluckte schwer. Es war nicht ihr erster Tag in einem Autopsiesaal, und trotzdem verschlug es ihr fast jedes Mal die Sprache, wenn der Reißverschluss geöffnet wurde. Es war wie der Auftakt zu einer neuen Tragödie.

# KAPITEL 7

Was ist denn mit dem passiert?«, rief Kommissar Christian Sommer und trat näher an den Sektionstisch heran.

Diese Frage stellte sich Elena auch und starrte auf das entstellte Gesicht, welches sie aus dem kleinen Ausschnitt in der schwarzen Folie anstarrte. Quälend langsam öffnete sich der Reißverschluss des Leichensacks und gab den Blick auf dessen Inhalt frei.

Ihr Nacken schmerzte, und ihre Füße fühlten sich schwer an, aber im Vergleich zu der Leiche auf dem Tisch ging es ihr wirklich blendend.

*Stell dich nicht so an*, sagte sie zu sich selbst und befreite mit Dimitris Hilfe den Toten vom Leichensack. Auch ohne medizinische Ausbildung waren die verdrehten Gliedmaßen der Leiche und die Vielzahl von Narben deutlich zu erkennen.

Ackermann ließ geräuschvoll die Luft entweichen. »Meine Güte, kommt das durch den Unfall?«

Elena schüttelte langsam den Kopf und sah kurz zu

Kevekordes. Stumm und mit stoischem Ausdruck in den Augen musterte er den toten Körper.

»Sieht aus, als handelt es sich hier um ältere Traumata«, sagte sie und betrachtete die Brandnarbe, welche sich von der linken Wange bis zum Hals zog und irgendwo im Brustbereich endete. Doch ein Blick in Falks Ackermanns Gesicht sagte ihr, dass ihn nicht die Brandwunde so schockiert hatte. Entsetzt fixierte der Kommissar die Hände des Mannes, und Elena begriff. Die unnatürlich gekrümmten Finger, die in eigentümlicher Weise abstanden wie dünne, knorrige Zweige an einem trockenen Ast, hatten ihn so geschockt. An zwei Fingern war das letzte Glied regelrecht abgeknickt.

Behutsam befühlte sie mit Daumen und Zeigefinger die einzelnen Glieder. »Ich kann deutlich die Kallusbildung spüren. Das sind alte Frakturen.«

»Aber das ist ein junger Mann. Ich schätze ihn nicht älter als zwanzig«, warf Laura ein.

So alt hätte ihn Elena auch geschätzt, und sie verstand den Einwand der Freundin. »Ich wollte nur sagen, dass diese Knochenbrüche schon einige Monate, wenn nicht sogar Jahre alt sind.«

»Wie kann so etwas passieren?«, fragte Laura.

Elena nahm noch einmal die Hand in Augenschein. »Bei meiner Arbeit im Kongo habe ich ähnliche Verletzungen gesehen. Man berichtete uns von barbarischen Folterungen. Und für mich sieht das hier ebenfalls nach Foltermerkmalen aus. Die Finger und die Gelenke wurden willkürlich gebrochen. Mit einem harten Gegenstand, vielleicht einem Hammer oder einer schweren Eisenstange.

Sie lief zum Röntgenfilmbetrachter, wo Dimitri bereits die von ihm angefertigten Röntgenbilder aufgehängt hatte. Sie deutete auf die Knochen der Hand. Selbst für einen Laien war deutlich zu erkennen, dass kleine helle Knochensplitter im Gewebe steckten und ein wildes Muster bildeten. Es war wie bei einem Puzzle, bei dem die Teile einfach nicht zusammenpassen wollten.

»Wie ihr hier sehen könnt, sind die zertrümmerten Knochen falsch oder gar nicht zusammengewachsen.«

Laura Stimme klang entsetzt, als sie fragte: »Bist du dir sicher, was die Ursache betrifft?«

»Ich denke schon. Das ist nicht das erste Mal, dass ich es mit einem Folteropfer zu tun habe. In Afrika kommen Misshandlungen recht häufig vor, und auf der ägyptischen Sinai-Halbinsel werden jährlich tausende afrikanische Migranten zu Tode gequält!«

Betretenes Schweigen machte sich breit, und die Gesichter der Ermittler über der Maske wirkten geschockt.

»Ein Beduinen-Clan hat damit eine erfolgreiche Einnahmequelle gefunden.«

Christian Sommer räusperte sich. »Einnahmequelle?«

Sie nickte. »Flüchtlinge aus Eritrea oder aus dem Sudan werden von Menschenhändlern aufgegriffen und über Ägypten in die Wüste des Sinais verschleppt. Hier wurden regelrechte Foltercamps eingerichtet, um von den Angehörigen hohe Summen zu erpressen.«

»Aber die Menschen in Afrika sind doch bettelarm, was will man von diesen Familien erpressen?«, schnaubte Sommer.

»Das ist es doch gerade. Diese Menschen fliehen vor Krieg, Hungersnot oder Diktatur. Oftmals verkauft die

Familie Hab und Gut, um dem ältesten Sohn die Reise in ein europäisches Land zu ermöglichen. In der Hoffnung, dass er regelmäßig Geld nach Hause schickt. Wenn dann er oder sie in die Fänge der Menschenhändler gerät, muss sich die Familie hoch verschulden, um das Familienmitglied freizukaufen. Oftmals schaffen es die Angehörigen nicht, das Lösegeld rechtzeitig aufzubringen, und die Gekidnappten sterben an ihren Verletzungen.«

Elena lief zurück an den Obduktionstisch. »Dieser Mann hier hat einiges an Qualen und Misshandlungen erleiden müssen.«

Mit ihrem behandschuhten Finger deutete sie auf die Beine, wo die ehemals dunkle Haut jetzt schmutzig rosafarbigem, zerknittertem Pergament glich. Dicke narbige Wülste zogen sich über die Oberschenkel und verebbten in der Schienbeingegend. »Das sind die Spuren von Verbrennungen dritten Grades. Oft verursacht durch heißes Öl. Die Peiniger lassen sich einiges einfallen und kennen keine Gnade!«

»Stimmt!«, fügte Dr. Kevekordes hinzu, und seine Augen funkelten wütend hinter der Schutzbrille. »Wenn man die Kinder aus dem Clan nach ihrem Berufswunsch fragt, dann antworten diese: Afrikaner foltern. Selbst die Jüngsten haben keine Achtung vor dem Leben anderer!«

»Meine Güte!«, entfuhr es Laura, »das sind ja Bestien!«

Als Elena einige Stunden später das Halbdunkel ihres Apartments betrat, fühlte sie sich erschöpft bis ins Mark. Ihre Beine hatten sich irgendwann vor Feierabend in Blei verwandelt. Sie ließ die Tür mit einem tiefen Seufzer ins

Schloss fallen und schleuderte die Schuhe von den Füßen. Ihre Wohnung war mehr als nur ein Zuhause. Es war ein Zufluchtsort. Mit dem Schließen der Haustür sperrte sie einen Tag voller schrecklicher Schicksale aus. Heute war so ein Tag. Fünf Obduktionen im Zwei-Stunden-Takt.

Und dann noch Sebastian. Seine Anwesenheit war schwer zu ignorieren gewesen. Schon bald hatte sie es bereut, ihn angerufen zu haben. Immer wieder hatte er ihr dazwischengefunkt. Hatte die Organe auf Läsionen oder infektionsbedingte Nekrosen untersucht und separate Proben genommen.

Sebastian Kevekordes gab ihr das Gefühl, eine Anfängerin zu sein, deren Urteil er nicht traute. Sie konnte ja verstehen, dass er als Leiter der Seuchenschutzbehörde eine große Verantwortung trug. Und als erfahrene Medizinerin war ihr ebenfalls klar, dass insbesondere Geflüchtete des afrikanischen Kontinents Krankheiten in sich tragen konnten, die für Europäer gefährlich werden konnten. Infektionskrankheiten, die in Europa schon lange als ausgerottet galten, und Erkrankungen, gegen die Europäer keine Antikörper hatten, weil sie mit den Erregern nie in Kontakt gekommen waren. Eine Epidemie von Lassafieber oder Ähnlichem könnte mit Sicherheit zur Katastrophe werden.

Aber *sie* war schließlich die Rechtsmedizinerin. Es war *ihr* Sektionssaal, und es ärgerte sie, dass er ständig ihre Autorität untergrub. Verdammt, warum hatte ihr Vorgesetzter eingewilligt, ihn beiwohnen zu lassen? Sie hätte die Sektionen auch ohne Kevekordes geschafft. Vermutlich sogar um einiges besser.

Wütend auf die ganze Situation warf sie den Haustürschlüssel auf die Konsole im Flur. Die Anzeige ihres Anrufbeantworters blinkte hektisch. Sie ignorierte das Signal. Ihr Nacken war verspannt, und ihre Knöchel schmerzten vom langen Stehen. Ihr ganzer Körper sehnte sich nach einem heißen Tee und einem Bad.

Der dicke Teppich im Flur schluckte ihre Schritte und führte direkt zu den farblich abgestimmten Schieferfliesen, die einen wunderbaren Kontrast zu der weißen Hochglanzküche bildeten, dessen wohl eindrucksvollster Blickfang die Granitkücheninsel war. Manchem mochte die moderne, glänzende Küche zu steril erscheinen, und vielleicht war sie für einen Singlehaushalt etwas zu groß. Doch beim Einzug in die Eigentumswohnung war ihr Status ein anderer gewesen. Nie hätte sie gedacht, dass sie einmal allein an der Kücheninsel würde frühstücken müssen.

Sie ließ frisches Wasser in den Wasserkocher ein, holte einen Porzellanbecher aus dem Schrank und löffelte Teeblätter in ein Sieb. Sie musterte den Inhalt der Teedose und befand, dass sie dringend einkaufen musste. Aber dafür fehlte ihr in den letzten Tagen einfach die Zeit.

Auf dem Weg ins Schlafzimmer fiel ihr Blick wieder auf den Anrufbeantworter. »Jetzt nicht!«, rief sie dem Apparat entgegen und verspürte einen Anflug von Stolz, dass sie die neuen Nachrichten vernachlässigen konnte. Sie warf ihre Kleidung aufs Bett und lief nackt zurück in die Küche, um den Tee aufzugießen. Mit der Tasse in der Hand schlurfte sie ins Badezimmer. Sie liebte diesen Raum, und wenige Minuten später ließ sie sich ins heiße Badewasser gleiten. Ihre Muskeln entspannten sich, und es dauerte nicht lange, bis sie eingeschlafen war.

Das fortwährende Ping, Ping von tropfendem Wasser drang in Elenas Bewusstsein. *Kalt*, war ihr erster Gedanke, als sie fröstelnd erwachte. Ihre Glieder fühlten sich steif an. Langsam öffnete sie die Augen, und die Dunkelheit, die sie umgab, raubte ihr fast den Atem. Wo war sie?

Panik überkam Elena, und sie keuchte. Ihr Puls raste, und in ihren Ohren hörte sie das Rauschen ihres eigenen Blutes. Sie war eingeschlossen! Im Bergwerk? Oder im Container?

Sie wedelte erschrocken mit den Armen, was zur Folge hatte, dass sie sich einen Schwall Wasser ins Gesicht spritzte. Ihr Keuchen ging in einen Schrei über, der von den Fliesen hallte. Ihre Hände fanden plötzlich den Rand ihrer Badewanne, und sie stemmte sich hoch. Fast wäre sie ausgerutscht und über den glatten Rand gestürzt. Sie hielt inne, und allmählich nahm sie die vertrauten Gerüche ihres Badezimmers wahr. Die dunklen Schatten verwandelten sich in die Silhouetten der Möbel.

*Ich bin in meinem Badezimmer! In meiner Wohnung. In Sicherheit!* Ein kehliger Laut entfuhr ihr und endete in einem hysterischen Lachen. Entsetzt über ihr Verhalten, rang sie um Selbstbeherrschung. *Beruhige dich!*, ermahnte sie sich und spürte, wie das Flattern ihrer Nerven allmählich nachließ. Doch das Déjà-vu hallte in ihr nach, und sie brauchte einen Moment, um zu verdauen, dass sie weder in einem eingestürzten Bergwerk noch in einem Container voller Leichen gefangen war, sondern in ihrer Badewanne lag.

Sie stieg aus der Wanne und fand den Lichtschalter. Als sie nach ihrem Bademantel griff, streifte ihr Blick ihr eigenes Spiegelbild. Überrascht hielt sie inne und betrachtete die fremde Frau. Wann hatte sie sich in dieses Schreckgespenst verwandelt? Die schwarzen Haare klebten feucht und strähnig an ihrer Stirn und hatten seinen natürlichen Glanz verloren. Aber mit der richtigen Pflege wäre das Problem schnell behoben.

Sie unterschied sich in keiner Weise von anderen Frauen und war mit ihrem Aussehen genauso unzufrieden, aber heute konnte sie ihrem Spiegelbild so rein gar nichts Positives abgewinnen. Wenn sie etwas an sich mochte, dann ihre feinen Gesichtszüge. Im Licht des Badezimmers wirkten sie eher knochig und ließen ihre Nase stärker hervortreten. Ebenso wie ihre Schultern. Sie war ein Schatten ihrer Selbst geworden. *Bleich, ausgezehrt, gehetzter Blick*, lautete ihre Selbstdiagnose.

Sie wandte sich ab und rubbelte sich trocken. In der Hoffnung, das beklemmende Gefühl loszuwerden, welches sie gepackt hatte, seit sie aus dem albtraumartigen Schlaf erwacht war.

Fröstelnd schlüpfte sie in ihren Schlafanzug und zog dicke Socken aus der Schublade. Auf dem Weg zum Wohnzimmer hatte sie ein Einsehen mit dem Anrufbeantworter und hörte die Nachrichten ab. Zwei davon waren von Falk, der um Rückruf bat, aber mit ihm wollte sie sich im Moment nicht befassen.

Mit einem Seufzer ließ sie sich auf die Ledercouch fallen und sah sich um. Der antike Holzschrank, die dicken Teppiche über dem Parkett, selbst die gerahmten Fotos auf der Kommode. Alles schien unverändert. Trotzdem kam ihr der Raum seltsam fremd vor.

Wann hatte sie sich das letzte Mal so rundherum wohl gefühlt?

Sie griff nach einer Zeitschrift und blätterte darin. Nach einer Weile bemerkte sie, dass sie sich nicht darauf konzentrieren konnte und die gedruckten Worte keinen Sinn ergaben.

Sie seufzte und warf die Zeitschrift auf den Tisch. Dann schnappte sie sich die Fernbedienung und begann, sich durch die einzelnen Kanäle zu zappen. Halbherzig blieb sie an einer Talkrunde hängen.

# KAPITEL 8

Das kroatische Nummernschild war gestohlen, und der Name der italienischen Firma auf dem Container existiert nicht!«, sagte Armin Elszer. »Die Fahrgestellnummer wurde auch überschrieben. Das hat jemand ganz clever eingefädelt. Dadurch, dass alle Spuren in Europa verteilt wurden, können wir den Halter nicht ermitteln. Wir haben das ganze Wrack auf links gedreht.«

Er klopfte mit dem Zeigefinger auf eine Kladde, die vor ihm auf dem Tisch lag und die bisherigen Ermittlungsunterlagen enthielt.

»Außer einigen persönlichen Gegenständen haben wir von den Opfern nichts gefunden. Keine Ausweise, keine Papiere. Keine Handys. Nichts. Allerdings –«, Elszer machte eine bedeutungsvolle Pause und sah in die Runde. »Allerdings«, wiederholte er, »haben die Hundeführer das Gelände an der Unfallstelle abgesucht und tatsächlich einen Führerschein gefunden, dessen Fingerabdrücke mit denen aus unserem LKW identisch sind.«

Der Kriminaltechniker schlug die Kladde auf und reichte Laura eine Kopie. »Ist das der Kerl, den du gefunden hast?«

Laura musterte die Großaufnahme. Der Mann auf dem Foto war deutlich jünger als der, den sie auf dem Hügel gefunden hatte. Und doch durchfuhr sie der Funke des Wiedererkennens, als sie nach Ähnlichkeiten zwischen den beiden suchte. Eng zusammenliegende Augen, die ihr unverwandt entgegenstarrten. Darüber buschige Brauen und eine hohe Stirn mit einer groben Narbe unterhalb des Haaransatzes. Dazu eine gerade Nase und ein Mund mit vollen Lippen, den man fast schon als arrogant beschreiben konnte, wäre da nicht das Grübchen, das den Anblick des Mannes freundlicher wirken ließ. Sie dachte an den Verletzten, an das viele Blut und war sich trotzdem plötzlich sehr sicher, dass sie sein Foto in den Händen hielt. »Ja, das ist er, ich erkenne die Narbe!«

»Gut, dann hätten wir das auch geklärt«, sagte Elszer. »Passt übrigens zu dem Namen auf dem Fahrtenschreiber. Habe ich erwähnt, dass er Juri Ivanow heißt und 1973 in Duschanbe, Tadschikistan geboren wurde?«

Laura reichte die Aufnahme an Ackermann weiter. »Wir sollten dennoch das Foto mit dem Verletzten im Krankenhaus vergleichen. Kannst du dich darum kümmern?«

Falk Ackermann musterte das Foto, und Laura vermutete, dass auch er den Verletzten auf dem Foto erkannte. Wie zur Bestätigung nickte er und sagte: »Das könnte er sein. Schauen wir mal, wer da im Krankenhaus liegt.«

Laura sah zu, wie er das Foto mit seinem Handy abfotografierte, und fügte hinzu: »Die Rettungskräfte konnten sich nicht erinnern, dass ihn jemand aus dem Führerhaus geborgen hatte. Aber bei dem ganzen Durcheinander … Es waren unzählige Retter im Einsatz. Sollte der Mann im Klinikum nicht unser Gesuchter sein, werden wir das Foto an alle umliegenden Krankenhäuser faxen. Vielleicht ist er ja in einer anderen Klinik gelandet.«

Falk tippte auf seinem Handy herum, gab das Foto an Armin Elszer zurück und sagte: »Die Kollegen sind informiert und organisieren jemanden, der ins Krankenhaus fährt. Was ist eigentlich mit den Fahrzeugpapieren?«

»Hast du mir nicht zugehört? Wir haben keine Papiere gefunden. Wenn der Mann auf dem Führerschein der Fahrer ist, dann muss er die Papiere bei sich haben, oder er hat sie so versteckt, dass wir sie nicht finden konnten. Eine andere Möglichkeit wäre, dass es einen Beifahrer gab, der alles mitgenommen hat.«

»Gibt es Hinweise auf einen Beifahrer?«, brummte Falk.

»Nichts, was uns weiterbringen würde. Im Führerhaus wimmelt es nur so von Spuren wie Fingerabdrücke, Haare und Hautpartikel von mindestens zwei Personen, aber das System hat dazu keine Namen ausgespuckt. Diverse Vignetten lassen uns vermuten, dass der Transporter in Spanien und Frankreich unterwegs war.«

Laura horchte auf. »Na, das ist doch mal was und passt zu der Theorie, dass es sich um Menschen aus Afrika handelt. Man hört doch immer, dass Boote in Spanien an Land gehen. Sonst noch etwas?«

»Im Fahrerhaus gab es leere Flaschen, Essensreste, Kleidung und eine Zeitung in spanischer Sprache. Das übliche. Wir sind auf jeden Fall dran.«

»Gibt es von der Zeitung Aufnahmen?«

Elszer brachte ein müdes Lächeln zustande. »Selbstverständlich.« Er schob ihr ein Foto über den Tisch. »Die Zeitung ist erst ein paar Tage alt und könnte in Spanien gekauft worden sein.«

Sie sah den Kriminaltechniker an. »Können wir herausfinden, wo das Fahrzeug in Spanien gestartet ist?«

»Wir sind schon dabei.« Er las von seinen Notizen ab: »Was die Zeitung betrifft, so ist diese die zweitgrößte spanische Tageszeitung, mit Redaktionssitz in Madrid. Bei der Zeitung aus dem Führerhaus handelt es sich um eine regionale Ausgabe aus Sevilla in Andalusien. Ich würde mal behaupten, die Zeitung hat eine lange Fahrt hinter sich, bevor sie in Deutschland gelandet ist. Von uns aus gesehen sind es mehr als 2000 Kilometer bis nach Sevilla. Unter Berücksichtigung der Entfernung und der Straßenverhältnisse sowie der vielen Staus war der Lastwagen mindestens zwei Tage unterwegs.«

»Sevilla«, sagte Laura und zückte ihr Mobiltelefon. Sie startete den Routenplaner. »Laut Navi sind das gerade mal zweiundzwanzig Stunden.«

»Wenn es gut läuft und man ohne Unterbrechung durchfährt. Aber auf der Strecke gibt es Mautstellen, Tunnel und jede Menge Baustellen. Um bei einer Kontrolle nicht negativ aufzufallen, muss ein Brummifahrer die sogenannten Lenkzeiten einhalten. Das heißt maximal neun Stunden hinter dem Steuer, und dann ist erst einmal Pause angesagt«, antwortete Elszer.

»Was wiederum vermuten lässt, dass es einen Beifahrer gegeben hat. Zwei Fahrer könnten sich auf der Strecke abgewechselt haben«, murmelte Falk Ackermann und sah in die Runde. Niemand widersprach.

»Was ist mit dem Klebeband, das man am Container gefunden hat?«, warf Sommer ein.

»Hier handelt es sich um ein extrem haftendes Klebeband eines Schweizer Herstellers. Es wird normalerweise zum Verkleben im Dachausbau verwendet. Aber bevor einer von euch auf die Idee kommt, dass dies ein besonderer Hinweis wäre ...« Er schüttelte mit dem Kopf. »Es ist in jedem Baumarkt erhältlich. Heutzutage bekommt man sowieso alles, notfalls im Internet. Fingerabdrücke gab es auch nicht mehr. Das Klebeband war so stark verwittert, dass es uns nichts mehr zu erzählen vermochte, außer dass es schon vor Monaten angebracht worden war.

Laura gähnte hörbar, und die Gesichter der Kollegen sagten ihr, dass sie nicht die Einzige war, die mit der Müdigkeit zu kämpfen hatte. Der Fall raubte ihr bereits den Schlaf. Immer wieder hatte sie sich gefragt, warum jemand Leichen über eine stark befahrene Autobahn transportierte und sie nicht schon längst entsorgt hatte.

Sie rieb sich den verspannten Nacken. Für ihren Geschmack hatte man die Besprechung des Falls viel zu früh angesetzt. Die Uhr zeigte gerade mal kurz nach acht. Sie wünschte, jemand würde ein Fenster öffnen, denn die abgestandene Luft in dem Besprechungsraum wirkte auf sie wie ein Schlafgas. Um nicht einzunicken, griff sie zur Kanne auf dem Tisch und schenkte sich Kaffee nach. Vielleicht würde Koffein ihrem müden Gehirn auf die Sprünge helfen.

Laura bog den Rücken durch und sagte: »Das sind ja unschöne Aussichten. Bisher wissen wir nur, dass das Fahrzeug in Spanien und Frankreich unterwegs war. Das ist, ehrlich gesagt, nicht gerade viel. Nichts, womit wir etwas anfangen können. Ich kann nicht verstehen, warum jemand achtundvierzig Menschen in einem Container durch Deutschland schippert.«

Ackermann meldete sich: »Einen Menschenschmugglerring können wir ausschließen, denn die lassen erfahrungsgemäß die Flüchtlinge nicht absichtlich ersticken.«

»Wer sagt, dass es Absicht war? Ein Unfall wäre auch denkbar. Vielleicht sind die Menschen ja versehentlich erstickt, und man hat den Container im Nachgang zugeklebt, damit niemand den Leichengeruch riecht. Wie soll man fast fünfzig tote Flüchtlinge, die man eigentlich retten wollte, erklären?«, warf Sommer ein.

»Aber Armin hat doch gerade erzählt, dass das Band starke Verwitterungsspuren zeigt«, sagte Ackermann und sah Sommer an. »Folglich hat deine Hypothese einen Haken. Die Luftschlitze waren bereits zugeklebt, bevor die Menschen in den Container stiegen. Wir reden hier von Tötungsabsicht, ohne Zweifel.«

Doch auch an dieser Theorie gab es Elemente, die nicht zusammenpassten. Laura konnte sich nicht vorstellen, dass der LKW unbemerkt durch halb Europa fahren konnte.

Sie schüttelte langsam den Kopf. »Ich habe den Verdacht, dass die Menschen irgendwo in Deutschland eingestiegen sind. Auf Autobahnen gibt es Mautstellen für Tunnel und Zollkontrollen. Ich meine zu wissen, dass LKWs neuerdings elektronisch ins Mautsystem eingebucht werden. Ist da der Fahrzeughalter ermittelbar?«

Armin Elszer rutschte auf dem Stuhl zurück und schlug die Beine übereinander. »Nö, es gibt die Möglichkeit, sich auch manuell über eine App oder via Internet einzubuchen. Das wird von den Speditionen genutzt, die eher selten ins Ausland fahren, und dann gibt es ja noch die ganz Cleveren, die die Autobahnen umfahren. Ich denke, Ivanow hat diese Variante gewählt. Dauert etwas länger, ist dafür unauffälliger.«

»Aber der Container wurde doch auf einer Autobahn gefunden«, hakte Laura nach.

»Das ist auch kein besonderer Hinweis.« Er seufzte. »Hier kommt uns der Datenschutz in die Quere, denn die für die Gebührenabrechnung erhobenen Daten werden anonymisiert. Er kann durchaus Maut bezahlt haben, ohne dass wir das verwerten können.«

Laura verzog das Gesicht. Eine Geste, die den anwesenden Ermittlern offensichtlich aus dem Herzen sprach. »Irgendwie kommen wir so nicht weiter. Wieso fährt jemand mit solch einer Fracht quer durch Deutschland, und wo sollte die Fahrt enden? Wieso gibt es keine Handys oder Ausweise oder sonstige Papiere? Das ist ja echt zum Verrücktwerden.«

»Wenn ich einen ganzen Container voll Menschen anonymisieren wollte, würde ich ihnen auch alle persönlichen Gegenstände abnehmen und bei der ersten Gelegenheit entsorgen. Vielleicht sogar verbrennen. Ständig hören wir davon, dass Leute ohne Papiere einreisen. Das stellt offensichtlich kein Problem dar, also sollten wir uns hier nicht lange aufhalten. Ich bleibe immer noch dabei, dass die Menschen vorsätzlich getötet wurden.« Er sah zu Elena.

Die Rechtsmedizinerin hatte sich bisher nicht zu Wort gemeldet. Jetzt waren nicht nur Falks Blicke auf sie gerichtet, und sie schien erleichtert, sich einbringen zu können, um ihn nicht direkt ansehen zu müssen. »Meine Kollegen und ich haben gestern Abend die letzten Obduktionen abgeschlossen. Es gibt keine offensichtliche Todesursache durch Gewalteinwirkung oder Ähnliches. Gift konnten wir ausschließen. Ebenso meinen anfänglichen Verdacht, dass sie an einer Infektionskrankheit gestorben sein könnten. Zum Zeitpunkt der Auffindung waren einige Leichen bereits stark verwest. Andere wiederum zeigten weniger Verwesungsmerkmale. Das heißt, sie sind erst später gestorben. Das war für uns wiederum ein Vorteil, da wir in ihrem Blut einen $CO_2$-Anstieg nachweisen konnten, was die Theorie des hypoxischen Erstickens bestätigt.«

»Also gehst du von Mord aus?«, fragte Falk und musterte Elena.

»Ich kann nur die medizinischen Fakten liefern. Alles weitere überlasse ich euch.«

Letzteres unterstrich Elena mit Nachdruck, sodass Laura das Gefühl hatte, in das Gespräch einsteigen zu müssen. »Was würdet ihr machen, wenn ihr einen Anhänger voller toter Menschen hättet?« Sie sah die Kollegen an. »Kommt schon, lasst uns einfach mal ein paar Gedanken auf den Tisch werfen. Gehen wir davon aus, dass jemand die armen Menschen getötet hat. Aber warum? Wieso der Aufwand?«

Niemand sprach ein Wort, und selbst Laura fehlten die Ideen. »Was ist los, Leute?«, sagte sie schließlich. Doch im Raum herrschte nur Schweigen.

Armin Elszer zögerte, dann sagte er: »Seit einigen Monaten gibt es wieder eine neue Leichenwelten-Dauerausstellung in der Alten Mühle in Heidelberg. Ich war mit meiner Frau letztes Wochenende dort. Das war sehr beeindruckend. Ich denke, diese Leute könnten mit den Leichen einiges anstellen.«

»Echt? Aber das ist nicht dein Ernst! Hast du nicht genug Leichen im Berufsleben, als dass du deine Frau zu diesem Typ schleppen musst?«, prustete Laura.

Armin Elszers Blick wurde scharf. »Du wolltest doch, dass wir Ideen in den Raum werfen! Weißt du, woher er seine Leichen hat?«

Das wusste sie nicht. Trotzdem war ihr der Gedanke so zuwider, dass sie ihn nicht zulassen wollte. »Rechtlich gesehen ist das ein sehr heikles Thema. Ich denke, dafür gibt es Quellen. Leichenspenden oder so.«

»Kennt ihr jemanden, der seinen Körper der Wissenschaft gespendet hat? Ich denke, dass Leichen eine sehr ungewöhnliche Ware darstellen«, sagte Ackermann und warf Laura einen ironischen Blick zu. »Elena, weißt du woher er die Leichen hat?«

»Nein. Ich habe keinerlei Kenntnis über den Mann und seine Methoden. Er ist mir mal an der Uni begegnet, aber wir kennen uns nicht. Ich gehe aber davon aus, dass alles seine Richtigkeit hat.«

»Das bringt mich zu der Frage, wie kommen eigentlich die ganzen Universitätskliniken an all die Leichen für die Studierenden?«

Elena, überrascht von der Frage, zögerte: »Na, so einfach ist das nicht. Denkst du, die Universitäten machen einen Aufruf? Wir nehmen gern ihre Körperspende an! Nein, dieses Thema wird sehr diskret behandelt.«

»Du kommst doch von einer medizinischen Hochschule. Wie seid *ihr* an die Leichen gekommen?«

Elena zuckte mit den Schultern. »Darum mussten wir

uns nicht kümmern, das war Aufgabe der Uni. Neuerdings werden die gespendeten Körper zuerst gescannt, um eine verlässliche Datenbank aufzubauen. Ziel ist es, die Studenten mit virtueller Anatomie vertraut zu machen. Allerdings ersetzt dieses Programm nicht die Präparation von Körpern. Im Moment dient es lediglich zur Vertiefung des Wissens. Andererseits sind virtuelle Leichen jederzeit verfügbar.«

»Hast du eine Idee, was man mit Leichen sonst so alles anstellen kann?«

Elena zögerte, doch dann begann sie ihre Gedanken in Worte zu fassen. »In den USA gibt es sogenannte *Body Farms.* Das sind gut gesicherte Gelände, auf denen Leichen im Rahmen von wissenschaftlichen Studien verwesen.«

»Igitt«, stieß Laura hervor und verzog das Gesicht. Natürlich hatte sie schon davon gehört. Aber für ihren Geschmack hatte sie schon genug verweste Leichen und Leichenteile gesehen, deren Anblick sie sich lieber erspart hätte.

»Das ist auch nichts anderes als in unserem Institut. Nicht nur wir Rechtsmediziner profitieren von den Erkenntnissen aus Tennessee.«

»Ach ja, wer noch?«

Elena zählte auf: »FBI-Agenten, Kriminalbiologen, Anthropologen. Sie alle studieren den Zerfall menschlicher Leichen. Untersucht werden zum Beispiel Einflüsse von Todesart, Witterung oder Leichenlagerung auf die Verwesungsgeschwindigkeit. Sie lagern die Toten an den unterschiedlichsten Stellen und dokumentieren den Verlauf der Verwesung. Je nach Beschaffenheit der Umgebung kann es sein, dass der Körper unversehrt bleibt, beziehungsweise mumifiziert. Das ist für Rechtsmediziner oder Kriminalbiologen äußerst wichtig.«

Sommer sagte: »Das ist ja wirklich widerlich!«

Elena grinste. »Die nächste Wasserleiche gehört euch. Versprochen!«

Lauras Miene wurde wieder ernst. »Eine *Body Farm* in Deutschland halte ich für so undenkbar, dass ich sie sogar ausschließen würde.« Mit dem Stift in der Hand ging sie noch einmal ihre Notizen durch, dann fragte sie: »Wer braucht außerdem tote Körper?«

Elena hielt inne, überlegte, welche Möglichkeiten sich sonst noch aufzeigen ließen, und zuckte mit den Schultern. Laura dachte schon, Elena würde nichts mehr sagen, als sie unvermittelt rief: »Crashtest Dummies.«

»Was?«

»Ich habe doch mal von Dr. Gérald Leclerc erzählt …«

»Der Franzose? Dieser Experte für Zugunfallopfer?«

Elena nickte. »Er ist eigentlich Verkehrsmediziner und Leiter des Instituts für angewandte Biomechanik in Straßburg. Für seine Unfallrekonstruktionen benötigt er auch Leichen. Bei einem Autounfall wirken massive Kräfte auf den menschlichen Körper. Die Art und Weise, wie Schultern brechen, Schädel aufprallen oder innere Organe Schaden nehmen, kann an Dummies aus Kunststoff und Stahl nicht nachgestellt werden.«

Laura sah die Rechtsmedizinerin von der Seite an und betrachtete das Profil der Freundin. »Was du so alles weißt.«

»Du hast gefragt.«

»Ja, und ich bereue jetzt schon meine nächste Frage.

Hast du noch irgendeine Vorstellung, was man mit seinem Körper nach dem Tod tun kann?«

»Langsam gehen mir die Ideen aus. Die Forensiker untersuchen alles Mögliche an gespendeten Körpern. Das Militär hat auch ein gesteigertes Interesse daran.«

»Ach ja?«

»Schusssichere Westen werden an Leichen erprobt, oder willst du etwa auf *dich* schießen lassen?«

Laura schüttelte heftig den Kopf, ließ aber die Freundin ausreden.

»Die Waffenindustrie will wissen, welche verheerenden Verletzungen ihre Revolver verursachen. Auch die Hersteller von Schutzkleidung für das Bombenräumkommando müssen irgendwie die Tauglichkeit ihrer Produkte beweisen. Ansonsten …«

Ackermanns Mobiltelefon unterbrach die Unterhaltung der Frauen. Er sah auf das Diplay und gab ihnen ein Zeichen, dass der Anruf wichtig war. Nach wenigen Sekunden schaltete er den Lautsprecher ein, legte das Telefon vor sich auf den Tisch und rief: »Ich schalte Sie mal auf laut. Können Sie das bitte wiederholen, damit die anwesenden Kollegen gleich mithören können?«

Die Stimme aus dem Lautsprecher war jetzt das Einzige, was im Raum zu hören war. »Hier spricht Polizeimeister Trapp. Ich bin im Krankenhaus. Das Foto passt zu dem Patienten, und wie wir gerade erfahren haben, ist er heute morgen aufgewacht. Er ist noch nicht ansprechbar. Aber immerhin.«

Lauras Körper spannte sich sofort an. »Sie bleiben vor Ort und passen auf, dass uns der Mann nicht abhanden kommt. Wir sind schon auf dem Weg und übernehmen die Befragung.

»Nein!«, kam es zögerlich aus dem Lautsprecher. »Der Oberarzt lässt uns nicht zu ihm. Er meint, dass es noch zu früh sei für eine Befragung des Patienten.«

»Das war zu erwarten«, sagte Elena so leise, dass es nur die anwesenden Ermittler hören konnten. »Schließlich lag Ivanow im Koma. Wir können von Glück sprechen, dass er überhaupt aufgewacht ist.«

»Was meint der Doktor, wann dürfen wir zu ihm?«, fragte Laura in Richtung Mikrofon.

»Frühestens in zwei bis drei Tagen. So genau wollte sich Dr. Wellenreuther nicht festlegen.«

»Sie bleiben vor Ort und sorgen dafür, dass der Patient rund um die Uhr bewacht wird«, sagte Ackermann.

»Dirk Wellenreuther?«, rief Elena und schien die Frage sofort zu bereuen. Doch der Polizist hatte bereits aufgelegt.

»Du kennst ihn?«

»Wir haben zusammen studiert, und manchmal laufen wir uns im Klinikum über den Weg.«

Lauras Blick erhellte sich. »Klasse, dann übernimmst du die Befragung von Ivanow. Ein alter Freund tut doch einer ehemaligen Kommilitonin sicher einen Gefallen!«, sagte Laura und grinste Elena unschuldig an.

»Aber das ist nicht meine Aufgabe«, protestierte Elena. »Warum macht *ihr* das nicht?«

»Das hast du doch gehört. Wir dürfen nicht zu ihm. Aber du.«

Elena sah die Freundin mit einem Blick an, der genauso gut Verärgerung wie Verwunderung bedeuten konnte.

»Und was macht *ihr?*«

Laura deutete auf ihre Notizen. »Wir arbeiten die Liste der eben aufgezählten Möglichkeiten ab, um nicht tatenlos herumzusitzen. Ich würde gern mit dem Plastinator und seiner Leichenwelt beginnen. Laut Handy-Navi liegt sein Institut hier um die Ecke. Mal schauen, was wir da so herausfinden.«

Sie sah Ackermann an, der von dieser Aussage genauso überrascht schien wie Elena.

»Hier werden Leichen präpariert?«, sagte Laura und warf noch einmal einen Blick auf die Hausnummer, um zu prüfen, ob sie sich vor dem richtigen Gebäude befanden. »Ich habe es mir irgendwie anders vorgestellt. Größer, auffälliger!«

Tatsächlich schien es sich bei dem Areal vor ihnen mehr um ein ehemaliges Betriebsgelände zu handeln, mit zweckmäßigen Bürogebäuden und angrenzender Lagerhalle. Gardinen zierten die Fenster, und der gepflasterte Hof wirkte wie leergefegt. Vielleicht lag es daran, dass es noch früher Vormittag war.

Laura stieg aus dem Wagen und steuerte auf das schwere Rolltor zu. Nach der Besprechung war sie froh, einige Schritte gehen zu können. Obwohl es heute schon empfindlich frisch war, genoss sie die kühle Atemluft und blieb für einen Moment stehen. Dann spähte sie durch die Gitterstäbe.

»Sieht irgendwie verlassen aus. Ich kann mir nicht vorstellen, dass hier Menschen plastiniert werden!«, sagte sie und schielte zur Hausnummer, als müsste sie sich vergewissern, dass sie vor dem richtigen Gebäude standen. In dieser Ecke des Gewerbegebietes reihten sich die Firmengelände dicht aneinander. Sie waren an einem Malerbetrieb, einem Sanitärhandel und sogar an einer Kletterhalle vorbeigefahren. Nun standen sie zweifelsfrei vor der richtigen Adresse.

Falk trat hinzu und nahm das Gelände in Augenschein. »Was hast du dir denn vorgestellt? Ein Schild mit der Aufschrift: *Leichenanlieferung hier?*«

»Nein, aber etwas mehr hatte ich schon erwartet!« Doch im nächsten Moment forderte ein anderes Objekt ihre Aufmerksamkeit. »Sieh mal.«

Nicht weit vom Gebäude entfernt, fast verdeckt von aufgestapelten Chemikalienfässern, stand ein Schiffscontainer. Etwas kleiner als der, den sie vor Tagen auf der Autobahn gefunden hatten, aber zweifelsohne ein Überseecontainer. Sie straffte die Schultern und fügte hinzu: »Na, dann wollen wir mal Doktor Tod einen Besuch abstatten.«

Bevor Laura den Klingelknopf betätigen konnte, wurde die Tür des Bürogebäudes aufgerissen. Ein Mann trat ihnen mit schnellen Schritten entgegen. Er trug Jeans, ein T-Shirt, das irgendwann einmal schwarz gewesen sein musste, und schwere Lederstiefel. *Das ist nicht von Dahl*, war Lauras erster Gedanke. Dieser Mann war um einiges jünger.

»Was wollen Sie?«, blaffte er sie an.

Augenscheinlich hielt er nicht viel von Höflichkeiten. Was auch immer der Mann für ein Problem haben mochte, es war Laura egal. Ruhig erwiderte sie seinen Blick.

»Kriminalpolizei Mannheim-Heidelberg, wir möchten zu Dr. von Dahl.«

Die Miene des Mannes wechselte im Bruchteil einer Sekunde von Verärgerung zu Belustigung. Er lehnte sich gegen das Stahlgitter. »Der Chef ist nicht da.«

»Wann können wir ihn sprechen?«

Der Mann kratzte sich am Kinn. »Im Moment ist es etwas ungünstig. Der Chef plant eine große Wanderausstellung, bei der weit mehr als fünfzig gänzlich neue Exponate ausgestellt werden sollen. Da hat er richtig viel zu tun.«

Der plötzliche Ruck, der durch Laura ging, ließ den Mann sofort verstummen. Sein Gesicht wurde hart.

»Wo finden wir Dr. von Dahl?«, hakte sie nach.

Der Mann hatte sich wieder gefasst, und Laura glaubte jetzt, einen Anflug von leichtem Spott in seinen Zügen zu lesen. »Dr. von Dahl lebt in Berlin. Er kommt eher selten nach Heidelberg. Ich bin der Verwalter des Körperspendenbüros. Aber hier passiert schon lange nichts mehr. Dr. von Dahl hat schon vor Jahren ein weiteres Institut eröffnet.«

»Trotzdem würden wir uns hier gerne etwas umsehen«, sagte Ackermann und deutete auf den Container. »Was ist da drin?«

Der Mann hinter dem Tor kniff die Augen zusammen, und sein Körper versteifte sich. »Haben Sie einen Durchsuchungsbefehl?«

»Brauchen wir denn einen?«, fragte Laura und fügte hinzu: »Wir können gerne mit einem Durchsuchungsbeschluss wiederkommen, und Sie können sicher sein, dass wir dann jeden Stein auf diesem Gelände umdrehen.«

»Ja, machen Sie das.«

Ohne ein weiteres Wort drehte sich der Mann wieder um und warf krachend die Tür hinter sich ins Schloss.

»Was war das denn?«, fragte Ackermann.

Laura zuckte mit den Schultern. Das war wirklich ein seltsamer Typ. Die Feindseligkeit des Mannes war geradezu verdächtig.

Aber etwas anderes beschäftigte Laura weitaus mehr. Sie beäugte noch einmal den Hof mit den Chemikalienfässern und dem Container.

»Was denkst du? Warum steht hier ein Container, wenn hier keine Leichen mehr angenommen werden?«, fragte sie.

»Ich glaube nicht, dass von Dahl die Leichen in Containern anliefern lässt.« Ackermann musterte das Gelände. »Und hier sieht es wirklich etwas verwaist aus. Findest du nicht?«

Zu sehr mit ihren eigenen Gedanken beschäftigt, ging sie nicht auf ihn ein und fragte stattdessen: »Du hast es nicht gesehen, stimmt's?«

Seine Antwort bestätigte ihre Vermutung. »Was soll ich gesehen haben?«

»Das Klebeband.«

Jetzt sah Ackermann sie an, als hätte sie endgültig den Verstand verloren.

»Dieser sogenannte Verwalter hatte eine Rolle Klebeband in der Hosentasche«, erklärte sie.

Ackermanns Miene wurde noch eine Spur grimmiger. »Das ist nicht dein Ernst?«

»Doch. Ich konnte sehen, dass aus seiner rechten Gesäßtasche eine Klebebandrolle herauslugte.«

Ackermann ließ noch einmal seinen Blick über das Gelände schweifen und schüttelte leicht den Kopf, als würde er eine innere Debatte abschließen. Er stöhnte genervt.

»Verdammter Mist, das habe ich echt übersehen.« Dann seufzte er noch einmal laut und sagte: »Wo auch immer der Plastinator jetzt arbeitet, hier werden wir wohl nicht weiterkommen!«

»Was wohl in dem Container ist?«

Ackermann ließ ihre Frage unbeantwortet und ging zum Wagen. Laura rührte sich nicht vom Fleck. Versunken musterte sie den Container, bis ein vorbeifahrendes Fahrzeug die Stille und ihre Gedanken unterbrach. Sie rieb sich das Gesicht und folgte Ackermann. Dabei musste sie ihr Schritttempo erhöhen, um ihn einzuholen.

»Eine ganz neue Ausstellung mit über fünfzig niegelnagelneuen Exponaten. Ich finde, das ist doch ein etwas ungewöhnlicher Zufall, oder? Ich will wissen, was hinter dem ganzen Plastinationszeug so steckt«, sagte sie, als sie am Wagen angekommen waren.

Ackermann, im Begriff einzusteigen, hielt in der Bewegung inne und sagte: »Ich kann mich dunkel an einen Vorfall vor einigen Jahren im Hafen erinnern. Dort gab es einen Überseecontainer, dessen brisante Ladung vom Zoll nicht freigegeben wurde, weil die Beamten schlichtweg mit einer Anlieferung von Leichen aus dem Ausland überfordert waren. Was, wenn man dieses Mal statt den Seeweg die Straße benutzt hat und Heidelberg lediglich einen Zwischenstopp darstellt?«

Laura starrte über das Wagendach. »Ein Grund mehr, dem Mann auf den Zahn zu fühlen. Ich denke, wir sollten gleich morgen zu diesem Plastinator fahren. Kommst du mit?«

Immer noch die Wagentür umklammernd schüttelte Ackermann den Kopf. »Ich kann nicht, schon vergessen?

Ich habe die nächsten zwei Tage frei. Es sei denn, wir fahren nächste Woche oder so.«

Laura wollte schon nach dem Warum fragen, besann sich aber schnell eines Besseren und nickte. Doch die Frage, was Falk so Dringendes zu erledigen hatte, beherrschte immer noch ihre Gedanken, als sie sich hinter das Lenkrad schob und wortlos den Schlüssel in das Zündschloss steckte. Unbewusst stieß sie einen Seufzer aus.

»Was ist?« Sein Blick haftete auf ihr, und ihr wurde klar, dass er ihren Seufzer bemerkt hatte. »Du hast ein Date?«, witzelte Laura. Sie hörte die Verlegenheit in seiner Stimme.

»Wie kommst du denn darauf?«

»Weil du nicht mitfahren willst.«

Er sah sie mit hochgezogenen Augenbrauen an, dann entspannten sich seine Gesichtsmuskeln, als wollte er sagen: *Du lernst es nie.* »Mein Sohn kommt für ein paar Tage.«

Laura startete den Motor. Verdammt. Nie konnte sie sich merken, wer von den Kollegen wann Urlaub eingetragen hatte. Aber sie verstand, wie wichtig ihrem Partner die Zeit mit seinem Kind war, und sie wusste auch, wie sehr er unter der Trennung litt.

# KAPITEL 9

Unwillen überkam Elena. Ihr Rücken schmerzte von dem unbequemen Stuhl im Besprechungszimmer des Polizeireviers, und ihre Bluse war alles andere als frisch. Immer noch mit der Frage beschäftigt, warum sie sich mal wieder zu so einer hirnrissigen Aktion hatte überreden lassen, stand sie vor der Intensivstation des Klinikums und wartete, dass jemand auf ihr Klingeln reagieren würde. Schnell ordnete sie sich die Haare und versuchte, ihre Bluse glattzustreichen. *Vermutlich schläft er schon wieder*, hoffte sie, als dumpfe Schritte näherkamen. Die Tür öffnete sich fast geräuschlos, und eine korpulente Krankenschwester blockierte den Zugang. Mit kritischem Blick beäugte sie die Besucherin. Ihre ganze Körpersprache verriet, dass niemand ohne Genehmigung an ihr vorbeikommen würde.

»Nanu, Frau Dr. Salonis, haben wir Sie bestellt?«

Elena lächelte matt, als sie Schwester Ursula erkannte. Heute war nicht ihr erster Besuch auf der Intensivstation. Im Rahmen ihrer Tätigkeit als Rechtsmedizinerin wurde sie regelmäßig angefragt, um Opfer von Gewaltverbrechen oder häuslicher Brutalität zu untersuchen.

»Ich möchte nach einem Patienten sehen«, erwiderte Elena. »Man sagte mir, der Mann sei jetzt ansprechbar.«

»Um diese Uhrzeit? Wir haben gerade Visite.« Der Blick der Krankenschwester fiel auf die Tasche der Rechtsmedizinerin. Elena reagierte sofort.

»Ich benötige umgehend einige Proben, bevor im Blut nichts mehr nachweisbar sein wird.«

Es war clever gewesen, die Tasche mitzunehmen, um jedem Verdacht vorzubeugen, und offensichtlich funktionierte ihr Plan. Die Frau nickte wissend. »Um welchen Patienten handelt es sich?«

»Juri Ivanow.«

Die Augenbrauen von Schwester Ursula schossen in die Höhe. »Na, das ging aber schnell! Er ist erst heute Morgen aus dem Koma erwacht. Wir dachten schon, dass er das Bewusstsein nie mehr erlangen würde. Aber schauen Sie selbst«, sagte sie und trat zur Seite.

Als Elena die Station betrat, schlug ihr eine Mischung von Desinfektionsmitteln und Medikamenten entgegen. Gerüche, die ihr Gedächtnis sofort wiedererkannte, und die verwaschenen Erinnerungen an ihre Assistenzzeit waren augenblicklich wieder präsent. Es war ewig her, dass sie Patienten intensivmedizinisch betreut hatte. Aber an eines konnte sie sich sehr wohl erinnern. Die Müdigkeit. Sie war noch nie in ihrem Leben so müde gewesen wie in diesen Jahren. Zweiundsiebzig-Stunden-Schichten waren im Alltag eines angehenden Arztes keine Seltenheit. Dennoch erwarteten Patienten und Krankenhausleitung, dass man nach so einem Dienstmarathon frisch und bestens gelaunt eine komplizierte Operation in Angriff nahm.

Die Krankenschwester deutete auf das Ende des breiten Flurs. »Die blaue Tür rechts. Brauchen Sie Hilfe?«

Elena verneinte.

Die Frau hätte sich nicht die Mühe machen müssen, Elena mitzuteilen, in welchem Krankenzimmer sich der Patient befand. Der Polizeibeamte vor dem Raum war Hinweis genug. Leere Kaffeebecher türmten sich auf der Fensterbank. Die Uniform wirkte neu, aber die Schweißflecken auf seinem Hemd verrieten ihr, dass seine Schicht bald zu Ende sein würde.

Als er sie bemerkte, richtete er sich verlegen in seinem Stuhl auf. »Dr. Salonis?«

Irgendwie kam ihr sein junges Gesicht bekannt vor. Aber das konnte auch an der Uniform liegen. Um sich nicht zu blamieren, warf sie einen schnellen Blick auf die Brusttasche und fand seinen Namen. »Guten Tag, Polizeimeister Trapp«, antwortete sie. Das war also die Stimme aus Ackermanns Handy. »Kann ich mir den Patienten mal ansehen?«

Er blinzelte irritiert. »Der Mann lebt aber noch!«

Elena nickte, und ein leichtes Lächeln huschte über ihre Lippen. »Ja, dessen bin ich mir bewusst.«

Der Polizist wollte schon antworten, als sie ein lautes Scheppern aus dem Zimmer hörte. Die Krankenschwester eilte herbei und stürzte in das Krankenzimmer. Elena und der Polizist wechselten einen alarmierten Blick und folgten ihr. Das Bild, das sich ihnen bot, war mehr als verwirrend.

In dem mit medizinischen Geräten überladenen Raum

stand ein glatzköpfiger Arzt am Bett und versuchte, die Handgelenke von Ivanow festzubinden. Der Patient bäumte sich auf und schlug um sich. Ein dunkler, kehliger Laut entfuhr ihm.

»Fixieren Sie seine Hände!«, brüllte der Arzt der Krankenschwester zu.

Ein Nachttisch geriet ins Wanken, und ein Wasserglas kippte um. Die Flüssigkeit ergoss sich über den Boden. Schwester Ursula reagierte sofort und rannte zum Krankenbett. Fast wäre sie auf dem glitschigen Linoleum ausgerutscht. Sie schnappte sich einen der Gurte, um den Mann festzuschnallen. Der Patient stöhnte und begann, nach der Pflegekraft zu treten. Jetzt eilte der Polizist dazu und versuchte, die Beine des Verletzten zu fassen. Was nicht so einfach war. Ivanow trat nach allen Seiten. Vor wenigen Stunden hatte dieser Mann noch im Koma gelegen. Jetzt gelang es ihnen kaum, ihn zu überwältigen.

»Warten Sie, ich helfe Ihnen«, sagte Elena und trat neben den Polizisten. Als sie nach dem Gurt greifen wollte, streifte ihr Blick Ivanows Gesicht. Wilde Panik loderte in seinen Augen. Sein Atem ging pfeifend. Schweiß bildete sich auf seiner Stirn. Es war der Anblick eines gehetzten Tieres.

Verwirrt hielt sie inne. Es war nur ein klitzekleiner Moment der Unachtsamkeit, aber der Mann nutzte die Gelegenheit. Ein Brennen schoss durch Elenas Unterleib. Überrascht von dem Tritt taumelte sie zurück und keuchte. Der Schmerz trieb ihr Tränen in die Augen. Sie biss die Zähne zusammen und blinzelte, um wieder klar zu sehen. Im nächsten Augenblick bemerkte sie, wie der Patient seine Hand aus dem Griff der Schwester befreite und blitzschnell nach der Pistole des Polizisten griff.

Der Knall war ohrenbetäubend. Der Beamte stieß einen erstickten Laut aus. Er schwankte. Versuchte, sich irgendwo festzuhalten, und riss ein Tablett vom Behandlungswagen. Polternd krachten verschiedene Gegenstände auf das Linoleum. Dann brach er zusammen und knallte mit dem Kopf gegen das Schränkchen. Zuckend blieb er am Boden liegen. Eine dunkle Blutlache ergoss sich.

Ohne zu überlegen, stürzte Elena zu dem Verletzten. Ein weiterer Schuss hallte durch den Raum. Teile der Deckenverkleidung krachten zu Boden und sagten Elena, dass die Kugel an die Decke gegangen war. Sie warf sich schützend über den Polizisten. Dann polterte die Waffe zu Boden und blieb unter dem Bett liegen. Sie schenkte der Pistole keinen weiteren Blick. Sie hatte Wichtigeres zu tun. Mit zusammengebissenen Zähnen zerrte sie den Polizisten auf den Rücken und starrte auf das blutgetränkte Hemd. Sie riss es auf, schnappte sich einen Stapel Mullkompressen vom Wagen und drückte sie in die Bauchwunde. Der Mull verfärbte sich rasch. Das war kein gutes Zeichen.

Sie schrie die Schwester an: »Holen Sie Hilfe, schnell!«

Die Frau hatte gerade den Gurt um das Handgelenk von Juri Ivanow festgezurrt. Mit bleichem Gesicht hämmerte sie mit der Faust auf den Notfallknopf am Krankenbett. Dann lief sie zur Tür und rief etwas über den Flur.

Elenas Blick schnellte zwischen dem Polizisten und dem Mediziner hin und her. Der Mull in ihren Händen war zu einem feuchtroten Bündel zusammendrückt, der nichts mehr aufsaugen konnte. Verdammt. Der Polizist musste dringend in den OP.

Ohne den Druck zu verringern, hielt sie nach der Krankenschwester Ausschau. Das konnte doch nicht wahr sein. Ihr Blick ging zwischen Tür und Arzt hin und her. *Er muss ihm helfen, sonst stirbt er!* Doch der Arzt kämpfte immer noch mit dem freien Arm von Ivanow. Mit einer Hand umklammerte er das Handgelenk des Patienten, mit der anderen zog er den Mandrin aus der Braunüle und bemühte sich, eine Spritze auf den Konus zu setzen. Der weiße Arztkittel rutschte über den Oberarm und gab das gestochen scharfe Tattoo eines Roboterarms frei, dessen Biomechanik bei diesem Kraftakt zu zittern schien.

Der Patient wehrte sich immer noch so heftig, dass es dem Arzt nicht gelang, das Medikament zu injizieren. Jetzt musste Elena schnell handeln.

Sie sprintete los und schnappte sich die Spritze. Ihre Hände waren klebrig vom Blut des Polizisten. Trotzdem gelang es ihr, die Spritze in den Ansatz zu setzen.

Atemlos rief sie: »Alles?«

Der Arzt nickte, und Elena drückte den Kolben herunter. Es dauerte nur einen Herzschlag, und Ivanow entspannte sich. Aber nur, um im nächsten Augenblick von heftigen Krämpfen geschüttelt zu werden.

Ein Warnsignal ertönte. Verwirrt huschte Elenas Blick zum EKG-Monitor. Die T-Welle schlug abnormal hoch und zeltförmig aus, dafür bildete sich keine P-Welle. Nur noch wenige Ausschläge erschienen auf dem Bildschirm, und der Alarm des Gerätes schwoll zu einem hohen Pfeifen an.

»Was?«, rief sie aus und drehte sich zu dem Arzt um.

Doch der Mann war verschwunden. Sie warf einen Blick über das Bett, in der Hoffnung, diesen bei der Versorgung des Polizisten zu finden. Doch sie erkannte nur Schwester Ursula, die jetzt frischen Mull auf die Wunde presste. Ihre Blicke trafen sich, und Elena sah in den Augen der Schwester keine Hoffnung für den Polizisten. *Verflucht, wo blieben nur die Ärzte?*

Sofort legte sie ihre Handballen auf das Brustbein von Ivanow, streckte die Arme durch und drückte den Brustkorb fest nach unten. Sie wiederholte die Herzmassage in schnellem Rhythmus und fixierte den Monitor.

Das Nächste, was sie registrierte, waren hastige Schritte. Ärzte und Schwestern stürzten in den Raum. Jetzt wurde es hektisch. Anweisungen wurden durcheinander gerufen, Medikamente in Spritzen aufgezogen, Infusionen angelegt. Verpackungsmaterialien wirbelten durch die Luft. Irgendjemand drängte sie zur Seite. Ein Arzt rief: »Laden!«

Verwirrt trat Elena vom Bett zurück. Fassungslos sah sie zu, wie die Ärzte um das Leben der beiden Männer kämpften.

KAPITEL

# 10

»Ich wiederhole, ich habe zusammen mit der Stationsschwester das Krankenzimmer betreten und den Arzt über dem Patienten vorgefunden. Ich weiß seinen Namen nicht. Fragt doch die Schwester. Sie sollte die Ärzte kennen.«

Seit einer gefühlten Ewigkeit saßen die Frauen in dem kleinen Besprechungszimmer der Station. Laura spürte die Qualen der Rechtsmedizinerin, und trotzdem konnte sie die Freundin nicht schonen. Sie musste einen Todesfall aufklären, und dazu gehörte es, der Ärztin immer wieder unangenehme Fragen zu stellen. »Kannst du ihn mir noch einmal beschreiben?«

Elena sah die Kommissarin wütend an. »Wie oft denn noch?«

Laura erwiderte den Blick der Ärztin. Das war nicht das erste Mal, dass sie Zeugen bat, ihre Aussage zu wiederholen. Doch noch nie war es ihr so schwer gefallen wie heute. Oft fiel den Befragten erst später ein wichtiges Detail ein. Aber Elena tat ihr den Gefallen nicht. Trotzig verschränkte sie die Arme vor der Brust.

Laura seufzte und warf einen Blick auf ihre Notizen. »Laut deiner Aussage war er ca. 40-45 Jahre alt, groß und schlank. Er hatte grüne Augen, keine Haare, keinen Bart. Ist das korrekt?«

Elena nickte.

»Ist dir sonst noch etwas aufgefallen, ein Akzent zum Beispiel?«

»Sein Deutsch war makellos, vielleicht hatte er einen norddeutschen Akzent. Aber ich bin mir da nicht sicher.«

Elena lockerte die Arme, und Laura erkannte, dass sich ihre Schultern entspannten. Davon angespornt trieb sie die Befragung weiter. »Ist dir sonst noch etwas aufgefallen. Hast du sein Aftershave erkannt?«

Elena rutschte ungeduldig auf ihrem Stuhl herum. »Sein Aftershave? Ernsthaft?« Dann sagte sie: »Ich glaube, er war Raucher. Ich denke, ich habe etwas Rauch in seinem Atem gerochen.«

Laura nahm den Stift wieder auf und dokumentierte diese Information, als Elena hinzufügte: »Er hatte eine Schramme am Kopf.«

»Wo genau?«

Als würde ihr Instinkt übernehmen, fasste sich die Rechtsmedizinerin an die Stirn. Ihre schlanken Finger zeichneten eine unsichtbare Linie von der rechten Augenbraue in Richtung Haaransatz. »Ich glaube, hier.«

»Kannst du die Schramme beschreiben? Wie groß, wie lang, wie alt?«

Elena holte Luft, und Laura beeilte sich hinzuzufügen: »Aber so, dass es auch Menschen ohne Medizinstudium verstehen.«

Elena war nicht nach Lachen zumute, und sie beschrieb

die Wunde sachlich. »Außerdem hatte er ein außergewöhnliches Tattoo am Arm.«

Laura hob überrascht den Kopf und erkannte, dass auch Elena verwundert war, dass ihr dieses Detail nicht eher eingefallen war. »Ein Tattoo?« Neugierig lugte Laura über den Tisch. »Erzähl!«

»Da gibt es nicht viel zu erzählen. Ein Tattoo eben.«

Laura sah, wie sich die Freundin verkrampfte, und versuchte eine andere Strategie. Diese Information war extrem wichtig, und eine detaillierte Beschreibung des Tattoos könnte zur Ergreifung des Mannes beitragen. Vielleicht wäre Elena in der Lage, das Tattoo zu zeichnen, sodass das Bild zusammen mit einer Phantomzeichnung an jede Dienststelle verschickt werden konnte.

»Schließ die Augen und versuch, dich an seine Arme zu erinnern.«

Es dauerte einige Zeit, bis Elena sprach. Die Schultern nach vorn geneigt, als wollte sie sich schützen, saß sie mit geschlossenen Lidern da. Kleine dunkle Blutsprenkel klebten in ihrem Gesicht und hatten sich mit ihren Tränen zu einem wilden Muster vermischt.

»Es war vielmehr ein Teil eines Bildes. Ich habe es nur kurz gesehen, als sich sein Kittel bei dem Handgemenge nach oben geschoben hatte.« Sie schlug die Augen auf, und ihr Blick klärte sich. »Ich hatte ein solches Tattoo bei einem Arzt nicht erwartet.«

Laura klopfte mit dem Stift ungeduldig auf den Tisch. »Wie sah das Tattoo aus?«

»Als hätte jemand die Haut entfernt, und man würde direkt auf die Anatomie eines Roboterarms schauen.« Sie nickte nachdenklich. »Es war ein Roboterarm.«

»Links oder rechts?«

»Wie bitte?«

»Der linke oder der rechte Arm?«

»Er hielt die Spritze in der rechten Hand, und dieser Arm war tätowiert.«

Rechtshänder. Wieder ein Detail, das Laura ihren Notizen hinzufügen konnte. »Was uns wieder zum Inhalt der Spritze bringt«, sagte sie.

Elena stöhnte, aber ihr blieb es erspart, zu antworten, da Falk Ackermann mit drei Bechern Kaffee den Raum betrat und das Gespräch unterbrach.

Ohne die Becher aus den Augen zu lassen, gelang es ihm, diese unfallfrei auf den Tisch zu befördern.

»Mensch, ist das heiß!«, stöhnte er und setzte sich neben die Kollegin.

Sofort wurde der Raum von Kaffeearoma erfüllt. Laura schenkte ihm ein dankbares Lächeln. »Den kann ich jetzt echt gut gebrauchen.« Sie pustete in den Pappbecher. »Habt ihr diesen mysteriösen Arzt gefunden?«

Er schüttelte den Kopf und warf Elena eine schnellen Blick zu. Seine Lippen wurden schmal. »Er ist wie vom Erdboden verschwunden. Niemand hat auf ihn geachtet. Ist auch kein Wunder, um diese Tageszeit wimmelt es im Krankenhaus von Menschen in weißen Kitteln. Die Fahndung läuft, und die Kollegen prüfen gerade, ob die Überwachungskameras etwas Verwertbares hergeben. Aber wir haben reichlich Fingerabdrücke gefunden. Auch hier müssen wir uns gedulden, bis die alle ausgewertet sind.«

Elena hob den Kopf. Ihr Gesicht zeigte den Kampf, der in ihrem Innersten tobte. »Das könnt ihr euch sparen. Der Mann trug Handschuhe.«

Elena umklammerte den Pappbecher und starrte in dessen Inhalt, als läge darin die Lösung für all ihre Probleme. Laura erkannte die Freundin kaum wieder. Die Augen gerötet vom Weinen, die Wangen blass vor Schreck, und in ihrem Blick lag pure Verzweiflung. *Und ich werde es nicht besser machen*, dachte Laura. Aber sie musste die Freundin befragen, wenn sie ihren Job machen wollte.

Sie nahm sich vor, erst einmal ihren Kaffee zu trinken, damit Elena noch ein wenig verschnaufen konnte. Und sie selbst auch. Sie nippte an ihrem Getränk und verzog das Gesicht. Ekelhaft. Warum um alles in der Welt hatte Ackermann ausgerechnet einen Kaffee vom Automaten mitgebracht?

Sie schob den Becher zur Seite und nahm die Befragung wieder auf. »Was war deiner Meinung nach in der Spritze?«

Elena schüttelte den Kopf. »Keine Ahnung.«

»Hast du einen Verdacht?«

Elena zögerte. Es war nur ein kurzer Moment. Doch Laura registrierte ihn und nahm sich vor, später noch einmal auf die Frage einzugehen.

»Es könnte alles gewesen sein. Ein Beruhigungsmittel, Antibiotika, ein Was-weiß-ich. Das volle Programm. Die Liste der farblosen, injektionsfähigen Medikamente ist kilometerlang. Es könnte auch einfach nur NaCl gewesen sein.«

»NaCl, was ist das?«

Elena starrte mit gesenktem Kopf auf die Tischplatte und sah aus, als hätte sie die Frage nicht verstanden. Laura gab ihr noch ein paar Sekunden, dann wiederholte sie ihre Worte.

Die Rechtsmedizinerin hob den Kopf und seufzte: »Kochsalzlösung. Stinknormale 0,9-prozentige isotonische Kochsalzlösung. Einfach nur Wasser mit Salz. Der Grundstoff für viele Medikamente. Das findest du in jedem Krankenhaus.«

Die Kommissarin sah die Freundin an. »Aber es war keine Kochsalzlösung, nicht wahr?«

Elena sah gequält aus, als sie antwortete: »Natriumchloridlösung hätte ihn nicht getötet. Nicht in so geringen Mengen.«

»Du hast doch einen Verdacht! Stimmt's?«

»Ich bin mir nicht sicher.«

»Wenn du dir nicht sicher bist, ist es für mich ausreichend, um mich damit zu beschäftigen. Los, spuck's aus. Was beschäftigt dich?«

»Ich brauche eine Blutprobe von Ivanow.«

Laura lehnte sich in ihrem Stuhl zurück und schüttelte den Kopf.

»Dir ist klar, dass du die Leiche noch nicht einmal mehr ansehen darfst.«

Die Ärztin zuckte zusammen, als würde ihr diese Erkenntnis körperliche Schmerzen bereiten, dann flüsterte sie: »Stehe ich unter Mordverdacht?«

»Nein, aber die Staatsanwältin hat den Fall an Dr. Werner übertragen. Er beginnt gleich morgen früh mit der Obduktion.«

»Wir sollten umgehend eine Blutprobe von Ivanow nehmen. Je eher, desto besser!«

Lauras Blick wanderte von Elena zu Falk. »Kannst du das bitte gleich veranlassen?«

KAPITEL

# 11

Elena wachte mit dickem Kopf und schmerzenden Gliedern auf. Hätte sie gestern Abend einige Gläser Rotwein getrunken, hätte sie auf einen Kater getippt.

Nach einer heißen Dusche und einem Frühstück aus etwas Obst und drei Tassen starkem Kaffee fühlte sie sich etwas besser. Aber sie war sich nicht sicher, ob das für den bevorstehenden Tag ausreichen würde.

Als sie das Haus verließ, war es noch dunkel. In einem Baum sang eine Amsel ihr einsames Lied, und auch wenn noch nicht alle Vögel zu ihren Winterquartieren aufgebrochen waren, der Frost nahte.

Obwohl es erst kurz vor sieben war, herrschte schon reger Verkehr, und die Scheinwerfer von LKWs und frühen Pendlern krochen die Straßen entlang.

Als sie auf den Parkplatz des Rechtsmedizinischen Instituts fuhr, hatte sich der Innenraum ihres Audis gerade erst aufgewärmt. Sie blieb noch einige Minuten im Wagen sitzen, um die Wärme zu genießen. Dann schlang Elena die Arme um ihren Körper und huschte ins Gebäude.

Wie fast jeden Tag war sie eine der Ersten. Die Flure waren noch leer, und sie war froh, niemandem begegnen zu müssen. Wie lange würde es dauern, bis man sich in allen Abteilungen erzählt hatte, was am Vortag im Klinikum geschehen war? Sich jetzt den Fragen der Kollegen zu stellen, war ihr ein Gräuel, zumal sie keine Antworten hatte. Noch nicht einmal für sich selbst.

Mit klopfendem Herzen betrat sie ihr Büro, schloss die Tür und vermied es, das Licht einzuschalten. Die Polsterung ihres Stuhls machte ein prustendes Geräusch, als sie sich ins Leder fallen ließ. Sie blinzelte, und eine Träne fand ihren Weg. In der Stille ihres Büros ließ sie es endlich zu, sich Gedanken darüber zu machen, in welche Lage sie sich gebracht hatte. Und die Aussichten waren verheerend. Zwei Männer waren tot, einer war eindeutig durch ihre Hand gestorben. Auf der Intensivstation eines Krankenhauses. Doch heute war sie keine Assistenzärztin mehr, und kein Oberarzt würde sich schützend vor sie stellen. Sie hatte Mist gebaut, gewaltigen Mist. Im schlimmsten Fall würde es sie ihre Approbation kosten, und man könnte sie aus dem Rechtsmedizinischen Institut werfen. Selbst Medical Help Worldwide würde dann nichts mehr von ihr wissen wollen.

Sobald sie die Augen schloss, sah sie das bleiche Gesicht des toten Mannes im Bett und den sterbenden Polizisten. Sie fragte sich zum wiederholten Male, was sie hätte besser machen können und wünschte, sie hätte das Krankenhaus nicht betreten. Vielleicht würde dann wenigstens der Polizist noch leben. Sie schluchzte, und jetzt konnte sie die Tränen nicht mehr zurückhalten.

Eine gefühlte Ewigkeit später fand sich Elena immer noch über ihren Schreibtisch gebeugt. Den Kopf in den Armen versunken. Ihr Schädel dröhnte schlimmer als zuvor. Sie hob den Kopf und sah, dass die Sonne sich ihren Weg durch die graue Wolkendecke suchte. Der Stoff ihrer Bluse war tränenfeucht und zeigte deutliche Spuren ihres Make-ups. Da es jetzt sowieso zu spät war, um ihre Bluse zu retten, wischte sie sich mit ihrem Ärmel die Tränen aus dem Gesicht. Sie lehnte sich zurück und schloss die Augen. Es dauerte nur wenige Sekunden, bis sie einen Entschluss gefasst hatte.

Sie straffte die Schultern, eilte zur Tür und spähte über den Flur. Die Luft war rein. Schnell huschte sie in den Waschraum. Auch dieser Raum war leer. Erleichtert, niemandem in die Arme gelaufen zu sein, ordnete sie rasch ihre Haare und wusch sich das Gesicht. In ihrer Handtasche fand sie einen Lippenstift und einen Rest Lidschatten, die ihr halfen, das Schlimmste zu überschminken.

Sichtlich entschlossener betrat sie wenige Minuten später wieder ihr Büro. Sie knipste das Licht an und lief direkt zu ihrem Telefon.

»Guten Morgen, Sonja, wie geht es Ihnen?«

Für Elena war es etwas ganz Selbstverständliches, im Analyselabor anzurufen. Normalerweise erledigte Dimitri das, oder die Laborergebnisse kamen per E-Mail. Aber es kam auch vor, dass die Rechtsmediziner selbst im Labor nach den Ergebnissen fragten. Elena war stolz darauf, dass sie alle Mitarbeiter im Haus persönlich kannte, und Sonjas Stimme erkannte sie sofort.

»Guten Morgen. Was kann ich für Sie tun, Dr. Salonis?«

»Haben Sie schon Ergebnisse von Juri Ivanow?«

»Das ist doch das Material, das gestern Nachmittag eingetroffen ist. Moment!«, sagte die Frau am anderen Ende der Leitung. Elena hörte durch den Apparat das Klappern einer Computertastatur. »Dr. Salonis?«

»Ja?«

»Ähm, also hier steht, dass es sich um einen Patienten von Dr. Werner handelt, und nur ihm Auskunft zu erteilen sei.«

Es entstand eine peinliche Stille. Elena unterbrach das Schweigen. »Kein Problem.«

»Tut mir leid, Dr. Salonis«, sagte Sonja und legte auf.

Elena starrte auf den Telefonhörer in ihrer Hand. *So weit ist es also schon gekommen. Ich bekomme keine Auskunft zu dem Fall.*

Frustriert warf sie den Hörer auf die Gabel. Trotzdem wollte sie sich vom Ausgang des Telefonats nicht unterkriegen lassen. Sie startete ihren Computer, öffnete eine Datei und studierte den Obduktionsplan. Für sie waren heute keine Obduktionen eingetragen. Aber Dr. Werner würde um acht Uhr mit der Untersuchung der Leiche von Ivanow beginnen.

Sie schielte zur Uhr. Also jetzt.

Um sich abzulenken, studierte sie einige Obduktionsberichte und unterschrieb sie oder versah Akten mit Notizen. Aber immer wieder wanderte ihr Blick zu der großen Uhr über der Tür. Es war jetzt schon fast halb neun. Sicherlich hatten sie schon angefangen.

Sie seufzte und widmete sich einem weiteren Fall. Doch in Gedanken war sie bei der Leichenöffnung. Welches

Bild würde sich dem Obduzenten darstellen? Sie hatte einen Verdacht, was die Todesursache betraf, und brannte auf eine Bestätigung. Aber man hatte sie von der Untersuchung ausgeschlossen, und nun nagten verletzter Stolz, Schuldgefühle und Wut an ihr. *Konzentrier dich auf den Bericht und lass das Selbstmitleid.*

Doch es fiel ihr schwer, auch nur einen klaren Gedanken zu fassen. Ein Teil von ihr widmete sich der Akte, aber die Worte verschwammen zu einem Buchstabensalat.

Sie warf die Kladde auf den Schreibtisch. Jetzt wäre der Zeitpunkt günstig.

Das Gedränge im Sektionssaal von Dr. Klaus Werner müsste derzeit recht groß sein. Das begünstigte Elenas Vorhaben. Leise schlüpfte sie in den Raum.

Die Frau, die direkt neben ihm stand, war ihr wohlbekannt. Es war Jeannette Zaun. Die Staatsanwältin. Entschlossen stand sie da und lauschte Dr. Werners Ausführungen aufmerksam und mit konzentriert gerunzelter Stirn. Diese Frau hatte keine Berührungsängste. Sie war zielstrebig und geradlinig. Elena mochte sie nicht, für ihren Geschmack war sie zu forsch, zu direkt.

Sie schob sich langsam heran und sah, wie der Kollege die Leber aus der Bauchhöhle entfernte und zu einer Waage trug.

»1447 Gramm«, sagte der Arzt.

Das Gewicht wurde sofort vom Sektionsassistenten notiert. Dr. Werner beäugte das Organ und resezierte einige Proben. »Sieht vollkommen normal aus, das gute

Stück. Mensch, ich kann nur hoffen, dass meine Leber auch so glatt und gesund aussieht.« Er lachte.

Elena musste das doch sehr bezweifeln. Wenn sie die Wampe ihres Chefs betrachtete, ließ sich unschwer erkennen, dass dieser einen Hang zu reichhaltigem Essen und fetten Soßen hatte. Und sie wusste, dass er auch dem einen oder anderen Bierchen nicht abgeneigt war und eine Vorliebe für französischen Käse hatte.

Der Rechtsmediziner untersuchte auch die anderen Organe des Abdomens und entnahm Proben. Elena war mit dem Ablauf vertraut. Mit jedem einzelnen Handgriff. Sie wusste auch, was er anschließend vorhatte. Die Öffnung der Brusthöhle. Sie kannte die Prozedur, und im Gegensatz zu den anwesenden Zuschauern erschreckte es sie nicht, als der Sektionsassistent zur großen Astschere griff und die Rippen nach und nach mit einem lauten Knacken durchtrennte.

Ihr Blick wanderte zu Laura. Die Freundin wich unmerklich zurück, als Dr. Werner mit routinierten Bewegungen den Brustschild entfernte.

»So, nun haben wir es gleich!«, sagte Werner, als er die Lunge an den Sektionsassistenten übergab.

Elena betrachtete das Profil ihres Chefs. Wann hatte sie den Institutsleiter das letzte Mal so intensiv beobachtet? *Er ist alt geworden*, dachte sie und überlegte, wann er in Rente gehen würde. Dr. Klaus Werner war der dienstälteste Rechtsmediziner am Institut, und sie wusste, dass er schon einiges gesehen hatte. Die Obduktion des Russen war für Werner lediglich eine kleine Übung.

Er hielt einen Moment inne und starrte auf das glänzende Organ hinunter, als ob er sich für seinen nächsten

Schritt erst wappnen müsste. Dann streckte er den Rücken durch, und einige Skalpellschnitte später trug er das Herz des Opfers zu einem separaten Tisch. Alle Augenpaare folgten ihm. Auch Elena versuchte, einen Blick auf das feucht schimmernde Organ zu erhaschen. Exakt dieses Körperteil interessierte sie. Seinetwegen war sie gekommen. Deshalb hatte sie sich nicht auf den Papierkram in ihrem Büro konzentrieren können. Sie war sich absolut sicher, dass ihrem Chef kein Fehler bei der Obduktion von Ivanow unterlaufen würde. Aber sie konnte nicht anders. Verdammt noch mal, sie wollte wissen, ob sie recht behielt.

Am liebsten hätte sie die Leiche selbst untersucht. Aber da man ihr den Fall entzogen hatte, musste sie sich mit der Rolle der heimlichen Beobachterin zufriedengeben.

Von Neugier erfüllt, reckte sie den Hals. Von ihrem Standpunkt aus war das Hohlorgan nicht deutlich zu erkennen. Die anderen Personen im Raum versperrten ihr die Sicht. Konnte sie es wagen, näher heranzugehen?

Sie schob sich weiter und fing Falk Ackermanns Blick auf. Er legte die Stirn in Falten, als er sie unter dem Mundschutz erkannte. Sie schüttelte leicht den Kopf, aber sie spürte die Missbilligung. Ihr war klar, dass er sie nicht auffliegen lassen würde, dennoch wich sie seinem Blick aus.

Sie spähte über die Schultern eines Polizisten. Dr. Werner inspizierte das Herz sorgfältig und erklärte: »Wie Sie hier sehen können«, er deutete auf die Herzspitze, »ist der Herzbeutel sauber und glatt.« Er drehte das Organ, als würde er nicht glauben, was es ihm verriet.

»Also kein Herzinfarkt«, mutmaßte Laura, »was ist dann die Ursache für seinen Tod? Die Ärzte im Krankenhaus erzählten doch etwas davon, dass das EKG verrücktgespielt hatte.«

Er musterte den Leichnam. »Der Mann ist jung und schlank, die Organe wirken gesund.« Er betrachtete noch einmal das Herz in seiner Hand. »Ich werde es genauer untersuchen, um einen Myokardinfarkt auszuschließen. Wenn ich ehrlich bin, muss ich Ihnen die Antwort erst einmal schuldig bleiben. Falls der Mann tatsächlich mit Kalium getötet wurde, und danach sieht es aus, dann können wir das bei einer Sektion nicht feststellen. Das Herz liefert uns hier keinerlei Hinweise. Eine Überdosis Kalium führt schlichtweg zu einem Herzstillstand.«

»Sie meinen, es bleibt einfach stehen? Ich dachte, Kalium würde für Herzoperationen genutzt werden. Wie kann das sein?«, fragte Ackermann und schüttelte verwundert den Kopf.

Der Rechtsmediziner nickte und sagte: »Prinzipiell kann nahezu jedes Medikament, wenn es hoch genug dosiert wird, das Myokard empfindlich schädigen. Bei Kalium ist es besonders heikel. Bei einer OP am offenen Herzen wird das Organ zunächst mit einer kaliumreichen Lösung zum Stillstand gebracht und gekühlt. Eine Herz-Lungen-Maschine überbrückt während des Eingriffs den Herz-Kreislauf. Würde Kalium das Herz nachhaltig schädigen, käme es nicht zum Einsatz.« Er wandte sich an seinen Mitarbeiter. »Michael, fragen Sie doch bitte mal im Labor nach dem Tox-Screen?«

Der Sektionsassistent drehte sich um, um zum Telefon zu laufen. In diesem Moment entdeckte er die unerwartete Besucherin. »Nanu? Frau Dr. Salonis, ich wusste nicht, dass Sie auch da sind.«

Elena zuckte zusammen. Das Herz schlug ihr bis zum Hals. Das war irgendwie zu erwarten gewesen. Früher oder später hätte man sie entdeckt. Es war wohl sehr naiv von ihr gewesen, zu glauben, dass sie einfach so unbemerkt wieder aus dem Obduktionssaal hätte verschwinden können. Die Konsequenzen ihres Handelns würden sicherlich unangenehm werden.

Alle drehten sich zu ihr um. *Danke, Michael*, dachte sie. Aber ihr blieb keine Zeit, sich über den Sektionsassistenten zu ärgern.

Der Zorn der Staatsanwältin traf sie wie ein Schlag. »Was haben Sie hier zu suchen?« Sie kam bedrohlich auf sie zu. »Raus hier!«

Elena machte automatisch einen Schritt zurück. Ihr war bewusst, dass sie gegen ihre Anordnung gehandelt hatte, und mit Jeannette Zaun wollte sie sich auf keinen Fall anlegen.

»Halt!«, donnerte eine Stimme. »Das ist mein Sektionssaal, und ich habe hier das Sagen! Dr. Salonis ist auf meine ausdrückliche Einladung hier!«

Dr. Werner senkte die Stimme, und in seinen Augen erkannte Elena, dass er sie unter dem Mundschutz anlächelte. »Da sind Sie ja endlich. Ich hatte mich schon gefragt, wo Sie bleiben.«

Dankbar sah sie ihren Chef an und ging auf ihn zu. Er hatte ihr eine Brücke gebaut und sich zwischen die beiden Frauen gestellt.

Doch die Staatsanwältin gab nicht klein bei. Ihre Augen funkelten zornig. »Sie ist zu tief in den Fall verwickelt, ich will keine zusätzlichen Komplikationen, die uns der Richter um die Ohren hauen könnte. Deshalb kann ich nicht dulden, dass sie auch nur in die Nähe der Leiche kommt!«

»Ich benötige die fachliche Meinung meiner Kollegin!«, beharrte der Rechtsmediziner. Er gab den Blick auf den Tisch frei und fragte: »Wie sehen Sie das, Frau Dr. Salonis? Stimmen Sie meiner Diagnose zu?«

Elena streckte die Schultern und holte tief Luft. Dieser Atemzug war es, der ihr wieder Selbstsicherheit gab. Mit erhobenem Haupt durchschritt sie den Raum. Alle Blicke folgten ihr, und sie spürte den Zorn der Staatsanwältin, als sie an ihr vorbeiging. Elena berührte das Herz nicht. Aber sie musterte es intensiv. Die Muskulatur wirkte glatt und glänzte feucht. Blut tropfte aus der Vena cava superior und der Arteria pulmonales dextra. »Können Sie es eröffnen?«

Der gestresste Unterton in Elenas Stimme zeigte, dass sie sich nicht wirklich gefangen hatte und die zur Schau gestellte Selbstsicherheit reine Fassade gewesen war.

Der Mediziner griff nach einem Skalpell und schnitt tief in den Herzmuskel. Ein großer Blutpfropf löste sich aus einer der Herzkammern und klatschte auf den Tisch. Werner spülte das Organ ab. Unter dem brennenden Blick der Staatsanwältin beäugten beide Ärzte das Organ. Schließlich nickte die Rechtsmedizinerin. »Keine Läsionen des Myokards. Keine krankhaften Veränderungen. Das Herz ist sauber.«

Der Sektionsassistent eilte herbei und wedelte mit einem Computerausdruck. Werner streifte sich die Latex-Handschuhe ab und ergriff das Papier. Sein Gesicht glich einer steinernen Maske. Nach wenigen Sekunden nickte er und reichte den Befund an Elena weiter. Er wandte sich an die Ermittler. »Die Kaliumchloridkonzentration im Blut des Opfers ist ungewöhnlich hoch.«

»Was bedeutet das?«, fragte Jeannette Zaun.

»Wie bereits erklärt, führt eine Kaliumüberdosis zum Herzstillstand. Wir haben es hier mit einem Fall von Kaliummord zu tun.«

Als er die fragenden Gesichter erblickte, erklärte er: »Normalerweise steigt der natürliche Kaliumspiegel im Serum nach dem Tod durch den Zellzerfall massiv an, und kann im Nachgang unmöglich von einer Kaliumgabe unterschieden werden.« Er sah zu Elena. »Aber die Kollegin war so umsichtig, sofort eine Blutprobe des Toten anzuordnen. Dadurch wissen wir, dass dem Mann vor seinem Tod eine tödliche Dosis Kalium gespritzt wurde.«

Elena verließ den Saal. Sie floh in den Umkleideraum und riss sich die Schutzkleidung vom Leib. Sie wünschte, sie könnte die Schuld ebenso ablegen wie den blauen Kittel. Sie stürzte zum Waschbecken und stemmte die Hände auf den Beckenrand.

Elena keuchte und blinzelte mehrere Tränen weg. Hatte sie vor wenigen Stunden noch den Entschluss gefasst, sich nicht unterkriegen zu lassen, so holte sie jetzt ein beklemmendes Gefühl von Hilflosigkeit ein und hielt sie in seinen eisernen Klauen.

Sie spritzte sich kaltes Wasser ins Gesicht, atmete tief durch und sagte sich, dass es unsinnig war, sich Vorwürfe zu machen, niemand hätte diese Katastrophe vorhersehen können. Trotzdem empfand sie keine Erleichterung. Sie hatte den Mann getötet. Sie hatte ihm das Medikament gespritzt. Sie hatte, in der Annahme, ein Beruhigungsmittel zu verabreichen, den kompletten Inhalt der Spritze injiziert. Sie selbst!

Elena setzte sich auf die Bank und vergrub ihr Gesicht in den Händen. Sofort erschien die gestrige Szene vor ihrem inneren Auge. Die typischen Ausschläge im EKG, das Krampfen des Patienten. Der Herzstillstand! Ihre verzweifelten Bemühungen, das Herz wieder zum Schlagen zu bringen. Aber selbst die Reanimationsversuche des Stationsarztes hatten Ivanow nicht retten können.

Wann hatte sie der Tod eines Patienten schon einmal so sehr berührt? Das war der Grund, warum sie im Rechtsmedizinischen Institut arbeitete. Die Menschen, die auf ihrem Sektionstisch landeten, waren bereits tot und nicht unter ihren Händen gestorben. Diese Leute flehten sie nicht an, ihr Leben oder das eines Verwandten zu retten. Die Leichen auf ihrem Tisch hatten nur noch einen Wunsch: in Frieden zu ruhen. Manchmal kam sie sich wie ein Eindringling vor, weil sie die Totenruhe ihrer Patienten störte.

»Elena?«

Ihr Kopf schnellte nach oben und sie erkannte Laura. Sofort verkrampften sich ihre Schultern. Auch das noch. Konnte man sie nicht einmal für ein paar Minuten in Ruhe lassen?

Laura musste Elenas reservierte Haltung spüren, denn sie blieb unschlüssig in der Tür stehen.

Elena wich dem schmerzhaft sorgenvollen Blick der Freundin aus. Sie hatte keine Lust, mit der Kommissarin zu reden. Jetzt nicht!

Laura kam zögernd näher und setzte sich. »Wie geht es dir?«

Auf Elenas Zunge lag schon eine verärgerte Antwort bereit, doch sie schluckte sie herunter. Stattdessen ließ sie die Frage der Freundin verhallen und die Stille zwischen ihnen anwachsen.

Unbeholfen machte Laura einen erneuten Versuch. »Ich hatte noch keine Gelegenheit, dir zu erzählen, dass wir gestern Abend Schwester Ursula vernommen haben. Sie bestätigt deine Geschichte und konnte den falschen Arzt auf einer Aufnahme der Überwachungskamera identifizieren.«

Elenas Seufzen hallte von den gekachelten Wänden wider. Angestrengt hielt sie den Blick auf den tropfenden Wasserhahn gerichtet und vermied es in aller Deutlichkeit, Laura anzusehen. *Geh*, flehte sie im Stillen. *Lass mich in Ruhe.* Irgendwie wollte der Albtraum nicht enden, und Laura machte es mit ihrer Hartnäckigkeit nicht besser.

Schließlich holte sie tief Luft und suchte nach Worten. »Bitte lass mich allein. Ich bin echt nicht in der Stimmung …« Sie brach ab.

Laura nickte, machte aber keine Anstalten zu gehen. »Ich wollte dir nur noch sagen, dass die Staatsanwaltschaft den Verdacht gegen dich aufgehoben hat.«

Elena hob den Kopf, und ein Funke Erleichterung machte sich in ihr breit. Dennoch konnte sie den freigelassenen Schmerz nicht länger unterdrücken. Ein aufheulendes Schluchzen, begleitet von heftigem Zittern, durchfuhr ihren Körper.

Unbeholfen legte Laura den Arm um ihre Schultern. Jetzt konnte Elena die Tränen nicht mehr zurückhalten, und sie spürte, wie ihr Widerstand verebbte.

KAPITEL

# 12

Der Herbst ließ in diesem Jahr nicht lange auf sich warten. Schon Anfang Oktober fegten heftige Winde über das Land. Der wolkenverhangene Himmel hielt den heutigen Tag kurz und prophezeite eine nasskalte Woche.

Als Laura in Elenas Straße einbog, empfand sie es für vierzehn Uhr viel zu trist. Sie fand einen Parkplatz direkt vor dem Haus und beäugte ungläubig das imposante Gebäude. Eine Jugendstilvilla, die den gepflegten Charme von Geld ausstrahlte. Warmes Licht erhellte die wenigen Fenster.

Sie hatte schon immer vermutet, dass Elena über ein gutes Einkommen verfügte. Das sah man an ihrem adretten Erscheinungsbild. Aber dass ihre Freundin in einem Haus mit parkähnlichem Grundstück wohnte, das war ihr bis heute nicht bekannt gewesen. Überhaupt hatte Elena sie nie zu sich eingeladen. Immer hatten sie sich irgendwo getroffen, oder Elena hatte sie zu Hause abgeholt. Wieder einmal fragte sie sich, welche Art Freundschaft sie mit der Griechin verband. Was sind wir doch für seltsame Freundinnen?

Sie drückte den Klingelknopf. »Ich komme«, ertönte es aus der Gegensprechanlage. Na, das war ja zu erwarten! Laura hätte sich schon sehr gewundert, wenn Elena sie hereingebeten hätte.

Statt sich darüber zu ärgern, beäugte sie die Namen auf den Briefkästen. Feine Nachbarschaft, alles Ärzte und Professoren.

Sie hatte den Gedanken kaum zu Ende geführt, als schon die Haustür aufgerissen wurde. Obwohl Elena freundlich lächelte, spürte Laura sofort, dass die Freude in dem bekannten Gesicht nicht echt war. Es war das gleiche kühle Lächeln, welches sie in ihrem Sektionssaal zur Schau trug. Professionell und unnahbar.

Mit hektischen Bewegungen zog Elena ihren Trolley über den gepflasterten Weg. Selbst die melodisch klingenden Abrollgeräusche des Luxus-Koffers passten in die gediegene Wohngegend. Elena steuerte auf den Dienstwagen zu, der neben dem edlen Jaguar wie ein Eindringling wirkte. *Genau wie ich. Ich passe auch nicht in dieses noble Viertel, mit den imposanten Villen und den gepflegten Gärten.*

Schweigend stiegen die Frauen ein, und obwohl sie beide von nichts anderem außer der Mittelkonsole getrennt wurden, kam Laura die Kluft, die zwischen ihnen herrschte, vor wie der Grand Canyon. Wie zwei Fremde im Zug saßen sie schweigend nebeneinander. Jede mit ihren eigenen Gedanken beschäftigt.

Trotzdem war Laura froh, dass Elena zugestimmt hatte, mit ihr zu von Dahl zu fahren. Von Amts wegen hätte sie Falk mitnehmen müssen, der sich jedoch noch in seinem Urlaub befand. Eigentlich hatte sie insgeheim auf eine schöne gemeinsame Zeit mit der Freundin gehofft, doch die Reserviertheit der Rechtsmedizinerin erstickte jeglichen Versuch, ein Gespräch zu beginnen, im Keim.

Nach wenigen Kilometern erreichten sie die A5. Die gleiche Autobahn, auf die sie vor wenigen Tagen zu einem grausigen Leichenfund gerufen worden war. Bei der Erinnerung daran blieb ihr buchstäblich die Luft weg. Nie hätte sie gedacht, dass sie bei ihrem Eintreffen solch ein Ausmaß an Grausamkeit erwarten würde.

Laura umklammerte das Lenkrad, bemüht, sich von dem schrecklichen Schicksal dieser Menschen abzulenken, und suchte krampfhaft nach einem Gesprächsthema. Aber es fiel ihr nichts ein.

Sie schielte zu Elena und sah, dass diese eingeschlafen war. Sie nahm sich noch eine Sekunde, das müde Gesicht der Freundin zu betrachten. Die Ereignisse der letzten Stunden hatten eindeutig Spuren in den vom Schlaf entspannten Gesichtszügen hinterlassen, und sie hatte verstanden, dass Elena nur zögerlich zugestimmt hatte, mitzufahren. Und doch war sie froh darüber. Ein anderer Kollege, von Falk einmal abgesehen, wäre keine Hilfe gewesen. Elena hingegen schon. Allein ihre medizinischen Kenntnisse qualifizierten sie mehr als ausreichend. Wenn Laura ehrlich zu sich selbst war, war sie lieber mit der Freundin unterwegs als mit den männlichen Kollegen.

Sie hatten die Autobahn noch nicht lange verlassen, da schwor Laura schon, sich nie wieder über die schlechten Straßenverhältnisse von Heidelberg zu beschweren. Sie war froh, dass sie sich für den Kombi aus dem Fahrzeugpool entschieden hatte. Der Passat rumpelte über den zerklüfteten Asphalt. Ihr alter Golf hätte die Strecke in die brandenburgische Niederlausitz wohl kaum geschafft. Erst recht nicht so komfortabel.

Draußen zog der Nachmittag dunkel vorbei, und das gedimmte Licht des Navis täuschte Wärme vor. Die Straßen waren kaum beleuchtet, und Laura war dankbar, dass sie vom Navigationssystem geleitet wurde. Sie schielte kurz auf das Display. Es war ein kurzer unachtsamer Moment. Ausreichend, dass der Wagen in ein Schlagloch fuhr. Die beiden Insassinnen wurden kräftig durchgeschüttelt, und es war anstrengend, den Kombi auf den heilen Abschnitten der Fahrbahn zu halten.

Die Stimme des Navigationsgeräts meldete: »Sie erreichen den Ort Kaltenberg.« Gleich darauf bestätigte ihr ein Ortseingangsschild, dass sie am Ziel waren. Laura konnte ein Gähnen nicht unterdrücken. Ihr Nacken schmerzte von der langen Fahrt, und sie hatte den dringenden Wunsch, sich zu bewegen. Sie spähte durch die Windschutzscheibe und folgte den Anweisungen aus dem Lautsprecher.

Das Hotel, welches sich vor ihnen auftat, konnte man bestenfalls Pension nennen. Die Straßenlaternen tauchten die weiß gekalkten Steinmauern in warmes Licht. Rechts und links des Hauseingangs lagen große Erkerfenster. Die vielen weißen Holzsprossen umrahmten die kleinen Fensterscheiben und verliehen dem Gebäude etwas Freundliches. Abgerundet wurde das Bild von imposantem Efeu, welcher sich dunkel gegen die helle Fassade abzeichnete. Das komplette Gebäude wirkte, als läge es in einem Dornröschenschlaf, nur im Erdgeschoss brannte einladendes Licht.

Laura stieg aus dem Wagen und streckte ihre steifen Glieder. Ihr Magen rebellierte. Sie hatte eindeutig zu viel Kaffee getrunken und zu wenig gegessen. Selbst die Müdigkeit konnte das nagende Hungergefühl nicht vertreiben. Hoffentlich verfügte das Hotel über eine Küche, und sie betete, dass sie zu dieser späten Stunde noch geöffnet hatte.

Sie hatten Glück. Das hoteleigene Restaurant war gemütlich, und die Speisekarte überschaubar. Laura bestellte ein Steak mit Pommes frites und Beilagensalat, dazu eine Diät-Cola. Elena einen italienischen Salat mit Hausdressing, Vollkornbrot und eine Flasche Mineralwasser.

»Du solltest nicht zu viel rotes Fleisch essen, und Diät-Limonade würde ich dir auch nicht gerade empfehlen. Zu viele Süßstoffe, deren Wirkung sehr umstritten sind.«

»Ich habe einen Mordshunger, von so einem Salat werde ich nicht satt. Und eigentlich hätte ich lieber ein Bier getrunken, aber da ich sozusagen im Dienst bin, habe ich es halt gelassen«, meckerte Laura.

»Bier ist gesünder, wenn du es nicht gleich literweise trinkst.«

Die Kellnerin kam und brachte die Getränke. Laura beäugte die braune Brause und spürte den Blick der Freundin, als sie das Glas zu den Lippen führen wollte. Ohne davon getrunken zu haben, stellte sie es wieder ab und rief die Kellnerin zurück an den Tisch. »Bringen Sie mir doch noch bitte ein alkoholfreies Bier.«

»Ist die Cola nicht in Ordnung?« Der Akzent der Frau war eindeutig der Gegend zuzuordnen. Verwundert musterte sie das Trinkglas.

»Nein, es ist alles okay. Ich habe einfach keinen Appetit mehr auf die Coke. Nehmen Sie das Glas am besten gleich wieder mit.«

»Braves Mädchen«, lachte Elena, als die Kellnerin verschwunden war.

»Ach!«, maulte Laura, und als sie ein Schmunzeln um Elenas Lippen erkannte, fügte sie hinzu: »Danke, dass du dich um meine Gesundheit sorgst.«

Doch Elenas Aufmerksamkeit galt bereits der Einrichtung im Lokal. Da war sie wieder, die unnahbare Rechtsmedizinerin. Laura spürte, wie ihre Hoffnung auf einen netten Abend mit der Freundin sank. Sie musterte die Frau, die ihr gegenübersaß, und nutzte die Gelegenheit. Angriff war bekanntlich die beste Verteidigung.

»Was ist los mit dir? Warum gehst du mir aus dem Weg?«

Elena sah sich überrascht um. »Das tue ich doch gar nicht!«

»Machst du. Gib zu, du bist nur mitgekommen, weil du keine Wahl hattest!«

»Man hat immer eine Wahl!«, konterte Elena. »Ich bin doch hier, was willst du mehr?«

Salat und Steak wurden serviert und unterbrachen die Diskussion. Elena wirkte erleichtert über die Unterbrechung und begann sofort zu essen. Laura hingegen lehnte sich in den Stuhl und rührte ihren Teller nicht an. Stattdessen fragte sie: »Warum rufst du dann nie zurück? Ich habe schon ein Dutzend Nachrichten auf deinem Anrufbeantworter hinterlassen.«

Die Griechin zuckte mit den Schultern und konzentrierte sich darauf, eine Tomatenscheibe aufzugabeln.

»Du bist sauer auf mich, stimmt's?«

Elena hielt in der Bewegung inne. Das ergatterte Stück Tomate baumelte an den Zinken der Gabel. Doch nach einem Moment des Zögerns zuckte sie mit den Schultern und schob die Tomate in den Mund. »Nein, alles bestens. Im Augenblick ist es einfach nur ein bisschen stressig. Erst recht, seit mir die Behörde für Seuchenschutz im Nacken sitzt!«, sagte sie, während sie genüsslich kaute.

»Du redest von Kevekordes?«

»Ja. Ich kann ihn ja verstehen, aber ich habe es satt, dass ich in meinem eigenen Obduktionssaal fragen muss, welchen Schritt ich als Nächstes tun darf oder soll!«

Ihre Miene war wütend und unnachgiebig. Hektische Flecken bildeten sich auf ihren Wangen. Das erste echte Gefühl, das Elena in den letzten Stunden in Lauras Anwesenheit preisgegeben hatte. Sie war wieder zum Vorschein gekommen, die Freundin mit Empfindungen und Ängsten. Laura hatte keine Ahnung, warum sie derart aufgebracht war, aber sie hegte einen Verdacht. Vorsichtig fragte sie: »Woher kennst du ihn eigentlich?«

Elena nippte an ihrem Mineralwasser und hätte sich fast verschluckt. Sie hüstelte. »Afrika. Wir waren zusammen im Kongo. Er ist ebenfalls ein aktives Mitglied von Medical Help Worldwide.«

»War er damals auch schon so ein Arschloch?«

Elena musste über die Frage ihrer Freundin lachen. »Ich nehme das mit dem braven Mädchen wieder zurück.« Dann fügte sie hinzu: »Nein, damals war er nett und hilfsbereit. Er hatte unermüdlich eine Sonderschicht nach der anderen gemacht. In unserem Lager nannten wir ihn Albert Schweitzer, weil er sich so hingebungsvoll für die Menschen aufopferte. Er verbringt jedes Jahr seinen kompletten Jahresurlaub in irgendeinem Einsatzgebiet. Keiner kennt sich so gut mit den Krankheiten der afrikanischen Bevölkerung aus wie er.«

Elenas Stimme wurde sanft, als sie von Sebastian Kevekordes erzählte, und Laura musterte ihre Freundin. »Er hat vielen Menschen das Leben gerettet, sehr vielen!«

Die Stimmung in Lokal hatte sich merklich entspannt, und Laura überlegte, ob sie Elena eine weitere Frage stellen konnte. Sie hätte gern etwas mehr über Elenas Bekannten gewusst, aber sie wollte die neugewonnene Vertrautheit nicht wieder auf die Probe stellen, also wartete sie ab und ließ die Griechin weitererzählen.

»Einmal hatten wir einen ganz schlimmen Fall von hämorrhagischem Fieber. Die Einheimischen starben wie die Fliegen. In einem Zeltlazarett gegen eine Seuche wie Ebola zu kämpfen, ist wie Don Quijotes Bemühungen, die Windmühlen zu besiegen. Wir konnten lediglich versuchen, das Leiden der Kranken zu lindern. Dennoch konnten die Helfer gar nicht so schnell Gräber ausheben, wie die Leute starben. Unsere erste Aufgabe war es, morgens nachzusehen, wer die Nacht überlebt hatte und die Toten umgehend zu begraben, um ein weiteres Ausbreiten der Seuche zu verhindern. Täglich kamen neue Patienten. Manche schafften den langen Weg aus ihrem Dorf zu unserer Station und brachen vor unseren Augen tot zusammen. So auch eine Familie. Die Frau war hochschwanger und starb als erste. Ihr Mann und drei von vier Kindern waren ebenfalls infiziert. Bis auf die jüngste Tochter, bei ihr war der Bluttest negativ. Aber niemand wollte sich der Zweijährigen annehmen und sie versorgen. Ich glaube, Sebastian hatte einen Narren an dem kleinen Wildfang gefressen. Er versuchte, die gesunden Mütter im Lager zu überreden, dass sie das Mädchen aufnehmen. Aber die meisten Frauen hatten gerade ihren Mann oder ihre Angehörigen verloren, hatten eigene Kinder und wollten sich nicht um das Kind einer Fremden kümmern. So mussten wir Nahla gestatten, bei ihrer Familie zu bleiben. Und tatenlos zusehen, wie ihre Geschwister starben.« Elena schluckte. »Dann, eines Nachmittags kam Sebastian in das Zelt der Familie und fand den Vater tot auf seinem Bett sitzend, die Kleine im Arm. Es war schrecklich. Einen Tag später begannen die klinischen Symptome bei dem Kind, und auch sie starb. Sebastian hat sich ständig Vorwürfe gemacht, das Kind nicht gerettet zu haben.«

# KAPITEL 13

»Imposant«, war das Erste, was Laura einfiel, als sie den Wagen auf den Parkplatz vor dem Gebäude lenkte. Der Besucherparkplatz war bis auf einen alten Peugeot und einen fensterlosen Kastenwagen leer.

»Wir sind wohl zu früh dran«, vermutete Elena.

Ein überdimensionales Schild prangte über dem portalähnlichen Eingang und machte auch dem letzten Suchenden klar, dass er sein Ziel erreicht hatte. Vorausgesetzt, die Person wollte das Plastinatorium erreichen.

Sie stiegen aus. Der kalte Ostwind fegte Laura durchs Haar. Sie fröstelte. Ein böses Omen? Sie hechtete über den Parkplatz und stoppte erst, als sie den Eingang des Plastinatoriums erreicht hatte.

Elena hatte offensichtlich Mühe, mit der Kommissarin mitzuhalten. Als sie sie endlich eingeholt hatte, kamen ihr die Worte nur mühsam über die Lippen: »Warte, es ist doch noch geschlossen!«

»Ach was, ich werde höflich um Einlass bitten, das klappt schon.«

Elena blinzelte sie argwöhnisch an. Es schien ihr schwer zu fallen, in den Optimismus der Freundin einzustimmen. Sie hatte keinen Hehl daraus gemacht, was sie davon hielt, *Dr. Tod* zu besuchen. Doch Laura würde sich davon nicht abhalten lassen. Sie würde sich die Chance, Dr. von Dahl zu befragen, jetzt nicht nehmen lassen.

Der Eingangsbereich war hell erleuchtet, und durch die Glastür erkannten sie eine junge Frau. Laura klopfte. Der blondierte Haarschopf fuhr erschrocken hoch, und die Frau sah leicht verwirrt in Richtung der beiden Besucherinnen. Innerhalb weniger Sekunden hatte sich die Frau jedoch wieder gefasst. Brüsk schüttelte sie den Kopf und deutete auf eine große Uhr.

Laura schnaubte, und ihre guten Vorsätze waren schnell vergessen. Ungeduldig hämmerte sie gegen die Tür. Der Blick der Frau wurde wütend. Trotzdem ließ sie sich nicht in ihrer Arbeit stören, die augenscheinlich darin bestand, das Wechselgeld zu zählen.

»Das gibt es doch nicht!«, zischte Laura. Ihr ganzer Zorn lag jetzt in ihrem Klopfen. Die Glasscheibe vibrierte bei jedem Schlag und verfehlte seine Wirkung nicht. Deutlich verärgert über die Hartnäckigkeit der beiden Störenfriede eilte die junge Frau aus dem Kassenbereich. Ungehalten rief sie ihnen etwas entgegen, doch das dicke Glas dämpfte ihre Worte. Laura hob die Schultern und tippte an ihr Ohr. Die Frau auf der anderen Seite der Glasbarriere zeigte auf die Tafel mit den Öffnungszeiten. Die Kommissarin gab ihr zu verstehen, dass sie trotzdem die Türe öffnen sollte. Doch die Frau weigerte sich beharrlich. Sofort hämmerte Laura wieder gegen die Glastür und erntete ein Stirnrunzeln. Die Frau schnappte nach Luft, als wollte sie sich gegen die Besucherinnen wappnen, und öffnete die Tür einen kleinen Spalt. Obwohl sie jetzt betont höflich sprach, war der Unmut in ihrer Stimme deutlich zu hören. »Wir öffnen erst in fünfzehn Minuten, dann kann ich Sie gern reinlassen.«

»Wir sind von der Polizei und möchten zu Dr. von Dahl!«

Die junge Frau musterte die Polizistin. »Sie tragen aber keine Uniform!« Ihr Tonfall war leicht gereizt und ließ ihren Dialekt stark hervortreten.

Laura blieb nichts anderes übrig, als ihren Dienstausweis aus der Tasche zu ziehen. Die Dame studierte den Ausweis und fragte dann: »Sind *Sie* auch von der Polizei?«

»Nein. Mein Name ist Dr. Elena Salonis. Ich bin Rechtsmedizinerin!«

Der Blick der Frau flackerte kurz, ließ aber nicht erkennen, was sie von dieser Information hielt. Dann, als Laura schon glaubte, die Frau würde Elena und sie niemals hereinlassen, trat sie zur Seite und schob die Tür auf. »Entschuldigung. Ich habe ja auch nur meine Anweisungen«, stammelte sie.

»Können wir Dr. von Dahl sprechen?«

Mit einer fahrigen Bewegung schob sich die junge Frau eine Strähne hinter das Ohr. Ihre Augen flackerten. Ein deutliches Zeichen, dass sie mit der Situation überfordert war. »Ich glaube, heute ist es etwas ungünstig.«

»Ist er im Haus?«

Die Frau nickte, versicherte sich, die Tür wieder abgeschlossen zu haben, und ging auf den Kassenbereich zu. Sie nahm den Hörer eines Telefons ab und wählte. Nervös zwirbelte sie das Telefonkabel um ihren Zeigefinger und wartete.

Das gab den Besucherinnen die Möglichkeit, sich in dem riesigen Eingangsbereich umzusehen. Ein blutroter Teppichboden dämpfte jeden Schritt. Ob die Farbe absichtlich gewählt wurde? Fotos von Exponaten zierten die Wände. Ein kleiner Vorgeschmack auf das, was die Besucher erwartete.

»Ich kann ihn nicht erreichen. Die Kuratorin ebenfalls nicht.« Die Frau lehnte sich über den Ladentisch und seufzte. »Ich glaube, sie sind alle in der Werkstatt.«

»Wie kommen wir dahin?«, fragte Laura.

»Sie müssen warten, bis Sie abgeholt werden.«

»Wie lange wird das dauern?«

Der Blick der Frau haftete auf dem Telefon, als hoffte sie auf einen erlösenden Rückruf. Aber der Apparat tat ihr den Gefallen nicht. Wortlos drückte sie die Wahlwiederholung. Laura ging näher heran und konnte deutlich das Freizeichen in der Leitung hören. Es nahm niemand ab. Die Frau legte auf.

»Können Sie uns nicht zu dieser Werkstatt bringen?«

Der Blick der Frau schnellte zur Uhr. »Wir öffnen gleich. Ich kann unmöglich hier weg.«

»Tja, dann sagen Sie uns, wie wir dahin kommen.«

Die Kassiererin antwortete nicht gleich. Ihre Aufmerksamkeit galt etwas, was sich hinter Laura befand. Ein kurzer Blick über die Schultern und Laura wurde klar, was die Frau beschäftigte. Kinder, vermutlich eine Schulklasse, reihten sich vor dem Eingang auf. Die Gesichter vorwitziger Teenies klebten an der Scheibe, als hofften sie auf einen ersten schnellen Blick auf die Exponate.

»Also, wo müssen wir lang?«, fragte Laura, und ihre Stimme nahm einen ungeduldigen Unterton an. Sie hatte keine Lust, mit einer Horde lärmender Schüler in der Lobby zu warten, bis sie irgendwann abgeholt wurde.

Die Frau wagte einen weiteren vergeblichen Telefonversuch. Mit einem Seufzer warf sie den Hörer auf die Gabel. Ihre anfängliche Gereiztheit war jetzt Ratlosigkeit gewichen, und ihre Stimme klang tief und gepresst, als wäre sie gestresst. »Bitte gedulden Sie sich noch ein paar Minuten.«

Der Blick der Frau schnellte zur Glastür. Immer mehr Kinder drängten sich vor den Eingang. Dahinter kroch ein Reisebus vorbei, aus dem neugierige Gesichter auf das Gebäude starrten.

»Auch das noch!«, murmelte die Frau von der Kasse. Jetzt glitzerten Schweißperlen auf ihrer Stirn, und der Stress zeichnete hektische Flecken auf ihre Wangen. Mit einer ungeduldigen Geste schnappte sie sich den Schlüssel vom Tresen und sagte: »Sie bleiben hier!«

Laura wollte gerade protestieren. Aber die Mitarbeiterin hatte bereits die Eingangstür erreicht. Kaum, dass sie aufgeschlossen hatte, stürmte auch schon ein Pulk schwatzender Schüler das Foyer.

Laura fand Elena, die unweit von ihr eine große Tafel studierte. Rasch eilte sie zur Freundin. Sie hatte keine Lust, Elena in der Menschenmenge zu verlieren.

Sie betrachtete das Schild. Es war vielmehr eine vergrößerte Kopie einer Einwilligung zur Körperspende. Nachname und Adresse des Spenders waren geschwärzt. Aber was Laura sofort ins Auge fiel, war das Geburtsdatum des Mannes. Das hatte man nicht ausgestrichen. 25.08.1992.

»Meine Güte, noch so jung!«, stieß sie hervor.

Elena nickte. »Ist schon komisch, in so jungen Jahren über seinen Tod zu verfügen. Wer immer der Bursche ist, auf meinem Tisch wird er vermutlich nicht landen. Mich würde interessieren, wie das Ganze hier funktioniert. Wer kümmert sich um die Abholung der Toten?«

»Keine Ahnung«, erwiderte die Polizistin. »Wird Zeit, dass wir das herausfinden.«

Im Foyer wurde es plötzlich laut und ungemütlich. Kinder schubsten und drängelten sich aneinander vorbei. Jemand, der aussah, als könnte er ein Lehrer sein, versuchte, die Meute zu beruhigen, und ein weiterer Erwachsener baute sich so vor der Kasse auf, dass er Laura den Blick auf die Kassiererin versperrte.

»Komm einfach mit.«

Laura schob Elena durch den Pulk von Kindern. Ein Blick über die Schultern ließ sie erkennen, dass der Lehrer immer noch mit der Kassiererin diskutierte. Gut so, das würde ihnen einen Vorsprung geben, ehe die Frau bemerkte, dass ihr die beiden Besucherinnen entwischt waren. Es dauerte auch nur wenige Schritte, und sie hatten die Ausstellung erreicht.

Laura war mit dem Tod und all seinen grausamen Facetten vertraut, und manchmal fiel es ihr sehr schwer, den Rechtsmedizinern bei den Obduktionen zu folgen, ohne dass es ihr graute. Doch zu ihrer eigenen Verwunderung konnte sie sich kaum von den Exponaten losreißen. Wie auch? Überall trafen ihre Blicke auf Menschen, Körperteile, Organe und vollständige Skelette, deren bleiche Knochen im matten Licht der Beleuchtung schimmerten.

Sie blieb stehen. Wie hypnotisiert wurde sie von einem Exponat angezogen. Ein Mann, das war deutlich zu erkennen. Aber nicht die zur Schau gestellte Männlichkeit zog sie in ihren Bann, sondern die Art der Darstellung.

Die einzelnen Muskelschichten des Körpers waren fächerförmig aufgeklappt und standen bizarr zu allen Seiten ab, sodass die jeweils darunterliegenden Muskeln unschwer zu erkennen waren. Dem Betrachter zeigte sich die komplette Anatomie eines Menschen. Sehnen, Organe und Knochen, bis hin zu den feinen Blutgefäßen.

»Das ist ein Grusel-Kabinett.« Geschockt über ihre eigene morbide Neugier wandte Laura sich schnell von dem Ausstellungsstück ab. Ihr Puls raste, und sie spürte einen Anflug von Scham, weil sie sich derart von einem der Exponate von Dahls hatte fesseln lassen. Von einer zur Schau gestellten Leiche.

Um sich von den Gedanken über sich selbst abzulenken, sah sie sich in der riesigen Ausstellungshalle um. Irgendwo würde es eine Tür zu den heiligen Hallen des Plastinators geben.

Sie hörte Stimmen hinter sich. Die Schulklasse. In wenigen Minuten würde es hier von neugierigen, aufgeregten Schülern nur so wimmeln.

Aber egal, wohin sie blickte, begegneten ihr plastinierte Menschen. Direkt neben ihr stand ein Diskuswerfer. Obwohl Haut, Haare und diverse Fettschichten komplett entfernt worden waren, hatte der Mann etwas Lebendiges. Fasziniert betrachtete sie die einzelnen Muskelstränge des Sportlers und spürte geradezu die Kraft, die von den angespannten Muskeln ausging.

Sie schob sich weiter, und nach wenigen Schritten stieß

sie auf einen Schaukasten. Etwas Graues lag darin. Es hatte die Größe eines Brotlaibs. Aber es war bei Weitem nicht so unscheinbar wie das Gebäck.

Sie ließ sich einfangen von der Anziehungskraft dieses Exponats und drückte sich gegen die kühle Glasscheibe und erschauderte, als sie erkannte, um welches Organ es sich handelte. Eines, das ihr in der Gerichtsmedizin regelmäßig begegnete. Ein Gehirn. Bei jeder Obduktion wurde es von Elena untersucht, und stets musste sie sich abwenden, wenn die Ärztin den Schädel der Toten mit einer Säge öffnete, um das Schädeldach abzunehmen. Jedes Mal fragte sie sich, was wohl die letzten Gedanken des Opfers gewesen waren und ob diese für immer in der grauen Masse gespeichert wurden. Unvermittelt überkam sie die Frage, ob von Dahl mit der Plastination der Gehirne auch die letzten Erinnerungen der Toten in dem Organ konserviert hatte.

Sie schüttelte den Kopf über ihre eigenen Gedanken und lief weiter. Die Hirne, die sich jetzt vor ihr aufreihten, stammten von Menschen und verschiedenen Tieren. Ein Scheibenplastinat zeigte ein Gehirn in gesundem Zustand, und daneben, zum Vergleich, Querschnitte mit schwarzen Flecken. Ein Hinweisschild verriet den Besuchern, dass es sich hierbei um Plaque handelt, krankhafte Veränderungen im Gehirn bei Demenz. »Meine Güte«, dachte sie, »hoffentlich bleibt mir das erspart, das frisst einem ja regelrecht Löcher in die grauen Zellen!«

Sie riss ihren Blick los und entdeckte Elena am anderen Ende des Raums. Sie ging auf die Freundin zu, und nach wenigen Schritten bemerkte sie die Anspannung, die von ihrer Haltung ausging. Die schmalen Schultern waren leicht nach vorne gebeugt. Der schlanke Hals gerade und das Kinn trotzig gereckt. »Elena.«

Die Medizinerin reagierte nicht. Ihre ganze Aufmerksamkeit galt einem Exponat. »Das ist eine Freakshow!«, raunte Laura. Noch immer keine Reaktion der Freundin, und sie konnte es ihr nicht verdenken. Jetzt musterten beide Frauen eine ungewöhnlich große Gestalt auf einem überdimensionalen Rennrad.

»Was zum Teufel ist das?«, entfuhr es Laura. Verwundert betrachtete sie den Körper des Radfahrers. Die angespannten Sehnen und Muskeln, die noch im Tode des Mannes Kraft und Dynamik ausstrahlten.

»Hast du schon einmal einen so großen Menschen gesehen?« Elena deutete auf eine Tafel. »Hier steht, dass durch die gefächerte Anordnung der Muskulatur der Körper um das Eineinhalbfache vergrößert dargestellt wird.«

»Brr, ich finde das alles hier ganz schön gruselig.«

Elena nickte. »Ich kann es auch noch nicht fassen, was dieser Mensch mit den Verstorbenen anstellt. Er kennt keine Tabus!«

Sie deutete auf einen Oberkörper, der nur wenige Schritte von dem Radfahrer entfernt präsentiert wurde. Abgezogen wie ein totes Kaninchen, sah die Muskulatur des Mannes wie getrocknetes Fleisch aus. Selbst der Penis wurde schamlos zur Schau gestellt.

Lauras Blick blieb an dem faustgroßen Gebilde in seiner Brust hängen. Ein Schaudern überlief sie, und sie musste an ihr eigenes Herz denken, als ihr klar wurde, dass das Herz des Mannes einmal Blut durch sämtliche Arterien und in jede einzelne Zelle seines Körpers gepumpt hatte.

So lange, bis es irgendwann beschlossen hatte, ein letztes Mal zu schlagen.

Jäh wurde ihr bewusst, dass es sich bei diesem Ausstellungsstück um einen menschlichen Körper handelte. Auch wenn die freigelegten Muskeln und Sehnen irgendwie plastisch, ja geradezu unreal wirkten und das Fleisch des Mannes keine Schmerzen mehr empfand, nicht mehr blutete oder nach Verwesung roch. Dieser Körper gehörte einmal einem Menschen, der gelebt, gelacht und geliebt hatte. Jemandes Sohn. Vielleicht war er ein Bruder gewesen. Eventuell Ehemann und Vater. War er sich zu Lebzeiten bewusst gewesen, dass ihn nach seinem Tod tagtäglich unzählige Besucher begaffen würden? Hatte er in seinem letzten Willen verfügt, was mit ihm geschehen sollte? Elena hatte ihr erzählt, dass der Plastinator öfter am Pranger gestanden hatte, weil die Herkunft der Leichname nicht eindeutig belegt werden konnte. War das so ein Toter?

Die Rechtsmedizinerin war bereits weitergegangen und schlenderte langsam an einer Reihe Glaszylinder entlang. Laura beeilte sich, sie einzuholen, und als sie beim Näherkommen erkannte, um welche Art Ausstellung es sich handelte, weiteten sich ihre Augen vor Schreck.

Sie schluckte, als sie direkt in ein puppenhaftes Gesicht starrte. »Das ist ja schon fast ein komplettes Baby«, sagte sie atemlos, und tatsächlich wirkte der blasse Körper des Ungeborenen nahezu vollkommen. Laura erkannte zierliche Füße mit den perfekt angelegten Zehen. Zarte Fingerchen, die das Kind zum Mund geführt hatte, als wollte es jeden Moment den Daumen zwischen die winzigen halbgeöffneten Lippen stecken.

Elena nickte. »Das ist ein Fötus in der zweiundzwanzigsten Schwangerschaftswoche. Stell dir vor, in Holland ist es erlaubt, ein Kind in diesem Entwicklungsstadium abzutreiben. In Deutschland hingegen hat ein Frühchen, welches in der dreiundzwanzigsten Schwangerschaftswoche geboren wird, eine dreiundfünfzigprozentige Chance, zu überleben.«

Laura dachte an die Zwillinge ihrer Schwester. Wie klein und zart sie kurz nach der Geburt gewirkt hatten. Wenn sie sich recht erinnerte, waren sie damals auch nicht viel größer als das Baby gewesen, welches von Dahl für die Ewigkeit konserviert hatte. Sie spürte einen Stich in der Brust, als sie darüber nachdachte, dass ihren Neffen etwas zustoßen könnte.

Sie räusperte sich, und trotzdem war ihre Stimme seltsam belegt, als sie sprach: »Komm, wir müssen weiter. Suchen wir den, der so grausam ist und diese armen Kinder der Welt zur Schau stellt!«

Es fiel Laura schwer, die anderen Exponate zu ignorieren. Immer wieder drehte sie den Kopf, um ein absonderliches oder gar interessantes Objekt zu bestaunen. Sie musste sich regelrecht zwingen, sich nicht von den Plastinaten einfangen zu lassen. Sie waren hier, um von Dahl auf den Zahn zu fühlen und nicht wie Besucher die Ausstellung zu begaffen. Die Körper waren tote Menschen, keine Kunstgegenstände.

Sie kamen zu einer weiteren Halle, und als Laura sich umsah, entdeckte sie wieder den Radfahrer. Sie hatten sich im Kreis bewegt. Offensichtlich hatten sie sich durch die Exponate irreführen lassen.

Sie zog Elena zu dem Radfahrer und blickte sich in

Ruhe um, um einen Überblick über den Raum zu erhalten. An der Seite fanden sie eine Tür mit der Aufschrift: *Nur für Personal.* Laura ging unauffällig darauf zu und drückte die Klinke herunter. Sie grinste, als die Tür nachgab. *Na bitte!*

Die Luft dahinter war trocken und kühl. Laura hatte mit anderen Gerüchen gerechnet. Sie stieß ein freudloses Lachen aus angesichts ihrer Fantasie.

Der schmale Flur war fensterlos, aber ein Bewegungsmelder reagierte sofort und versorgte helle Lampen mit Strom. Zu einer Seite hin erstreckten sich vier Türen.

»Wohin?«, fragte Elena ratlos.

»Keine Ahnung«, sagte Laura und steuerte auf die erste Tür zu. »Soll ich anklopfen?«

Elena nickte. »Das wäre höflicher.«

Auf das Klopfen reagierte niemand, und die Tür war verschlossen. Sie versuchte es bei der nächsten Tür. Die war zwar nicht abgeschlossen, aber es handelte sich um einen Abstellraum. Bei der dritten Tür sparte sie sich das Klopfen. Noch überraschter, als dass sich die Tür öffnen ließ, war Laura über das, was sich hinter der Tür befand.

# KAPITEL 14

Der Mann mit dem schwarzen Hut wirkte selbst wie jemand, der bald als Ausstellungsstück in dem Museum landen könnte. Wäre da nicht das wilde Funkeln in den Augen, das seinem von Krankheit gezeichneten Körper eine trotzige Vitalität verlieh.

In dem Raum herrschte ein reges Treiben. Mitarbeiter scharten sich um einen Tisch und verdeckten den Besucherinnen die Sicht. Ein Reporterteam versuchte, optimale Bilder einzufangen, während der Mann Anweisungen gab oder in die Kamera sprach.

Unbemerkt wagten sie sich näher heran. Eine Person löste sich gerade aus der Gruppe und gab den Blick auf das Dahinter frei. Laura schnappte nach Luft, als sie registrierte, was da auf dem Tisch lag. Sie erkannte Arme, Beine und zwei Köpfe.

»Was zum Teufel!«, flüsterte sie.

Dennoch war es ihr unmöglich, sich von dem Anblick loszureißen. Es war ein seltsames Spiel von Faszination und Abscheu, das sie die Leiche anstarren ließ.

Der Mann erklärte in die Kamera: »Die beiden sind letzte Woche im Alter von vierundvierzig Jahren an einer Niereninsuffizienz gestorben. Nachdem sie zu uns gekommen sind, haben wir sie zuerst gewaschen. Um den Verwesungsprozess zu stoppen und das Gewebe zu stabilisieren, wurde ihnen zunächst Formaldehyd injiziert. Da wir eine Scheibenplastination herstellen möchten, werden wir die Leichen als Nächstes einfrieren.«

Er wandte den Blick wieder zum Tisch, um seinen Mitarbeitern zu signalisieren, dass sie den nächsten Schritt einleiten konnten. Sein Lächeln, das aussah, als wäre es für die Kamera einstudiert, erstarb, als er die beiden fremden Frauen entdeckte.

»Was wollen Sie hier? Wie … ?« Er brach ab, aber nur, um verwundert Luft zu holen. »Wer sind Sie?« Wütend und sichtlich geschockt sah er die Eindringlinge an.

Ohne zu zögern, steuerte Laura auf von Dahl zu. »Mein Name ist Laura Braun, ich komme von der Kriminalpolizei Mannheim-Heidelberg.«

Eine brünette Frau löste sich aus der Gruppe und rief: »Kamera aus!« Der Kameramann und der Tontechniker sahen sich überrascht an. Unschlüssig, ob sie die Szene nicht doch filmen sollten.

Von Dahl kam den Eindringlingen entgegen. Wütend schnaubte er: »Was will die Polizei hier?«

»Wir müssen mit Ihnen reden«, erklärte Laura.

»Jetzt? Das ist nicht Ihr Ernst! Wir sind mitten in einem Plastinationsprozess! Wie sind Sie hier hereingekommen?«

Sie stand von Dahl gegenüber, und sein Zorn war spürbar. Er war eine Autoritätsperson und schien sich seiner Wirkung durchaus bewusst zu sein. Die schlanke Erscheinung war vielleicht die eines Greises, aber er hatte die Ausstrahlung eines Mannes, der es gewohnt war, zu kämpfen.

Unterdessen wies die Frau die Mitarbeiter an, den Raum zu verlassen. Dann wandte sie sich an das Reporterteam. »Machen Sie doch eine Pause und lassen Sie sich in unserem Museums-Café einen Kaffee geben. Ich bin in ein paar Minuten bei Ihnen.«

Die Männer beäugten die Besucherinnen neugierig, und Laura konnte erkennen, wie sich die Fragen auf ihren Gesichtern abzeichneten. Beinahe unwillig fügten sie sich der Anweisung, zu gehen.

Noch ehe die Tür sich hinter den Kameraleuten geschlossen hatte, baute sich die Frau vor ihnen auf. Sie musterte Laura und hinterließ bei ihr das Gefühl, geprüft und abgelehnt worden zu sein. Ihre Augen glänzten kämpferisch, und sie streckte das Kinn nach vorne, was ihr eine gewisse Arroganz verlieh. »Wie sind Sie hier hereingekommen?«

»*Ich* würde gern die Fragen stellen!«, entgegnete Laura und wedelte noch einmal mit ihrem Dienstausweis.

Die Brünette schenkte dem Dokument keine Beachtung, stattdessen sagte sie: »Ich bin Dr. Haley und die Kuratorin dieses Museums. Was will die Polizei schon wieder von uns? Können Sie uns nicht unbescholten unsere Arbeit machen lassen? Wer hat sich dieses Mal beschwert?«

Sie betonte ihren Namen so, als müsste er den Besucherinnen etwas sagen. Und tatsächlich erinnerte sich Laura, dass sie im Internet, bei der Recherche zu von

Dahl, ihren Nachnamen gelesen hatte. Haley war von Dahls Ehefrau. Jetzt verstand sie, warum sich die Kuratorin so intensiv in die Befragung einmischte. Sie hatte auch recherchiert, dass der Plastinator ständig wegen seiner Arbeit angegriffen wurde. Er war es gewohnt, regelmäßig vor Gericht gezerrt zu werden. Aber das machte ihn für sie im Moment nicht sympathischer.

»Ich bin von der Mordkommission und das ist…«

Laura kam nicht mehr dazu, Elena vorzustellen. Von Dahl war noch eine Spur blasser, als er ihr ins Wort fiel: »Mordkommission! Jetzt geht das schon wieder los!« Er schnaubte. »Hier ist alles legal. Wie bereits erwähnt, haben wir den Totenschein, und die Einwilligungserklärung liegt uns auch vor.« Er wandte sich an seine Frau. »Zeig ihnen die Unterlagen!«

Dr. Haley nickte, und ehe Laura sie zurückhalten konnte, war sie schon aus dem Raum gestürmt.

»Herr Dr. von Dahl, wir …«, begann die Polizistin, da hörte sie Elenas Stimme: »Sie sind lediglich am Becken und nur zum Teil abdominal zusammengewachsen. Wurde jemals eine operative Trennung in Betracht gezogen?«

Von Dahl und Laura drehten sich fast gleichzeitig um und fanden Elena über die Zwillinge gebeugt. Offensichtlich fasziniert studierte sie die toten Frauen. Sofort fühlte sich Laura in Elenas Obduktionssaal versetzt.

»Ja, es ist erstaunlich, nicht wahr? Heutzutage wäre eine operative Trennung sicherlich durchführbar gewesen. Haben Sie medizinische Kenntnisse?«, fragte von Dahl, und sein Tonfall war jetzt einen Tick freundlicher.

»Ich bin Fachärztin für Rechtsmedizin«, sagte Elena, ohne den Blick von den Leichen zu nehmen.

»Oh, eine Kollegin!«, erwiderte von Dahl. »Sie wollen mir aber die beiden nicht wegnehmen, oder?«

Laura schaltete sich ein: »Nein, wir sind nicht wegen dieser Leiche hier.« Nervös warf sie dem leblosen Körper des siamesischen Zwillingspaares einen Blick zu. *Oder hätte ich Leichen sagen sollen?*, durchfuhr es sie. Noch nie war sie mit so einer grausamen Laune der Natur konfrontiert worden. Sie wusste, dass es Menschen gab, die das Pech hatten, dass sich bei ihnen der Zwilling bei der Zellteilung nicht ordnungsgemäß abgetrennt hatte. Aber leibhaftig war sie so einem Paar nie begegnet. Erst recht nicht tot.

Die Tür flog auf, und die rothaarige Ärztin eilte herein. Atemlos fuchtelte sie mit einer Aktenmappe herum. »Ich habe die Unterlagen! Es hat alles seine Ordnung!«

Von Dahl musterte die Polizistin argwöhnisch. »Wenn Liana und Nadja nicht der Grund Ihres Erscheinens sind, warum sind Sie dann hier? Wir bekommen nur Leichen von Personen, die uns zu Lebzeiten ihre Einwilligung schriftlich gegeben haben. Ich habe es satt, dass ständig die Polizei auftaucht und mir kriminelle Machenschaften vorwirft.«

»Ist es nicht so, dass Sie Leichen von exekutierten chinesischen Strafgefangenen in Ihrer Sammlung haben?«

Es war Elena, die diese Frage stellte. Ruhig erwiderte sie seinen Blick. Seine Wut überraschte nicht nur sie.

»Schon wieder? Immer wieder wird mir das vorgeworfen! Jeder gottverdammte Reporter stellt mir diese Frage. Nein, ich habe nie tote Strafgefangene aus China angekauft.«

»Dann aus Afrika?«

Von Dahl wirbelte zu Laura und starrte sie ungläubig an: »Was? Wieso Afrika?«

»Weil wir vor vier Tagen auf der A5 einen Überseecontainer mit achtundvierzig afrikanischstämmigen Leichen gefunden haben!«

Von Dahls Lippen zitterten vor Zorn. Unfähig, auch nur ein Wort zu sagen, taumelte er auf einen Stuhl.

Dr. Haley warf den ungebetenen Gästen einen vernichtenden Blick zu. Betont ruhig sagte sie: »Was haben wir damit zu tun? Wir plastinieren ausschließlich in Kaltenberg. Wenn wir einen Verstorbenen abholen, dann sicher nicht mit einem Container. Unser speziell ausgestattetes Fahrzeug, das Bodymobil, steht im Hof hinter dem Institut.«

»Wie viele Leichen passen in Ihr Bodymobil?«

Haley sah die beiden Frauen mit hochgezogener Augenbraue an und gab sich sichtlich Mühe, die Beherrschung nicht zu verlieren.

»Wir haben mit Ihren Leichen nichts zu tun!«, wiederholte sie. »Achtundvierzig Leichen wären auch für uns eine Herausforderung. Logistisch und personell müssten wir einiges ändern, um so viele Leichen auf einmal zu plastinieren. Schließlich haben auch Leichen ein Verfallsdatum.«

»Wir müssen jedem Verdacht nachgehen. Es ist nun mal so, dass wir uns dafür interessieren, wie Sie an die Leichen kommen«, warf Laura ein.

Dr. Haley zeigte auf die Kladde in ihrer Hand. »Hier sind die Unterlagen.«

Sie zog ein dicht beschriebenes Blatt aus der Mappe und hielt es der Kommissarin unter die Nase.

Laura studierte das Formular. »Was ist das für eine Sprache. Polnisch?«

»Rumänisch. Die Zwillinge stammen aus Rumänien.«

»Sie bekommen auch Leichen aus dem Ausland? Wie kommen Sie an Verstorbene aus anderen Ländern?«, fragte Laura überrascht.

»Ein rumänischer Kollege, der von unserer Arbeit gehört hat, rief uns vor einigen Tagen an. Unser Büro hat sich sofort um die Überführung gekümmert«, erklärte Haley.

»Also besitzen die beiden keinen Körperspendeausweis«, mutmaßte Laura und blätterte in den Unterlagen.

Es dauerte einen Moment, bis die Frau antwortete: »Nein, in diesem Fall nicht, aber es liegt eine Einwilligungserklärung der Angehörigen bei. Hören Sie, die Frauen sind arm. Für die Familie war es die einfachste und kostengünstigste Lösung.«

*Und für euch der Jackpot*, dachte Laura und fragte sich, ob von Dahl dem Arzt eine Art Vermittlungsprovision gezahlt hatte.

Der Plastinator hatte sich wieder gefasst. Seine zuvor blassen Wangen hatten wieder etwas Farbe bekommen. Mit trotzigem Blick sah er zu dem OP-Tisch, und seine Stimme klang fast sanft, als er sprach. »Wir hätten sie von überall auf der Welt abgeholt. Notfalls vom Mond, denn erwachsene siamesische Zwillinge wurden noch nie ausgestellt.«

Er straffte die Schultern, und Laura spürte sogleich, wie der Mann an Kraft gewann. Als würden ihm die Worte neue Energie verleihen.

»Die Leute werden von überall herkommen, um sie zu

sehen. Die Fachwelt wird kopfstehen, Spezialisten und Chirurgen werden uns die Tür einlaufen, um ihre Anatomie zu studieren.«

»Wie funktioniert das, und wer kommt für die Transportkosten auf?«, fragte Laura.

Haley antwortete: »Jeder, der in die Körperspende einwilligt, bekommt von uns einen Körperspendeausweis, welchen er idealerweise immer bei sich führen sollte. Auf diesem finden Ärzte oder Angehörige unsere Telefonnummer. Wenn wir angerufen werden, kümmern wir uns um den Transport. Selbstverständlich tragen wir auch die Kosten.«

Laura gab ihr die Unterlagen wieder zurück. »Haben Sie noch mehr Leichen zur Plastination da?«

Die Lippen der Ärztin kräuselten sich: »Selbstverständlich, unsere Mitarbeiter arbeiten derzeit an den unterschiedlichsten Plastinaten.«

»Wie viele genau?«

Haley fand von Dahls Blick, und sie nahm sich Zeit, ehe sie antwortete: »Das ist schwer zu sagen. Sechzehn oder siebzehn, eventuell auch mehr. Weißt du, ob Jan mit der Präparation des Torsos bereits fertig ist?«

Ohne die Antwort von Dr. von Dahl abzuwarten, entfuhr es Laura: »Siebzehn, meine Güte.«

»Nicht jeder Körper eignet sich für ein Ganzkörperplastinat. Manchmal können wir nur einzelne Organe oder Körperteile verwenden. Hin und wieder benötigen wir mehrere Leichen, um einen ganzen Organismus darzustellen.«

Laura sah die Frau fassungslos an. »Sie meinen, sie fügen die Leichen zusammen, wie bei einem Puzzle? Und was passiert mit den, na ja, mit den Überresten?«

»Die werden verbrannt!« Von Dahls Stimme spiegelte Missmut und Ungeduld. Mit einer knappen Handbewegung fügte er hinzu: »Wenn Sie keine weiteren Fragen haben, würden wir gerne weitermachen.«

Die Polizistin sah zu Elena. Die Ärztin war immer noch in den Anblick der Zwillinge vertieft. Offensichtlich hatte sie, während Laura den Totenschein studierte, die Zeit genutzt, die Leiche näher zu betrachten. Jetzt sah sie auf, und in ihrem Gesicht spiegelte sich Neugier und Verwunderung.

Auch von Dahl bemerkte ihr Interesse. »Wenn Sie möchten, Frau Kollegin, können Sie uns sehr gerne Gesellschaft leisten.«

Die Rechtsmedizinerin zögerte und suchte Lauras Blick.

»Du kannst hierbleiben, ich schau mir unterdessen die Unterlagen an.« Laura wandte sich an Dr. Haley. »Zeigen Sie mir bitte die Dokumente aller sich zurzeit im Haus befindlichen Leichen.«

Haleys Zaudern war deutlich zu spüren, und sie nahm sich Zeit für ihre Antwort: »Das ist schwierig, denn sobald die Körper zur Plastination freigegeben werden, verlieren sie ihre Identität. Uns ist es besonders wichtig, dass alle Spender anonym bleiben. Selbst unsere Assistenten wissen nicht, wen sie gerade vor sich haben. So können wir gewährleisten, dass keine persönlichen Daten unser Haus verlassen oder einer unserer Mitarbeiter Gefahr läuft, dem Körper eines verstorbenen Freundes gegenüberzustehen.«

»Aber bei den beiden rumänischen Frauen konnten Sie uns doch auch den Totenschein vorlegen«, erwiderte Laura.

»Als Kuratorin dieses Museums sehe ich mir alle Neuzugänge persönlich an und überprüfe die Papiere. Mein Mann und ich entscheiden dann, was mit ihnen geschehen soll, und danach bekommt jeder Körper, egal ob von Mensch oder Tier, ein Etikett mit einer Nummer. Im Team entscheiden wir, wer an diesem Projekt arbeitet. Bei den Zwillingen ist es anders. Sie sind etwas Besonderes.«

Die Frau lächelte. »Siamesische Zwillinge sind nicht alltäglich, und die Dokumente lagen noch auf meinem Schreibtisch.«

KAPITEL

# 15

Elena sah Laura nach. Kaum hatte sie zusammen mit Dr. Haley den Raum verlassen, als sich auch schon die Assistenten wieder einfanden. Im Schlepptau das Kamerateam. Neugierig beäugten die beiden Männer den neuen Gast im Saal. Elena ignorierte die fragenden Blicke des Tontechnikers und konzentrierte sich auf die Arbeit der Mediziner.

Sie sah, wie das Zwillingspaar in Folie eingewickelt wurde. Von Dahl lächelte in die Kamera, und Elena erkannte, wie er die entgegengebrachte Aufmerksamkeit genoss.

»Wie bereits erwähnt, dient das injizierte Formalin zur Fixierung der Körper. Es ist der erste Schritt der Stabilisierung und minimiert die Schrumpfung des Gewebes.«

Er drehte sich wieder zu den Zwillingen um, die sich langsam in eine in Plastik gehüllte Mumie verwandelten. Die Mitarbeiter arbeiteten geschickt und schnell. Jeder Handgriff wirkte routiniert.

»Gleich werden wir die Körper bei - 70 °C schockgefrieren. Das ist für eine Scheibenplastination zwingend erforderlich.«

Von ihrem Standpunkt aus konnte Elena alles überblicken. Während der Kameramann auf die Leiche hielt, sah sie sich in der Werkstatt des Plastinators um. Der Raum unterschied sich im Wesentlichen nicht von ihrem Arbeitsplatz.

Die schmucklosen Fliesen reichten bis zur Zimmerdecke, was angesichts der austretenden Körperflüssigkeiten nicht nur praktisch, sondern absolut notwendig war. Moderne OP-Leuchten sorgten für ausreichend Licht und ließen nichts im Verborgenen. Nur der OP-Tisch war anders. Während der in ihrem Saal ein praktischer Stahltisch auf zwei starren Stützen mit Stahlbecken, Wasseranschluss und zentralem Ablauf war, handelte es sich bei dem vor ihr um ein fahrbares Modell. *Sicherlich eine kluge Entscheidung, wenn man bedenkt, dass dieser Mann alles plastiniert, was ihm zwischen die Finger kommt. Für ein Pferd oder ein gar noch größeres Tier benötigt man sicherlich stabile Tische,* dachte Elena.

Sie konzentrierte sich wieder auf von Dahl, der mit ruhigem, aber wachsamem Blick die Arbeit verfolgte. Jemand löste die Bremsen des Tisches, und die Bahre wurde in ein angrenzendes Zimmer geschoben.

Elena folgte dem Trupp. Sie fühlte sich fremd in diesen Räumen, und obwohl sie neugierig genug gewesen war, von Dahls Einladung anzunehmen, fühlte sie sich irgendwie fehl am Platz.

Da kam ihr das Vibrieren ihres Handys sehr entgegen. Verstohlen zog sie es aus ihrer Hosentasche und tippte auf das Display. Seit einigen Tagen konnte sie auch mit ihrem

Diensthandy WhatsApp-Nachrichten empfangen und verschicken. Die Leitung des Instituts war der Meinung, dass alle Mitarbeiter gut vernetzt sein sollten.

Sie fand drei neue Mitteilungen. Elena öffnete nur die Nachricht ihres Chefs und tippte eine Antwort, als sie plötzlich Dr. von Dahls Stimme vernahm.

»Langweilen wir Sie, Frau Dr. Salonis?«

Verwirrt blinzelte Elena und ließ schnell das Telefon verschwinden. »Nein. Natürlich nicht. Entschuldigen Sie, das war eine Nachricht vom Institut!«

Er kam auf sie zu, und seine Augen musterten sie neugierig. »Wollen Sie mir bei einer Tasse Kaffee von Ihrer Arbeit erzählen?«

Er schob sie zu einem Ausgang. Erst jetzt bemerkte Elena, dass die Leiche verschwunden war. Sie sah sich um. Von Dahls Mitarbeiter verließen den Arbeitsplatz oder widmeten sich anderen Arbeiten. »Wo sind die Zwillinge?«, fragte sie.

Der Plastinator deutete auf eine Stahltür. »Eingefroren. Für die Präparationsschnitte muss das Gewebe tiefgefroren werden.«

Elena nickte. »Erinnert mich an die Histologie.«

»Genau. Ich habe mich dieser Methode bedient, um qualitativ optimale Schnitte zu erzielen. Was bei einem Tumor funktioniert, gelingt auch bei einem ganzen Organismus!« Er sah auf seine Uhr. »Was ist jetzt mit dem Kaffee?«

»Gern.«

Von Dahl führte sie in ein großzügiges Büro, das den gleichen unterkühlten Charme ausstrahlte wie sein Besitzer. Ein riesiger Schreibtisch dominierte den Raum.

Er deutete zu einer modernen Sitzgruppe. »Nehmen Sie Platz. Wie trinken Sie Ihren Kaffee?«

»Schwarz.«

Etwas beklommen nahm Elena auf einem mit Leder bezogenen Sessel Platz. Während von Dahl eine Kapselkaffeemaschine bediente, beäugte sie die Stehlampe neben der Couch. Ungläubig starrte sie das Kunstobjekt an. Sie fand es in gleichem Maße skurril wie den Herrn des Hauses. Ein Skelett bildete den Fuß der Lampe. Sie betrachtete es näher und studierte die einzelnen Knochen. Plötzlich hielt sie inne und schluckte. Dann suchte sie nach weiteren Merkmalen, welche ihren Verdacht bestätigen würden. Es dauerte auch nicht lange und sie erkannte ein weibliches Becken, dessen Symphysenfuge geöffnet war. Das war etwas, was nur durch eine Geburt hervorgerufen wurde. Wenn das Ungeborene den Geburtskanal durchwanderte, konnte die Schambeinfuge regelrecht auseinandergesprengt werden. Hier handelte es sich nicht um ein anatomisches Lehrobjekt, wie es gerne an medizinischen Hochschulen verwendet wurde. Diese Gebeine waren zu real. »Es ist echt!«, entfuhr es ihr atemlos.

»Natürlich«, erwiderte der Anatom, und jetzt erst bemerkte sie, dass sie die Worte laut ausgesprochen hatte.

Er kam näher und stellte die Tasse vor ihr auf den Tisch. Schnell griff Elena nach dem dampfenden Gebräu. Sie fröstelte und nahm einen Schluck. Obwohl der Kaffee frisch aufgebrüht war, machte ihr die Temperatur nichts aus.

In ihrem Sektionssaal begegneten ihr täglich tote Körper, und sie musste durchaus hin und wieder unschöne

Methoden anwenden, um ihnen ihre Geheimnisse abzuringen. Jedoch wäre sie nie auf die Idee gekommen, ihr Büro mit menschlichen Trophäen zu schmücken.

Mit klammen Fingern umfasste sie den heißen Becher, während sie das Gefühl überkam, sich irgendwo festhalten zu müssen.

Sie wandte den Blick ab. Aber der Anblick, der sich ihr nun bot, war auch nicht besser. Dieses Büro war übersät mit Artefakten des Todes. Skelette, Organe, und in einer Glasvitrine reihten sich ausgestopfte Tiere, die sie aus stumpfen Augen anglotzten. Laura hatte Recht, das hier war wirklich ein Horrorhaus.

Von Dahl wählte den Sessel gegenüber und musterte sie mit abschätzendem, kühlem Blick. Elenas Unbehagen wuchs. *Er denkt darüber nach, wie er meinen toten Körper konservieren kann. Als Pendant zur Lampe? Vielleicht ein Tisch aus meinen bleichen Knochen, oder doch eher ein Exponat für eine seiner Ausstellungen?*

Er unterbrach ihre Gedanken. »Wieso haben Sie sich für die Rechtsmedizin entschieden?«

»Aus welchem Grund plastinieren Sie Menschen?«, konterte die Ärztin.

Er musste ein Lächeln unterdrücken. »Wir sind, was wir sind. Wissenschaftler. Wir erforschen unsere Objekte, studieren sie und lernen von ihnen. Ich dachte immer, dass es nichts gibt, was ich nicht schon gesehen habe. Die Leute behaupten, ich sei ein Monster, ein Leichenschänder. Jemand, der die Toten nicht zur Ruhe kommen lässt.«

Wieder musterte er ihr Gesicht, ohne dass sie hätte sagen können, welchen Eindruck er gewann.

»Ich frage mich, wie Ihre Arbeit im Wesentlichen aussieht, Frau Dr. Salonis. Sie beschäftigen sich auch mit Verstorbenen. Sie vermessen und untersuchen sie, schneiden sie auf, berauben sie ihrer Mysterien. Nichts bleibt Ihnen verborgen, nicht einmal die letzten Minuten ihres Daseins. Sie bohren so lange, bis Sie die Todesursache herausgefunden haben. Lässt es Sie manchmal nachts nicht schlafen?«

Das war eine gute Frage, und sie nahm sich ein, zwei Sekunden, ehe sie antwortete. »Es kommt schon vor, dass mich ein Fall so stark beschäftigt, dass ich nicht eher zur Ruhe komme, bis ich weiß, wer oder was die Person getötet hat.«

Er lehnte sich im Stuhl zurück und fixierte sie. »Erregt es Sie manchmal?«

»Bitte?«

»Verraten Sie mir, wieso Sie sich für die Arbeit mit Leichen entschieden haben. Sie hätten sich für jede beliebige medizinische Fachrichtung entscheiden können. Sie hätten Menschen heilen oder sogar retten können. Aber nein, Sie haben die forensische Pathologie gewählt, um mit den sterblichen Überresten zu arbeiten. Fühlen Sie sich manchmal von den Toten angezogen?«

Elena sah ihn verärgert an. »So wie Sie sich offenbar von den Toten angezogen fühlen? Sie schrecken vor nichts zurück, dekorieren sogar Ihre privaten Räume mit menschlichen Überresten. Ich bin nicht so, und nein, ich fühle mich von den Toten nicht angezogen. Ich habe lediglich die Herausforderung gewählt. Es ist meine Aufgabe, alle Antworten zu finden und so der Gerechtigkeit zum Sieg zu verhelfen.«

»Das muss ein sehr interessanter Berufszweig sein.«

»Sie hätten sich ebenfalls für dieses Fachgebiet entscheiden können.«

Er lachte: »Um das hier alles zu verpassen? Nein. Aber ich finde Ihre Arbeit überaus spannend.«

»Ja, dieser Ansicht sind die meisten Menschen. Aber spätestens, wenn sie eine Wasserleiche oder einen von Maden zerfressenen Körper vor sich haben, finden es die meisten Leute nicht mehr so interessant. Und falls Sie auf die Idee kommen sollten, Mordopfer plastinieren zu wollen. Ich kann mir nicht vorstellen, dass Sie auch nur einen Staatsanwalt oder Angehörigen finden, der Ihnen das gestattet.«

»Verehrte Frau Kollegin, dessen bin ich mir durchaus bewusst. Aber ich frage mich, ob sich die eine oder andere Tat nachstellen ließe?«

Die Rechtsmedizinerin sah ihn ungläubig an. »Sie möchten, dass ich Sie zur Ausübung einer Straftat anleite?«

»Wenn Sie es so ausdrücken wollen? Ich verfüge über mehr als ausreichend anatomische Kenntnisse und genügend gespendete Körper, um eine ganze Mordserie auszustellen!«

Diese Antwort raubte ihr den Atem. Elena stand so ruckartig auf, dass sie mit ihrem Knie an das Tischbein stieß und sich ein großer Schwall Kaffee auf dem Tisch ergoss. Sie schenkte dem Dilemma keine Beachtung. Zu entsetzt über die Worte von Dr. von Dahl war sie gerade im Begriff, aus der Tür zu stürmen, als ihr Dr. Haley und Laura entgegenkamen.

»Dachte ich es mir doch«, sagte Haley, und an Laura gewandt: »Möchten Sie auch einen Kaffee?«

Von den Spannungen im Raum bekam die Frau des Plastinators offensichtlich nichts mit. Aber Laura hatte sofort die hektischen Flecke in Elenas Gesicht entdeckt.

Sie lehnte das Angebot ab und ging auf die Freundin zu.

»Alles okay?«, flüsterte sie.

Elena nickte stumm.

»Sicher?«

»Er ist so ein widerlicher Mensch«, zischte die Rechtsmedizinerin.

Laura blieb keine Zeit zu antworten, da von Dahl sagte: »Ich denke, wir können mal nach unseren beiden Damen sehen.«

Er drehte sich zu den Besucherinnen um und sah Elena herausfordernd an: »Sie sind immer noch herzlich eingeladen, den weiteren Schritten beizuwohnen.«

KAPITEL

# 16

Laura stand etwas abseits und verfolgte das Geschehen mit Abscheu. Es war nicht das erste Mal, dass sie es mit einem toten Menschen zu tun hatte. Aber für sie galten die Besuche im Rechtsmedizinischen Institut eher als notwendiges Übel, und manchmal tat sie sich schwer, Elenas Ausführungen zu folgen. Sie vermied es, den Toten näher zu kommen als unbedingt nötig. Für sie gehörte es zu ihrem Beruf, aber trotzdem war sie froh, wenn sie die Leichenöffnungen mit einer gewissen Distanz beobachten konnte.

Umso mehr traf sie das, was sie gerade mit eigenen Augen ansehen musste, und ein flaues Gefühl überkam sie. Instinktiv schnappte sie nach Luft, als die Leichen des Zwillingspaares in der Kunststoffmischung versanken.

Unruhig trat sie von einem Bein auf das andere. Um sich abzulenken, ließ sie ihren Blick durch den Raum gleiten. Doch nichts konnte die Bilder der Zwillinge verdrängen.

*Ich muss hier raus*, dachte sie. Außerdem bin ich nicht

gekommen, um jemandem zu huldigen, der menschliche Körper in Stücke schneidet, sondern um festzustellen, ob er etwas mit meinem Fall zu tun hat. Doch ihr war klar, dass sie nicht weiterkam, solange sie in von Dahls Nähe war. Er und vor allem seine Frau würden sie nicht aus den Augen lassen.

»Ähm, ich glaube, ich muss mal raus«, rief Laura und tat so, als würde sie sich Luft zufächeln.

Das Team um von Dahl schenkte ihr keine Beachtung, doch Dr. Haley musterte sie argwöhnisch. »Soll ich Sie hinaus begleiten?«

Laura schüttelte den Kopf. »Nein, ich schaff das schon. Ich muss einfach mal an die frische Luft.«

Diese Aussage schien Dr. Haley zu beruhigen. Sie nickte kurz und wandte sich dann wieder dem Plastinationsprozess zu.

Als Laura den Blick der Freundin fand, sagte sie: »Wir treffen uns dann in der Cafeteria.«

Elena sah sie einen Moment lang verwirrt an, dann entspannten sich ihre Gesichtszüge und sie nickte Laura kaum merklich zu. Elena hatte verstanden.

Eine Tür führte zu einem Treppenhaus. Eine weitere war der Zugang zu einem Fahrstuhl, und die dritte war verschlossen. Laura beschloss, den Lift zu nehmen.

Da sie mit Dr. Haley auf dem Weg zu den Büros in die oberen Stockwerke gefahren war, wählte sie dieses Mal den Knopf, der sie nach unten bringen würde.

Der Lift setzte sich rumpelnd in Bewegung, und als sich die Türen wieder öffneten, schlug ihr kühle Luft entgegen. Sie spähte aus dem Fahrstuhl. Ein großer Raum tat sich vor ihr auf. Stahltische reihten sich unter riesigen Leuchten, und an fast jedem Arbeitsplatz saß ein Mitarbeiter. Niemand schenkte dem Fahrstuhl und seinem Gast seine Aufmerksamkeit. Völlig unbemerkt und unbehelligt konnte Laura den Raum betreten. Sie sah sich um, bemüht, sich nicht allzu auffällig zu verhalten. Die Kuriosität des Anblicks, der sich ihr bot, würde einen normalen Menschen in Ohnmacht fallen lassen. Doch sie schluckte ihre Zweifel hinunter. Wann würde sich ihr noch einmal die Gelegenheit bieten, die Mitarbeiter zu befragen?

An einem Torso legten gleich zwei Männer Hand an. In stiller Einigkeit bearbeiteten sie den Oberkörper mit Pinzette und Schere. An einem anderen Tisch beugte sich eine dunkelhaarige junge Frau mit auffällig großen Tattoos über einen Kopf, der mit einer Vielzahl von Nadeln gespickt war. Als würde sie Lauras Blick spüren, hob sie den Kopf und sah sie direkt an.

»Wer sind Sie? Was wollen Sie hier?«

Ihre Aussprache klang nicht nach dieser Gegend. Ganz sicher hatten in dem Plastinatorium einige Leute aus der Umgebung einen Arbeitsplatz gefunden, aber ihr Akzent war eindeutig polnisch.

»Ich bin Laura Braun«, sagte sie, »ich gehöre zum Kamerateam. Wir sind wegen des siamesischen Zwillingspaares da.« Sie lächelte verlegen. »Ich war kurz mal vor der Tür, um frische Luft zu schnappen. Ich glaube, ich habe mich verlaufen.«

Die Frau legte ihre Präparationsschere aus der Hand und sagte: »Ich kann Sie gern hinbringen.«

»Nein, nein. Ist schon gut. Notfalls gehe ich in die Cafeteria. Laura senkte die Stimme: »Die Kollegen würden sich sehr amüsieren, wenn sie wüssten, dass ich Reißaus genommen habe. Wenn sie dann noch mitbekommen, dass ich nicht zurückgefunden habe …«

Laura verzog das Gesicht, und als die Frau sie anlächelte, gab sie das Lächeln zurück. Es war das Lächeln zweier Verbündeter im Kampf gegen die Männerwelt.

»Kenne ich«, raunte die Frau und ließ den Blick wahllos durch die Reihen überzähliger Männer streifen. *Bingo,* dachte Laura. Das war ihre Chance. Sie deutete auf den Kopf, der eher einer Zombiefratze glich. Ein Gewirr von Muskelsträngen, Sehnen und Gefäßen, aus denen zwei stumpfe, tote Augen hervorglotzten. »Was machen Sie mit dem Kopf?«

Die Frau seufzte: »Ich präpariere die Arteria temporalis superficialis. Das ist wirklich knifflig, da ich aufpassen muss, den Nervus auriculotemporalis nicht zu beschädigen.«

So genau wollte es Laura nicht wissen. Sie hatte rein gar nichts verstanden. Ihr Blick sprach wohl Bände, denn die Frau beeilte sich zu erklären, dass sie gerade die oberflächliche Schläfenarterie präparierte.

»Aber vermutlich wird sich Albert nicht beklagen, wenn ich ihm den Ohr-Schläfen-Nerv durchtrenne«, schloss sie.

»Er heißt Albert?«

»Nein, ich nenne ihn nur so.« Sie warf dem Schädel einen fast liebevollen Blick zu. »Ich verbringe Monate mit ihm, da kann ich ihm doch auch einen Namen geben, oder?«

»Monate? So lange dauert es, bis ein Kopf präpariert ist?«, raunte Laura.

Die Tätowierte grinste: »Ja, bis zu fünfhundert Stunden. Eine anatomisch korrekte Plastination eines ganzen Körpers kann bis zu fünfzehnhundert Arbeitsstunden in Anspruch nehmen. Albert und ich kennen uns jetzt schon einige Wochen.«

Laura beäugte den Raum, und noch einmal wurde sie von einem Schauer erfasst.

Ein anderer Mitarbeiter in OP-Kleidung kam auf sie zu. »Können wir Ihnen helfen? Sollen wir den Chef rufen?«

»Nein, Klaus, ist schon gut«, sagte die Frau. Die Dame gehört zum Kamerateam.«

»Und was machen Sie dann hier?«, fragte er und musterte sie argwöhnisch.

«Mir ging das Geschwafel da oben auf die Nerven. Aber nun sehe ich ja echte Profis bei der Arbeit. Wollen Sie mir von Ihrer Arbeit erzählen?«, antwortete Laura und schenkte ihm ihr schönstes Lächeln. Das fiel ihr nicht leicht angesichts der Exponate, aber sie musste verhindern, dass der Mitarbeiter die Kuratorin oder von Dahl rufen würde. Dieser wäre vermutlich nicht begeistert, sie in der Werkstatt vorzufinden, und würde sie sicherlich hinauswerfen lassen.

Und tatsächlich, es funktionierte. Er führte sie zu seinem Tisch, wo bereits ein Kollege an einem Oberkörper arbeitete. Ohne von Laura Notiz zu nehmen, arbeitete er weiter. Erst als Klaus sprach, hob er verwundert den Kopf. Er trug eine Lupenbrille, und zusammen mit seinem kahlen Schädel wirkte er wie eine Borg-Drohne aus Star Trek. Er musterte Laura neugierig durch das Lupenglas wie ein glubschäugiger Alien, dann ging sein Blick zum Kollegen, als wollte er nicht verpassen, was dieser erklärte.

»Bei diesem Plastinat handelt es sich um einen weiblichen Torso mit Arm- und Beinstümpfen.« Klaus deutete auf den Bauchraum. »Alle Organe des Thorax und des Abdomens sind perfekt freigelegt. Dies ermöglicht einen genauen Einblick in die Brust- und Bauchhöhle.«

Er entnahm dem Körper die Leber und wog das große Organ in seiner Hand. Laura musste schlucken, als sie sich vorstellte, wie diese groben Finger ihr die Organe entreißen würden.

»Wir sind bestrebt, bei unseren Lehrpräparaten alle Körperteile, Strukturen und Organe anatomisch korrekt zu platzieren. Dadurch ermöglichen wir den Medizinstudenten das bestmögliche Studium der menschlichen Anatomie.«

»Sie fertigen auch Lehrpräparate an?«

»Natürlich. Die meisten Hochschulen stehen unter einem enormen wirtschaftlichen Druck. Budgetkürzungen und die wachsende Zahl von Studierwilligen zwingen die Universitäten, kostenoptimiert zu arbeiten. Hinzu kommt, dass viele Hochschulen nicht ganz selbstverständlich auf Körperspenden zurückgreifen können oder dass ihnen der Aufwand zu teuer und zeitintensiv ist. Hier bilden unsere Plastinate eine dauerhafte und kostenreduzierte Alternative.«

Laura beugte sich über den Torso. Fasziniert betrachtete sie den Körper. Die Muskulatur schimmerte rot und feucht, während sich die weißen Sehnen matt abzeichneten. Sie verfolgte den Weg des Muskelansatzes an der

Schulter, und wieder überkam sie ein leichter Schauer, als sie daran dachte, dass dieser Korpus auch ihr eigener Körper sein könnte.

Sie atmete tief ein und spürte, wie sich ihr Brustkorb hob. Verwundert wurde sie sich bewusst, wie die Atemluft ihre Lungen füllte. Wie diese von innen gegen die Rippen und die Brustmuskulatur drückten. *Wir atmen ganz selbstverständlich und sind uns gar nicht bewusst, wie viele Muskeln, Sehnen, Bindegewebe und Zellen an diesem Prozess beteiligt sind.*

Sie ließ die Luft entweichen und rief sich in Erinnerung, warum sie hier war. »Ist Ihr Institut das einzige, welches medizinische Plastinate herstellt?«

»Mir ist bekannt, dass es in Bayern jemanden gibt, der Tiere präpariert. Ich glaube, er ist sogar ein Veterinärmediziner.«

»Und Menschen?«

Sie sah ihm an, dass er sich über die Frage wunderte, und er zögerte mit seiner Antwort: »In den USA werden auch Leichen plastiniert, aber die Amerikaner wenden ein anderes Verfahren an. Allerdings gibt es in China einen Kollegen, der früher mit dem Chef zusammengearbeitet hat.«

»Also ist Dr. von Dahl der einzige, der in Deutschland Leichen konserviert?«

Wieder zögerte er und suchte den Blick der Borg-Drohne. Dieser kam ihm auch gleich zu Hilfe: »Ich denke, von uns wird Ihnen hier niemand mehr eine Frage beantworten.«

## KAPITEL

# 17

Kaum hatte Laura den Raum verlassen, widmete Elena sich wieder den Zwillingen. Dem interessierten Blick Dr. Haleys ausweichend ließ sie sich einen OP-Kittel geben, der bei jeder Bewegung leise raschelte. Es war ein vertrautes Geräusch, das ihr die Sicherheit gab, den Ausführungen von Dr. von Dahl zu folgen.

Ein Mitarbeiter bedeckte die Wanne mit einem dicken Holzpaneel, danach bestiegen die Männer die geschlossene Wanne, um es mit ihrem Körpergewicht zu beschweren. Elena trat zurück, um nicht von der Kamera eingefangen zu werden.

Von Dahl hingegen faszinierte das Spiel mit der Kamera. »Über Jahre hinweg habe ich die Zusammensetzung der Kunststoffmischung optimiert. Der gefrorene Körper muss vollkommen eingeschäumt werden.«

Er deutete auf die Männer, die wie Zinnsoldaten auf der Wanne standen und sich nicht bewegten.

Stolz blitzte in seinen Augen auf. »Es mag für Sie ungewöhnlich erscheinen, aber diese Methode hat sich bewährt. Unsere Mitarbeiter müssen nur ein paar Minuten oben bleiben, dann ist die Masse vollkommen ausgehärtet.« Er zwinkerte: »Schließlich benötigen meine Leute auch einmal eine Pause! Nach der Aushärtung können wir den Körper in präzise Scheiben schneiden.«

»Das käme wohl der Schnittgebung eines MRT gleich«, schlussfolgerte Elena.

»Genau, und das ist es, was dieses Exponat so besonders macht. Ich habe lange überlegt, wie ich die Leichen der beiden Damen konservieren möchte. Eine Ausstellung in situ, also der ganzen Körper, hätte mich sehr gereizt. Aber wir sind Wissenschaftler, und es ist mir ein Bedürfnis, den Kollegen die Möglichkeit zu geben, meine Objekte zu erforschen. Deshalb ist die einzige vernünftige Option die Scheibenplastination. Ich kann es kaum erwarten, ihre Anatomie zu studieren.«

Von Dahl fingerte an einem dicken Wulst der Schaummasse herum, die an einer Stelle der Kiste herausgequollen war. »Sehr gut«, murmelte er und gab seinen Mitarbeitern ein Zeichen. Nach und nach sprangen die jungen Männer von der Kiste und brachen sie anschließend auf. Hervor kam ein riesiger Block, der einem überdimensionalen Stück Butter glich. Mittels eines Krans hob von Dahls Team das Gebilde an und schwenkte es zu einer elektrischen Bandsäge. Die Ärzte scharten sich um den Quader und warteten ungeduldig auf die ersten Frontalschnitte.

Vielleicht lag es daran, dass Elena als Rechtsmedizinerin noch nie siamesische Zwillinge hatte untersuchen müssen. Denn während sie zusah, wie der Plastinator die Zwillinge wie mit einem Brotmesser in Scheiben schnitt, überkam sie plötzlich ein Gefühl von Mitleid für die beiden Frauen, denen sie zuvor nie begegnet war. Frauen, die einmal gelebt und geatmet hatten.

Sie versuchte, sich vorzustellen, wie ihr Leben wohl ausgesehen hatte. Was es für ein Gefühl hatte sein müssen, tagein und tagaus immer mit demselben Menschen verbunden zu sein. Niemals eine Privatsphäre zu haben. Bei den einfachsten Dingen des Lebens nie ungestört zu sein. Nicht einmal auf der Toilette. Sie selbst hatte eine Schwester, die sie von Herzen liebte. Aber sie konnte sich beim besten Willen nicht vorstellen, auch nur eine Woche mit Kiki unzertrennlich zu sein. Es gab Zeiten in ihrem Leben, da musste sie einfach allein sein.

Das Geräusch der Säge riss sie aus ihren Überlegungen, und sie erkannte, wie sich eine dünne Platte von der komplexen Masse trennte. Etwas Dunkles zeichnete sich in der Schnittfläche ab.

»Jetzt wird der Kunststoff um die einzelnen Körperscheiben entfernt, und sie kommen in ein Acetonbad«, erklärte von Dahl in Richtung Kamera, während ein Assistent die erste Scheibe aus dem Polymer löste. »Bei minus fünfundzwanzig Grad werden dem Gewebe Fett und Körperwasser entzogen. Das Wasser gefriert, das Aceton löst erst das Wasser, dann bei Raumtemperatur das Fett heraus. Wasser und Fett sind nun durch Aceton ersetzt.«

Weitere Scheiben tauchten auf. Immer größere. Jetzt wurde es hektisch. Ein Teil der Mitarbeiter kümmerte sich um die bereits abgetrennten Scheiben, während die anderen noch damit beschäftigt waren, neue Scheiben zu erstellen.

Als eine riesige frontale Körperscheibe zum Vorschein

kam, folgte Elena den Medizinern zu einem beleuchteten Tisch. Die Ärzte umringten den Leuchttisch und machten sich gegenseitig auf anatomische Fakten aufmerksam. Zwei junge Männer, dem Alter nach zu urteilen offensichtlich Studenten, benannten Muskeln, Knochen und Organe. Elena spürte, wie auch sie von einem Kribbeln erfasst wurde, das alle Zurückhaltung vergessen ließ, während sie neugierig die Scheiben studierte. Tatsache war, sie war tief beeindruckt. Regelrecht berauscht.

Ein plötzlicher Schatten riss sie aus ihrer Konzentration. Dr. von Dahl stand neben ihr, und seine Miene zeigte alle Facetten der Faszination.

Unsicher darüber, wem im Raum dieser Gesichtsausdruck galt, reckte Elena provozierend das Kinn.

Als wären die Kameras nicht anwesend, sagte von Dahl: »Sehen Sie, Frau Kollegin.« Er deutete auf die Organe der Zwillinge. »Wie Sie bereits vermutet hatten, wäre eine Trennung sicherlich durchführbar gewesen.«

»Ja«, antwortete Elena, »fast alle lebenswichtigen Organe sind paarweise vorhanden.«

Sie drehten sich zur Bandsäge. Die nächste Scheibe änderte alles. Als sie auftauchte, hielten alle gleichzeitig die Luft an. Ein Raunen ging durch den Raum.

»Das gibt es doch nicht!«, sagte einer der Assistenten. »Ist die da etwa schwanger?« Er deutete auf eine Stelle im Unterleib eines Zwillings.

»Ja, sieht ganz danach aus«, bestätigte der Plastinator, und seine Mundwinkel formten ein breites Grinsen.

Ein Mitarbeiter inspizierte die Scheibe und nickte: »Vermutlich Beginn des zweiten Trimenon. Ich tippe mal auf die fünfzehnte Schwangerschaftswoche. Vielleicht ist der Fötus auch schon etwas älter.«

Einer der Studenten, ein hochgewachsener Mann mit roten Aknepusteln auf den Wangen und einem Pferdeschwanz, schüttelte den Kopf. »Unfassbar, dass so jemand Geschlechtsverkehr hat.«

Elena sah ihn an und ihre Augen verengten sich wütend. »Was meinen Sie mit *so jemand?* Denken Sie, dass nur gesunde und unversehrte Menschen ein Recht auf Zuneigung und körperliche Liebe haben?«

Der junge Mann wurde rot und stammelte: »Es ist ja nur ... Also ein siamesisches Zwillingspaar ... Man ist ja nie allein, nie ungestört. Wie soll das funktionieren? Ich kann mir das für mich nicht vorstellen!«

Elena funkelte den Mann an: »Die Brüder Chang und Eng Bunker, auf welche die Bezeichnung *Siamesische Zwillinge* zurückgeht, lebten im heutigen Thailand. Beide waren verheiratet, und es heißt, dass sie achtzehn Kinder gezeugt haben.«

Gereizt wandte sich die Rechtsmedizinerin an Dr. von Dahl. »Ich habe aber noch etwas entdeckt, was ich mir gerne genauer ansehen möchte.«

Die Säge wurde wieder angestellt, und wenige Augenblicke später landete der nächste Körperlängsschnitt auf einem der Leuchttische. Elena beugte sich über den Bauchbereich der Frauen. Alle im Raum schwiegen. Keiner der jungen Ärzte wollte sich mit der temperamentvollen Besucherin anlegen. Gebannt warteten sie darauf, was die Medizinerin so beschäftigte.

Endlich zeigte sie auf eine Stelle im Unterbauch. »Sie sind nicht, wie vermutet, an einer Niereninsuffizienz gestorben. Sondern an einer Sepsis, verursacht durch einen Ileus im Jejunum.«

Der Plastinator hob anerkennend eine Augenbraue, dann konzentrierte er sich auf den Bereich des Abdomens und studierte den Leerdarm. Er nahm sich Zeit, und als er schließlich den Kopf hob, erkannte Elena nicht etwa Bestürzung über den Tod der beiden Frauen, sondern einen triumphierenden Gesichtsausdruck. »Das ist ja hervorragend. Das macht die Ausstellung umso interessanter! Der Darmverschluss und die dadurch verursachte Peritonitis sind im Plastinat perfekt konserviert. Großartig!« Er klatschte in die Hände.

»Das nennen Sie großartig?« Elena konnte ihre Wut kaum zügeln. »Diese beiden Frauen haben höllische Qualen bis zu ihrem Tod gelitten, und der kam auch nicht gerade gnädig daher. Sicherlich hat der Verschluss starkes Erbrechen und schreckliche Krämpfe verursacht. Außerdem eine Bauchfellentzündung, einhergehend mit hohem Fieber. Hinzu kommt, dass sie in einem Land gelebt haben, in dem sie keine optimale medizinische Behandlung bekommen konnten. Ich finde es widerwärtig, dass Sie, Herr Kollege, sich nicht für die Schicksale Ihrer Patienten interessieren!«

Dr. von Dahls plötzliches Lächeln barg einen Hauch von Arroganz. Aber als sein Blick die Journalisten streifte und er bemerkte, dass die Kamera noch filmte, wechselte seine Miene zu Bestürzung. »Natürlich interessiere ich mich für die Menschen. Ich bin Wissenschaftler, und durch meine Arbeit können die Lebenden profitieren.«

»Der Einzige, der profitiert, sind Sie!«, bellte Elena. »Ohne Scham bereichern Sie sich an den Toten. Stellen alles zur Schau. Menschen, Tiere, Anomalien. Sie schrecken vor nichts zurück. Sie sind kein Arzt. Sie sind ein Dr. Frankenstein und scheffeln Geld mit dem Leid von Lebewesen!«

»Ach, und Sie arbeiten ehrenamtlich?«, konterte der Plastinator.

Elena war schon dabei, ihren Kittel abzulegen. Jetzt trafen sich ihre Blicke.

»Sie wagen es, meine Tätigkeit im Rechtsmedizinischen Institut gleichzusetzen mit dem, was Sie hier machen? Wir Rechtsmediziner helfen, Verbrechen aufzuklären. Durch unsere Ergebnisse wurde schon so mancher Mord aufgeklärt, und es wurden Unschuldige entlastet. Ständig muss ich den Toten ihre Geheimnisse entlocken. Aufdecken, was ihnen in ihren letzten Stunden ihres Lebens widerfahren ist. Ich sehe Verbrennungen, Misshandlungen, Unfallopfer oder einfach nur die Folgen eines exzessiven Lebens. Das alles muss ich täglich verdauen, aber immer begegne ich den Toten mit Anstand und Taktgefühl. Aber Sie legen über alles bloß den Deckmantel der Wissenschaft, den Sie als Freischein für alles nutzen. Ihnen macht es Spaß, Leichen auseinanderzureißen oder zu filetieren, um selbst daraus ein Geschäft mit dem Tod zu machen!«

Von Dahls dünne Lippen verzerrten sich zu einem unangenehmen Lächeln. »Liebe Frau Kollegin, jährlich erreichen mich Unmengen von Anfragen aus aller Welt. Kollegen, Studenten oder medizinisches Fachpersonal – sie alle besuchen meine Ausstellungen. Ich lehre Anatomie an verschiedenen Universitäten. Kuratoren diverser Museen suchen mich auf. Bei Fragen oder Unstimmigkeiten werde ich hinzugezogen. Meine Erkenntnisse und mein Wissen sind gefragt. Die Studenten reißen sich um einen Praktikumsplatz. Meine Workshops sind auf Monate ausgebucht. Das, was sie bei mir erlernen, bietet ihnen keine Hochschule. Sie selbst haben meine Arbeit noch vor wenigen Minuten aufmerksam verfolgt.«

Von Dahl verschränkte die Arme vor der Brust und betrachtete sie abschätzend. »Ich vermute, Sie sprechen meine Dokumentation über die Live-Autopsie an?«

Elena nickte: »Diese Videos sind einfach nur abscheulich!«

»Das ist auch nicht anders als in einem anatomischen Lehrsaal«, konterte von Dahl.

»Für mich schon. Eine Autopsie an einer medizinischen Hochschule ist ausnahmslos für die Augen von Studenten gedacht. Diese jungen Leute studieren daran die Anatomie und die Funktionsweise des menschlichen Körpers. Die Zuschauer Ihrer Dokumentation und der Ausstellung waren keine ausgebildeten Ärzte oder Studierwillige. Ich habe die entsetzten Blicke Ihres Publikums gesehen, als Sie Ihrem Exponat die Organe entrissen haben. Nein, für mich hat Ihre Show nichts mit wissenschaftlichen Grundsätzen zu tun. Was ich hier sehe, ist eine Komplizenschaft mit dem Tod für den Preis von Aufmerksamkeit und Anerkennung!«

Elenas Miene war wütend und unnachgiebig. Sie holte tief Luft, warf ihre OP-Kleidung auf den Boden und wandte sich zum Gehen. Im nächsten Moment traf sie der Zorn des Mannes am Leuchttisch, und sie drehte sich verwundert um.

»Nicht nur, dass Sie in mein Institut kommen und mich

des Mordes beschuldigen. Nein, Sie kritisieren offenkundig meine Arbeit und meine Integrität.« Er kam auf sie zu und ließ ihr keine Chance zu antworten. »Ist es nicht so, dass sich die Menschen zu allen Zeiten für Totenkulte interessiert haben? Und dass die Museen, welche Mumien ausstellen, den meisten Zulauf haben? Mumien sind die Rockstars unter den Ausstellungsstücken!«

Elena sah von Dahl wütend an und zischte: »Mumien sind Tote, die aus ihrer letzten Ruhestätte gerissen wurden, und Archäologen rühmen sich mit ihren Funden. Denken Sie, dass sich Tutanchamun vor seinem Tod gewünscht hätte, dass man seine Gebeine einer Meute von Schaulustigen vorführt? Ich kann mir das beim besten Willen nicht vorstellen!«

»Sehen Sie, und deshalb verwende ich nur Leichen, die mir freiwillig gespendet wurden. Menschen, die zu Lebzeiten meine Arbeit schätzen, übergeben mir ihren Körper, und ich präpariere sie für die Ewigkeit. Selbst in Kirchen oder in den Katakomben von Klöstern werden die sterblichen Hüllen von Menschen aufgebahrt. Hier regt sich die Menschheit nicht auf, denn schließlich werden diese Leichen in heiligen Hallen ausgestellt. Nein! Stellen wir einen Pastor oder einen Mönch an die Kasse, und jeder darf die Kapuzinergruft von Palermo betreten. Und nun kommen Sie mir nicht mit den Argumenten, dass man so etwas heute nicht mehr macht! Es gibt noch einige indigene Völker im Pazifik, die Mumienkult betreiben. Das Volk der Anga in Papua-Neuguinea pflegt eine besondere Verbindung zu seinen Ahnen. Auch heute noch trocknen die Angehörigen ihre Toten und konservieren sie durch simples Räuchern. Mag sein, dass diese

Bestattungsmethode den Hinterbliebenen ursprünglich dazu diente, ihre Verstorbenen zu besuchen. Aber selbst diese Dschungelbewohner haben schnell herausgefunden, dass Touristen gerne bereit sind, viel Geld für eine Expedition zu ihren Totenstätten zu zahlen. Das Geschäft mit Leichen ist keine Erfindung der westlichen Industrieländer.«

Dr. Haley stellte sich an die Seite ihres Ehemannes. Ihre übliche Gelassenheit war schmallippiger Wut gewichen. »Ich glaube, es wird Zeit, dass Sie uns verlassen. Suchen Sie sich jemand anderen, den Sie beschuldigen können. Wir haben mit Ihren Toten nichts zu tun.«

Aufgewühlt eilte Elena zum Ausgang. Mit entschlossener und ebenso wütender Miene suchte sie den Flur ab. *Verdammt, wo war Laura?*

Da fielen ihr Lauras Worte ein, und sie betrat den Ausstellungsraum, wo sie sich suchend umsah. Das Museum war jetzt noch stärker besucht als heute Morgen. Menschentrauben versammelten sich um die Exponate. Ausrufe des Erstaunens und der Verwunderung wurden laut. Eine Gruppe Teenager wurde gerade von einer Lehrerin zur Ruhe ermahnt. Andere bestaunten stumm und betreten die Scheibenplastinate.

Elena hatte genug von Dr. von Dahls Kunst. Ohne den Exponaten weitere Aufmerksamkeit zu schenken, bahnte sie sich einen Weg durch die Schaulustigen, auf der Suche nach der Cafeteria.

KAPITEL

# 18

Nach der seltsamen Atmosphäre im Plastinatorium war Laura dankbar, ihre Lungen mit Sauerstoff füllen zu können, und sie atmete tief ein. Das Gefühl, lebendig und gesund zu sein, war ihr noch nie so bewusst wie in jenem Augenblick. Sie genoss den leichten Wind auf ihrer Haut und nahm die Eindrücke ihrer Umgebung deutlicher wahr als sonst. Erst recht das rhythmische Schlagen ihres Herzens, das Heben und Senken des Brustkorbes bei jedem Atemzug.

Sie sah zu ihrem Wagen und hatte plötzlich das dringende Bedürfnis, sich zu bewegen. Vielleicht ließen sich die schrecklichen Eindrücke, mit denen sie den ganzen Morgen im Plastinatorium konfrontiert gewesen war, durch einen kurzen Spaziergang abschütteln?

Sie sah auf ihre Uhr und beschloss, einige Schritte zu laufen. Während des Gehens schickte sie Elena eine Nachricht aufs Handy, dass sie sich am Auto treffen würden statt in der Cafeteria.

Als sie gute zehn Minuten später auf dem Parkplatz

eintraf, konnte sie Elena noch nicht entdecken. Sie lehnte sich gegen das Auto und beobachtete die Menschen, die aus dem Museum strömten. Die Palette an Emotionen auf den Gesichtern der Besucher reichte von Erschrecken bis hin zur Faszination.

Dann entdeckte sie Elena. Sie sah wütend aus. Die Wangen gerötet und mit wild flackernden Augen eilte sie auf die Kommissarin zu.

»Alles okay?«

»Lass uns schnell von hier verschwinden!«

Sie setzten sich in den Wagen, und Laura musterte die Rechtsmedizinerin. »Ich sehe dir an, dass du so richtig Spaß hattest.«

»Oh, dieser arrogante …« Elena schloss kurz die Augen und führte den Satz nicht zu Ende. Dann sagte sie: »Wo warst du eigentlich die ganze Zeit?«

»Ich habe mich umgesehen und bin zufällig in der Werkstatt gelandet.«

»Zufällig«, grinste Elena. »Hast du etwas herausgefunden?«

Laura schüttelte den Kopf. »Nicht wirklich. Ich habe Albert getroffen.«

»Wen?«

»Hunger?«, fragte Laura stattdessen.

»Auf jeden Fall brauche ich einen Kaffee und ein großes Stück Torte«, sagte Elena, »und dann will ich alles über Albert wissen.«

Laura grinste. *Kuchen*, da sprach ihr Elena aus der Seele. Die Exponate in von Dahls Leichenmuseum hatten ihr den Appetit auf Fleisch verdorben. »Möchtest du zurück ins Hotel, oder wollen wir die Innenstadt erkunden?«

Zehn Minuten lang musste Laura den Anweisungen des Navigationsgerätes folgen, bis sie einen Parkplatz im Zentrum erreichten. Ein großes Schild räumte jeden Zweifel aus. *Altes Kaffeehaus*, las sie und hoffte, dass die Worte mehr versprachen als das in die Jahre gekommene Fachwerkhaus.

Durch eine stattliche Anzahl kleiner Fenster schimmerte einladendes Licht. Sie stiegen aus dem Wagen und steuerten auf das Café zu. Beim Näherkommen wirkte das Gebäude nicht mehr so charmant wie aus der Ferne. Die Fensterrahmen hatten schon lange einen neuen Anstrich nötig, und selbst die mit Chrysanthemen bepflanzten Blumenkästen konnten die Vernachlässigung des Holzes nicht verdecken. Dem Café gegenüber lag ein kleines Häuschen. Verwitterte Schilder und die flatternden Reste von Werbeplakaten zeugten von einem ehemaligen Kiosk.

Laura sah sich um. Das Städtchen wirkte wie leergefegt, und bei näherem Hinsehen bemerkte sie, was Kaltenberg für ein trostloser Ort war. Ein Großteil der Ladengeschäfte in der kleinen Fußgängerzone war geschlossen, und viele Gebäude waren verfallen, wirkten traurig und verlassen.

Vor dem Eingang des Cafés lag eingerollt eine fette Katze auf einer alten Holzbank. Sie ließ sich in ihrem Mittagsschlaf durch die beiden Besucherinnen nicht stören. Eine helle Türglocke bimmelte unbekümmert, als sie hineintraten. Auch wenn die Luft im Plastinatorium nicht wirklich von Tod und Verwesung verpestet gewesen war, so war das Kaffeearoma, das ihnen gerade in die Nase wehte, wie ein warmer Sommerregen.

Das kleine Kaffeehaus war nur dürftig besucht. Eigentlich war nur ein Tisch besetzt, von dem aus vier Augenpaare die Neuankömmlinge musterten. Hinter der altmodischen Glastheke mit Kuchen und Torten stand eine ältere Dame. Mit einem freundlichen Lächeln begrüßte sie die neuen Gäste. »Guten Tag.«

Die Besucherinnen lächelten ebenfalls und setzten sich an einen Fenstertisch. Die Frau von der Theke erschien. »Wir haben heute frischen Apfelkuchen, Herrensahnetorte und Eierschecke.«

Elena bestellte Kaffee und ein Stück Apfelkuchen. Laura hingegen entschied sich für die Torte und einen Latte macchiato.

»Was, meinst du, halten die Kaltenberger von ihrem Menschen-Museum?«

Elena sah zu den Männern am Tisch vor dem Tresen. Allesamt im Rentenalter. Einheimische, ohne Zweifel. »Ich kann mir vorstellen, dass die Leute nicht glücklich sind, dass sich in ihrer Nachbarschaft ein Haus voller Leichen befindet.«

»Ja, das glaube ich auch. Ich stelle mir gerade vor, wie meine Eltern reagieren würden, würde man ihnen ein Plastinatorium vor die Nase setzen. Ich bin mir fast sicher, dass meine Mutter ausflippen würde.«

Elena nickte. »Das ist nicht so einfach zu verdauen.«

Die Bestellung wurde gebracht, und Laura beäugte das riesige Stück Torte.

»Sind Sie auf der Durchreise nach Polen?«, fragte die Alte fast beiläufig. Dennoch war ihr die Neugierde anzusehen.

»Nein, wir waren im Plastinatorium«, antwortete Laura und riss ihren Blick vom Kuchen los.

Die Gesichtszüge der Kellnerin verzerrten sich zu einer starren Maske. Rasch stellte sie die Kaffeetassen an den Rand des Tisches, als hätte sie sich daran verbrannt. Ohne ein weiteres Wort drehte sie sich um und eilte davon. Als sie hinter der Kuchentheke verschwand, konnte Laura gerade noch sehen, dass sich die Frau bekreuzigte.

Elena zog die Tasse zu sich heran und fragte: »Ist das als Antwort ausreichend?«

Die Kommissarin nippte an ihrem Getränk. »Wie ich es mir gedacht habe, die Bürger sind nicht gerade begeistert.«

Laura hatte plötzlich das Gefühl, dass stumme Blicke sie anstarrten, und wie auf Kommando löste sich ein Mann vom Tisch. Geräuschvoll schob der Greis den Stuhl nach hinten. Beim Gehen zog er seine Weste glatt und schlurfte direkt auf die Frauen zu. Er stützte die Hände auf die Tischplatte, und Laura empfand diese Geste als äußerst bedrohlich. Ihr Körper versteifte sich.

Er kam direkt zur Sache. »Trinken Sie ganz schnell Ihren Kaffee aus, und verschwinden Sie. Die Rechnung geht aufs Haus. Mit Leuten aus dem Museum wollen wir nichts zu tun haben!«, zischte er.

Elena hatte sich als Erste gefasst. Sie lehnte sich im Stuhl zurück und verschränkte demonstrativ die Arme vor der Brust. »Wir auch nicht, und danke für die Einladung!«

»Sie halten sich ja für zwei ganz Schlaue«, antwortete er und sah zwischen den Frauen hin und her. »Ich sage Ihnen etwas. Dieser von Dahl und seine Leute bringen nur Unglück über unsere kleine, beschauliche Stadt.«

Ein weiterer Mann löste sich vom Tisch. »Lass die Damen ihren Kaffee genießen«, sagte er und kam auf seinen

Freund zu. »Wenn ich mich vorstellen darf. Ich bin Viktor Rochlitz, der Bürgermeister von Kaltenberg.«

»*Ehemaliger* Bürgermeister, wolltest du sagen. Dir haben wir es doch zu verdanken, dass sich dieser Leichenschänder bei uns breit gemacht hat. Du hast einen Deal mit dem Teufel gemacht!«

»Immerhin hat er Arbeitsplätze geschaffen«, konterte Rochlitz.

»Soso, Arbeitsplätze. Das glaubst aber auch nur du! Es hat sicherlich einen Grund, warum er sein Institut an die Grenze zu unseren Nachbarn verlegt hat. Fast alle seine Mitarbeiter kommen aus Polen. Die sind billiger!«, keifte der Alte.

»Dein Enkel war doch auch froh, dass er durch die Umbauarbeiten der ehemaligen Wollfabrik Arbeit gefunden hat. Und die Schreinerei Geyer war monatelang ausgebucht. Ganz zu schweigen von dem Maler Kruppenbacher. Hat ihn davor bewahrt, seine Leute zu entlassen. Ich habe es dir schon so oft gesagt, dass von Dahl so manchen Betrieb vor dem Konkurs gerettet hat. Und ist es nicht so, dass in der Hauptsaison dein Café proppenvoll ist. Sag nicht, dass du das zusätzliche Einkommen mit der Gartenwirtschaft nicht auch gebrauchen kannst.«

Elena und Laura sahen sich an. Diese Diskussion spiegelte offenbar den Kampf der Bürger von Kaltenberg wider.

»Du hast ja recht«, maulte der Wirt, »es ist nur …« Er stockte.

Ein weiterer Mann kam an den Tisch. Sein Priesterkragen wies ihn als einen Mann Gottes aus. »Oskar, nimm es nicht so schwer. Komm, setz dich wieder.« Er zog den

Alten zu seinem Platz. Rochlitz blieb beharrlich stehen. »Es tut mir leid, wenn wir Sie belästigt haben. Ich kann mich nur wiederholen. Genießen Sie Ihren Kaffee.«

Er wollte sich zum Gehen wenden, als Laura ihn zurückhielt. »Erzählen Sie uns doch etwas über dieses Museum und die Menschen hier.«

Er musterte sie, und es dauerte einen Moment, ehe er antwortete: »Es gibt nicht viel zu berichten. Die einen sind für das Museum, die anderen dagegen.« Er sah zu Oskar. Schwerfällig ließ sich der Mann in einen Stuhl fallen. Die Kellnerin, offensichtlich seine Ehefrau, brachte ihm einen Schnaps, den er sofort und ohne sichtlichen Genuss hinunterkippte.

»Sein Sohn ist vor einem Jahr an Krebs gestorben. Um seiner Witwe die Beerdigungskosten zu ersparen, hieß es, hätte er seine Leiche gespendet«, fuhr Rochlitz in gedämpftem Ton fort.

Laura deutete auf den Stammtisch. »Wieso hat sein Vater nicht die Kosten für das Begräbnis übernommen?«

Der ehemalige Bürgermeister räusperte sich, doch schien es, als genieße er die Unterhaltung mit den beiden Frauen. »Die beiden verstanden sich nicht so gut. Oskar war gegen die Ehe, und wie das halt so ist, der Junior hat sich gegen seinen Vater gestellt und das Mädel doch geheiratet. Wollte von seinen Eltern nichts mehr wissen. Seit dem Tod von Clemens ist Oskar ein gebrochener Mann. Er kann es sich nicht verzeihen, sich nicht mit seinem Sohn ausgesöhnt zu haben. Seitdem ist Oskar gegen alles und jeden.«

»Dieser Clemens hat von Dahl seinen Körper gespendet?«, fragte Elena.

Rochlitz sah die Frauen überrascht an. »Nein, er hat seine Leiche einer Organisation in Berlin vermacht.«

»In Berlin? Was ist das für eine Organisation?«

»Keine Ahnung, aber die machen irgendwas mit den Toten.«

Laura wartete, bis Rochlitz wieder Platz genommen hatte, dann flüsterte sie: »Irgendwie stellen hier alle etwas mit Leichen an. Ich wusste gar nicht, dass man damit so viel Geld machen kann.«

»Na ja, es gibt durchaus seriöse Sparten, die vom Tod profitieren. Bestatter, Sargbauer und das Ganze drumherum.«

Laura schob sich ein Stück Torte in den Mund und sah sich um. Das seltsame Quartett starrte sie immer noch neugierig an. Doch Laura ließ sich davon nicht beirren.

»Was, denkst du, meinte von Dahl, als er zu dir sagte, dass das Geschäft mit Leichen nicht nur bei uns floriert?«

Die Rechtsmedizinerin zuckte mit den Schultern. »Keine Ahnung.«

»Gibt es noch jemand, der sich mit dem Plastinationsverfahren beschäftigt? Was denkst du? Wie viele Besucher hat dieses Museum pro Jahr?«

»Sicherlich nicht allzu wenig«, antwortete Elena.

»Ich stelle mir die Frage, was der Plastinator mit den Leichen verdient. Soweit ich gelesen habe, betreibt er verschiedene Ausstellungsräume und diverse Wanderausstellungen. Was kommt dabei rum?«

»Ist das so wichtig?«

»Es könnten ja noch andere auf die Idee gekommen sein, Leichen zu plastinieren. Angenommen, einer seiner

Studenten hätte vom Meister gelernt und sich selbstständig gemacht?«

»Von Dahl hat sich das Verfahren sicher patentieren lassen«, mutmaßte Elena und trank einen Schluck Kaffee.

»Aber wenn jemand den Plastinationsprozess verbessert, muss der Herr Doktor erst einmal nachweisen, dass dessen Methode auf seinen Erkenntnissen aufbaut. Und Mitwisser werden bekanntlich ebenfalls kaltgemacht, wie wir seit dem Mord im Krankenhaus wissen. Das wäre auf jeden Fall ein Motiv, meinst du nicht auch?«

»Da fällt mir ein, du wolltest mir noch von Albert erzählen«, sagte Elena hastig und setzte ihre Kaffeetasse ab.

Laura hielt das Lenkrad fest umklammert und den Verkehr auf der Autobahn im Blick. »Na, die Fahrt zu Dr. von Dahl hätten wir uns aus ermittlungstechnischen Gründen sparen können«. Sie sah zur Beifahrerin. »Aber für dich war es schon spannend, stimmt's?«

Elena nickte. »Eine Plastination sieht man nicht alle Tage. Außerdem hätte ich nie gedacht, dass er mich an dem Verfahren teilhaben lässt. Ich würde vermuten, er hütet dieses Geheimnis wie seinen Augapfel.«

Laura prustete über das Lenkrad. »Augapfel. Verschone mich mit irgendwelchen Körperteilen. Davon hatte ich heute wahrlich genug.«

Elena lächelte. »Warum bist du dann bei der Mordkommission?«

»Wie du sicherlich weißt, war ich zuerst bei der Sitte, die natürlich eng mit dem Rauschgiftdezernat zusammenarbeitet. Irgendwann fand ich die Aufgabe nicht mehr spannend genug.«

»Bei der Sitte war es nicht mehr spannend?«

Laura musste sich auf den Verkehr konzentrieren und konnte Elenas Grinsen nur erahnen. Sie genoss die entspannte Atmosphäre im Wagen. Doch ein Blick auf die Uhr verriet ihr, dass sie in ein paar Minuten wieder in Heidelberg ankommen würden.

»Ich hatte einfach keine Lust mehr, immer wieder die gleichen Leute zu verhaften. Einige Prostituierte kannte ich schon mit Vornamen. Viele mussten wir wieder laufen lassen. Was ja per se nicht schlecht war. Aber jedes Mal, wenn so ein großspuriger Zuhälter auftauchte, um sein ›Mädel abzuholen‹, hätte ich ihn gern mal in eine Ausnüchterungszelle gesteckt und dort vergessen. Schreckliche Typen.«

»Wie geht es jetzt mit den Ermittlungen weiter?«, fragte Elena.

»Schon vergessen? Wir haben eine Liste abzuarbeiten und müssen zudem dem falschen Arzt aus dem Krankenhaus auf die Spur gehen. Ich würde mich aus diesem Grund gern als Nächstes bei der Universitätsklinik in Heidelberg umsehen. Hast du Zeit, mitzukommen? Das wird für dich sicherlich spannend, zu sehen, wie es heutzutage an einer Medizinischen Hochschule zugeht.«

»Ich dachte, du hättest erst einmal genug von Leichen?« Der Spott in Elenas Stimme war unschwer zu überhören.

»Erwischt. Aber wir müssen klären, warum jemand diese Menschen getötet hat, und wir wissen immer noch nicht, welches Ziel der Transporter hatte. Wäre der Lastwagen nicht in den Unfall verwickelt worden, hätten wir nie davon erfahren. Und dass du unseren einzigen Zeugen getötet hast, macht die Sache nicht einfacher.«

Kaum, dass Laura diesen Satz ausgesprochen hatte, wünschte sie sich, ihn zurücknehmen zu können. Sie spürte geradezu, wie sich Elena verkrampfte. *Verdammt.* Laura fehlten die Worte. Sie hätte gern das Thema gewechselt, doch es fiel ihr nichts ein, und so hallten die Worte noch einige Zeit in den Köpfen der beiden Frauen nach. Sie überlegte, Elena zu fragen, ob sie Lust auf Pizza hätte, aber ein schneller Blick auf den Beifahrersitz sagte ihr, dass das keine gute Idee war. Ihr schlechtes Gewissen wuchs. *Mist.*

Kurz vor Elenas Wohnung versuchte Laura, die peinliche Stille im Wagen zu unterbrechen. »Es tut mir leid. Ich wollte das nicht sagen.«

Elenas Schweigen war Antwort genug.

Sie parkte den Wagen, drehte sich zur Freundin und legte ihr eine Hand auf die Schulter. »Wir wissen doch beide, dass es nicht deine Schuld war.«

In dem Moment, als ihre Handfläche die Freundin berührte, spürte sie, dass es ein Fehler war. Mit einer harschen Bewegung schüttelte Elena Lauras Hand ab. Im Halbdunkel des Wagens erkannte sie, dass Elenas attraktive Gesichtszüge zu einer zornigen Miene verzogen waren.

»Nicht meine Schuld?!«, schrie sie. »*Ich* habe das Medikament injiziert. *Ich* habe, ohne nachzufragen, eine tödliche Dosis Kaliumchlorid gespritzt!« Sie schnaubte wütend: »Ein Mensch ist tot. Durch meine Hand! Und du hast nichts Besseres zu tun, als mir zu sagen, dass es nicht meine Schuld ist.«

Elena riss die Hände hoch und ihre Stimme überschlug sich. »Du wolltest unbedingt, dass ich Ivanow befrage. Du konntest nicht bis zum nächsten Tag warten. Du hast recht: Tatsächlich ist es *deine* Schuld! Wäre ich nicht auf dein Drängen hin zu Ivanow gegangen, würde auch der Polizist noch leben. Er hatte uns nur helfen wollen! Es ist deine verdammte Ungeduld. Immer wieder bringst du mich in schwierige Situationen. Weil du einfach nicht abwarten kannst. Es ist ja nicht das erste Mal, dass du dadurch etwas Schreckliches provozierst. Hätte ich bloß nicht auf dich gehört!«

Mit diesen Worten riss Elena die Beifahrertür auf, umrundete das Fahrzeug und schnappte sich ihren Trolley aus dem Kofferraum. Den Trolley hinter sich herziehend stapfte die Rechtsmedizinerin wütend davon.

Laura saß im Wagen wie festgefroren. Von Schuldgefühlen und Gewissensbissen geplagt starrte sie der Freundin hinterher, unfähig, ihr zu folgen. Die Stille im Wagen war geradezu greifbar und wog schwer. »Verdammt!«, brüllte sie und schlug mit der Faust gegen das Lenkrad.

# KAPITEL 19

Elena schnüffelte lustlos am Moussaka, ehe sie entschied, dass es tatsächlich hinüber war. Angewidert kippte sie es in den Mülleimer. Ihre schlechte Laune verbesserte sich angesichts des verdorbenen Auberginenauflaufs erst recht nicht.

Der gestrige Streit im Auto ging ihr an die Nieren. Das hatte Laura nicht verdient. Sie mochte ungeduldig und spontan sein, aber sie war auch eine loyale und verständnisvolle Freundin. Wenn Elena ehrlich zu sich selbst war, sogar ihre einzige. Was war nur in sie gefahren? Laura für den Tod der beiden Männer verantwortlich zu machen. Es war allein die Schuld des tätowierten Arztes. *Er* hatte Ivanow ermordet. *Er* war in der Absicht, dem Mann ein tödliches Medikament zu spritzen, in die Rolle eines Arztes geschlüpft.

Zum Glück hatte es heute keine Leichenöffnungen gegeben, die sie hatte durchführen müssen. Dies hatte ihr die Gelegenheit gegeben, sich in den Papierkram zu stürzen und so ihren Streit kurzzeitig auszublenden. Leider hatte es nicht funktioniert. Immer wieder waren ihre Gedanken zu dem Streit mit Laura abgeschweift.

Jetzt stand sie in ihrer Küche und spülte die Schüssel aus. Sie liebte das Essen ihrer Mutter, aber der Auflauf war nicht mehr genießbar gewesen, und sie wollte sich eine Lebensmittelvergiftung ersparen. Unvermittelt überkam sie Heißhunger auf frisches Obst und knackiges Gemüse. Sie lief zum Kühlschrank und begutachtete dessen Inhalt. Etwas Butter, einige Scheiben Schinken und Eier. Daneben eine schrumpelige Salatgurke und zwei fleckige Tomaten, die alles andere als appetitlich aussahen.

Sie warf das Gemüse dem Auflauf hinterher. Im Vorbeigehen fischte sie einen Apfel aus der Obstschale und stellte fest, dass dieser vermutlich auch schon bessere Tage gesehen hatte. Unzufrieden über ihren Lebensmittelvorrat, beschloss sie, auf das Abendessen zu verzichten und am morgigen Samstag auf dem Wochenmarkt einzukaufen. Sie füllte den Wasserkocher, als es an der Tür klingelte.

»Ich bin nicht da!«, sagte sie mehr zu sich selbst, als dass es irgendjemand hören konnte. Vermutlich einer der Nachbarn, der vorhatte, sich eine Tasse Mehl oder Zucker auszuleihen. Bei ihrer Ansammlung von alten Lebensmitteln wollte sie im Moment niemandem mit etwas Essbarem aushelfen. Trotzdem lief sie in den Flur.

Zu den Annehmlichkeiten ihres Apartments gehörte eine Video-Türsprechanlage. Sie sah auf den kleinen Bildschirm und stellte überrascht fest, dass es sich nicht um jemanden aus der Nachbarschaft handelte. Statt einer Person erschien ein Weinetikett auf dem Monitor und sie erkannte das Logo ihres Lieblingsweins.

Sie überlegte, ob sie den Besucher ignorieren sollte. Da klingelte es erneut. Ein forderndes, aufdringliches Geräusch. Sie seufzte und drückte auf den Knopf der Gegensprechanlage.

»Ja, bitte?«

Jetzt schob sich ein vertrautes Gesicht vor die Kamera, und sie bereute sofort, dass sie dem Störenfried Beachtung geschenkt hatte. Sie hatte mit vielem gerechnet. Mit ihm nicht.

Sie keuchte: »Verschwinde!«

»Begrüßt man so einen alten Freund?«

Elena schnaubte verächtlich. »Alter Freund? Du bist kein alter Freund! Du hast mir das Herz gebrochen.«

»Komm schon, mach auf!«, bettelte er.

»Was willst du?«

»Ich möchte dich sehen. Mit dir reden.«

»Wieso?«

»Soll ich dir das durch die Gegensprechanlage erzählen? Das kann dauern!« Mit einem Grinsen fügte er hinzu: »Das wird sicher unterhaltsam für die Nachbarn!«

»Sebastian. Ich hatte heute einen anstrengenden Tag und habe keine Lust auf Besuch.« Es klang nach einer Ausrede, sogar in ihren Ohren.

»Ein Grund mehr, ein gutes Gläschen Rotwein zu trinken, oder auch zwei!«, unterbrach er sie und schob jetzt beide Weinflaschen vor die Linse.

Sie seufzte und öffnete die Tür. »Ich werde es sicher bereuen!«

Er hatte die Treppe anstelle des Aufzugs genommen, und sein Atem ging schnell, als er vor ihr im Türrahmen erschien.

»Mir ist immer noch nicht klar, was du hier möchtest«, rief Elena.

»Ich muss mich bei dir für mein Benehmen neulich im Sektionssaal entschuldigen«, sagte er und hielt ihr einen Blumenstrauß entgegen. »Es tut mir leid!«

Sie schenkte dem Strauß kaum Beachtung. »Was willst du?«

Jetzt stand er direkt vor ihr. Es war ein klassischer Moment. Der Ex vor ihrer Tür, der mit hungrigem Blick ihr Gesicht erforschte. Sie wusste nicht, was sie sagen sollte, zu viele Gefühle tobten gleichzeitig in ihr, und so starrte sie ihn einfach nur an.

»Darf ich reinkommen?«

Sie zögerte noch einen Herzschlag lang, dann trat sie wortlos zur Seite. Keine herzliche Umarmung, kein Kuss, nicht einmal eine flüchtige Berührung. Ein verstörendes Déjà-vu-Gefühl beschlich sie, als sie ihn ins Wohnzimmer führte. Sie nahm ihm die Lederjacke ab und trug sie zur Garderobe. Als sie die Jacke aufhängte, stiegen ihr die vertrauten Düfte von Leder und Rasierwasser in die Nase. Sebastians Geruch. So intensiv, dass er längst verdrängte Empfindungen in ihr wachrief.

Sie floh geradezu in die Küche und machte sich auf die Suche nach einer passenden Blumenvase. Eine kleine Auszeit, bevor sie ihm wieder gegenübertreten musste. Sie zögerte das Unvermeidliche heraus, indem sie noch einen Moment in der Küche blieb und tief durchatmete.

Sein Erscheinen vor ihrer Wohnung hatte sie bis ins Mark getroffen. Das hier war ihr Terrain, ihre Zuflucht. Das war nicht der Sektionssaal, wo sie ihm kühl und distanziert begegnen konnte. Der Panzer, den sie an Tatorten oder bei Obduktionen zur Schau trug, schützte sie zu Hause nicht. Hier war sie einfach nur Elena.

»Hier hat sich nicht viel geändert«, sagte er mit leichtem Grinsen, als sie das Wohnzimmer betrat.

»Du kennst mich.«

»Ja, zumindest die Elena von vor vier Jahren.«

Er stand vor der Kommode und betrachtete die gerahmten Fotos. Er deutete auf ein Porträtbild, welches sie mit offenem Haar und rosigen Wangen zeigte. Sein Lächeln verflog. »Du siehst blass und müde aus.«

Sie winkte ab. »Nein. Alles gut. Es ist nur … wie gesagt, ich hatte einen stressigen Tag.«

»Und obendrein komme *ich* vorbei. Ich war im Institut, aber dort sagte man mir, dass du früher gegangen seist.«

Wenn er die Spannung im Raum spürte, dann ließ er sich nichts anmerken. Als wäre es für ihn normal, nach all den Jahren in ihrem Wohnzimmer zu stehen, fragte er: »Sollen wir schon mal den Wein öffnen?«

Sie nickte in Richtung der Weinflaschen, die jetzt auf dem Tisch standen. »Du musst allein trinken, ich habe noch nicht zu Abend gegessen. Das könnte übel enden.«

Er warf einen Blick auf seine Armbanduhr. Elena erkannte den Chronografen sofort. Es überraschte sie ein wenig, dass er ihr Geburtstagsgeschenk immer noch trug.

»Sollen wir etwas beim Lieferservice bestellen, oder möchtest du ausgehen?«

Elena starrte ihn verwundert an. Sebastian. Groß. Gutaussehend. Spontan. So kannte sie ihn. Sebastian, in ihrer Wohnung. Doch nach einem Moment des Zögerns traf sie schließlich eine Entscheidung. »Ich hätte große Lust, auszugehen.«

Fünfzehn Minuten später saß Elena auf dem Beifahrersitz des schwarzen Mercedes und fragte sich, ob es wirklich eine gute Idee war. *Ich hätte nicht Ja sagen sollen!*, dachte sie. Aber es war ihr lieber, mit ihm an einem öffentlichen Ort zu sein, als in ihrer Wohnung.

Doch in der Enge des Wagens wurde sie sich plötzlich seiner Nähe bewusst. Ihr Puls raste, und ihre Hände wurden feucht. Um sich abzulenken, starrte sie in die Nacht. Beleuchtete Häuser flogen an ihnen vorbei und wechselten sich ab mit dunklen Flächen, Autos oder hellen Straßenlaternen.

In der Scheibe erkannte sie ihr Spiegelbild. Sie erschrak, als sie das Funkeln ihrer Augen erblickte. Etwas verlegen senkte sie den Blick und fuhr mit den feuchten Handflächen über das Kaschmirkleid. Sie wusste, dass der Braunton ihrem Teint schmeichelte und die Wolle sich eng an ihren Körper schmiegte. Jetzt fing sie Sebastians anerkennende Miene auf, und er traf sie in ihrer Seele. Wann hatte sie das letzte Mal ein Mann so angesehen? Falk, dachte sie, und sofort stellten sich Gewissensbisse ein. Sie hatte ihm schon lange versprochen, ihn zurückzurufen.

Sie schob die Gedanken an Falk beiseite und betrachtete ihren Ex-Freund. *Er hat eindeutig zugenommen*, befand sie. Außerdem erkannte sie einige Fältchen unter seinen Augen, die vorzüglich zu den immer grauer werdenden Haaren passten. Trotzdem zeigte sein Profil einen attraktiven Mann in den besten Jahren.

*Ja, wir sind beide nicht mehr ganz taufrisch.*

Er sah sie kurz an, und ihre Blicke trafen sich. Elena stockte der Atem. Derselbe Blick, der schon früher ihren Widerstand zum Schmelzen gebracht hatte. Ob ihm gerade die gleichen Gedanken durch den Kopf schwirrten?

Sie nahm wahr, wie er den Wagen auf einen Parkplatz lenkte. Jetzt erst erkannte sie ihr Lieblingsrestaurant, und eine innere Vorfreude machte sich in ihr breit. Wohlbekannte Gerüche schlugen ihnen entgegen, als sie das spanische Gasthaus betraten. Ein Lokal, in dem sie früher oft gemeinsam gegessen hatten. Elena musste die Speisekarte nicht einsehen, um ihr Leibgericht zu bestellen.

Die Dorade schmeckte herrlich, und der Wein schob die negativen Erlebnisse des Tages in weite Ferne. Sie spürte, wie die Anspannung von ihr abfiel und einem wohligen Gefühl Platz machte. *Ich muss mit dem Wein aufpassen*, dachte sie und bestellte sich eine Flasche Mineralwasser.

»Du isst immer das gleiche!«, lachte Sebastian. Er selbst hatte ein großes Steak und Ofenkartoffeln bestellt. »Ist die Dorade noch genauso gut wie früher?«

Ohne ihre Antwort abzuwarten, beugte er sich über den Tisch und angelte mit seiner Gabel nach einem Stück Fisch. Eine Angewohnheit, die Elena mehr als vertraut war.

»Lecker«, schmatzte er, »magst du mal von meinem Steak probieren?«

Sie schüttelte den Kopf und befreite geschickt den restlichen Fisch von den Gräten.

»Wie weit bist du mit den Menschen aus dem Container? Hat sich etwas Neues ergeben?«

Elena antwortete erst nicht und betrachtete ihre Finger, die langsam den Stiel des Weinglases drehten. »Du weißt, dass ich nicht über den Fall reden kann.«

Jetzt war er überrascht. »Du hast mich schließlich miteinbezogen.«

*Ja, das war ihr auch klar.* Sie starrte ihr Glas an und wog ab, was sie ihm erzählen konnte. »Du erinnerst dich, dass der signifikante $CO_2$-Überschuss bei einigen Leichen noch nachweisbar war? Ich bin mir ziemlich sicher, dass die Menschen im Container erstickt sind.«

»Das dachte ich mir schon. Konntet ihr die Leichen identifizieren?«

»Nein, was die Identität betrifft, tappen wir im Dunkeln.«

Kevekordes biss sich auf die Unterlippe. »Ihr werdet vermutlich nie herausfinden, woher sie kommen. Ohne Papiere!« Er schüttelte den Kopf. »Sie könnten vom gesamten afrikanischen Kontinent stammen. Meistens durchqueren die Flüchtenden Afrika jahrelang kreuz und quer. Bis sie sich letztendlich entschließen, ihr Leben einem Schlepper anzuvertrauen, haben sie schon einiges hinter sich.«

Elena sah ihn an und erkannte ein wütendes Funkeln in seinen Augen. Er schnitt sich ein großes Stück Fleisch ab und schob es energisch in den Mund.

Unvermittelt erkannte sie den jungen Studenten in ihm. Ein Lächeln huschte über ihr Gesicht. Vor ihrem inneren Auge erschien der schlaksige Mann mit dem schulterlangen blonden Haar. Der Student, der regelmäßig zu spät zu den Vorlesungen kam. Der Kommilitone, der ständig mit den Professoren diskutierte und medizinische Fakten in Frage stellte. Seine rebellische, wilde Art hatte sie angezogen. Er war so anders als sie selbst. Und hatte sie so lange umgarnt, bis ihr Widerstand gefallen war wie eine bröckelnde Fassade. Was hatte er in ihr gesehen? Die schüchterne Griechin, die immer ihre Nase in die Bücher steckte und sich nie an Studentenpartys oder jugendlichem Blödsinn beteiligte. Sie waren wie Tag und Nacht, wie Feuer und Wasser. Vielleicht war das der Grund für das Scheitern ihrer Beziehung gewesen.

Sie dachte an die Zeit, als sie ein Paar gewesen waren. Ständig hatten sich Zusammensein und Trennung abgewechselt. Kaum waren sie zusammen gewesen, waren die Fetzen geflogen. Hatten sie getrennt gelebt und sich zufällig getroffen, war die sexuelle Spannung zwischen ihnen fast greifbar gewesen. Ohne ihn hatte sie sich leer und allein gefühlt, mit ihm begehrt, schön und vollkommen. Aber sie hatte kaum mit ihm mithalten können. Er war hungrig auf das Leben gewesen, nahezu rastlos. Bereits während des Studiums hatte er bei *Ärzte ohne Grenzen* gearbeitet. Wenn er dann aus einem Einsatz zurückgekommen war, war er zynisch und depressiv gewesen. Die Ungerechtigkeiten in den Einsatzgebieten hatten ihn aufgerieben. Bei ihrem letzten gemeinsamen Aufenthalt bei Medical Help Worldwide war es zum Eklat gekommen. Sebastian hatte den sinnlosen Tod von Nahla nicht verkraftet.

Bevor er den nächsten Bissen nahm, sagte er: »Ich frage mich die ganze Zeit, welches Ziel dieser Lastwagen hatte. Wo wollte er mit den Flüchtlingen hin? Achtundvierzig Menschen kann man nicht so einfach verstecken. Sie müssen versorgt werden, brauchen Platz und Nahrung. Ein oder zwei Personen vermag man irgendwo unterzubringen. Aber so viele?« Er sah sie an. »Hast du eine Idee?«

Elena zögerte. Konnte sie ihm von den Vermutungen

der Polizei erzählen? Sie entschied sich für eine kleine Notlüge. »Ich habe keine Ahnung.«

»Konntet ihr den Fahrer schon vernehmen?«

Da war sie, die Frage, die sie den ganzen Abend erfolgreich umschifft hatte. Bis jetzt.

Sie schob den Teller von sich. Sie hatte keinen Appetit mehr. »Wir …« Sie stockte. »Nein, konnten wir nicht. Er ist gestern gestorben.«

»Mist«, fluchte Sebastian. Jetzt erst bemerkte er die Reste auf ihrem Teller. Er musterte sie einige Sekunden lang. »Was ist los?«

Es war eine direkte Frage, aber Elena wollte nicht darauf antworten. Schuldgefühle, Wut und Hoffnungslosigkeit tobten erneut in ihrem Inneren. Sie überlegte fieberhaft, was sie ihm sagen sollte, ohne allzu viele Details preiszugeben.

Sie schenkte sich Wein nach und leerte ihr Glas in einem Zug. Unerfreulicherweise reichte diese kurze Zeitspanne nicht aus, um sich eine passende Antwort auszudenken. Jetzt sah sie ihn an und bemühte sich um einen scherzhaften Gesichtsausdruck.

»Wenn ich dir das erzähle, muss ich dich leider töten!«

Sie hoffte, dass der kecke Spruch Sebastians Misstrauen vertreiben würde. Aber er kannte sie zu gut und schien zu spüren, dass etwas nicht stimmte. »Was ist passiert, Leni?«

*Leni*, sein Kosename für sie. Nur wenige Menschen nannten sie so, aber niemand sprach diesen Namen so aus wie er.

»Leni, rede mit mir. Ich spüre doch, dass dich etwas bedrückt.«

Sie schüttelte stumm den Kopf, was sie sogleich bereute. Der schwere Wein forderte bereits seinen Tribut.

»Es war kein Unfall, oder? Die Menschen in dem Container sind nicht versehentlich erstickt, richtig?«

Sie nickte stumm. Er nahm ihre Hand, und sie entzog sie ihm nicht. Verwundert registrierte sie, dass sie die Wärme seiner Haut genoss.

»Ich habe das Klebeband gesehen!«, erklärte er, und sie konnte seinem Blick entnehmen, dass er die Zusammenhänge schon längst begriffen hatte. »Seit Tagen frage ich mich, wer so grausam ist und mit welchem Ziel.«

»Glaub mir, das fragen sich die Ermittler auch«, erwiderte sie. Sein Gesichtsausdruck sagte ihr, dass sie schon zu viel verraten hatte.

»Wer bringt so viele Menschen über das Mittelmeer und lässt sie dann qualvoll ersticken?«

Elena erfasste sofort, dass er die Frage nicht an sie stellte. Er sprach zu sich selbst.

»Es ergibt keinen Sinn.«

»Vielleicht wollten die Schlepper einfach nur das Geld kassieren«, warf Elena ein. Doch an seinem Blick erkannte sie sofort den Widersinn ihrer Worte. »Ich glaube, ich habe zu viel getrunken«, murmelte sie.

»Nein, lass uns einfach mal ins Unreine denken. Stellen wir uns mal vor, wir wären die Schlepper. Oft kommen Flüchtlinge mit einem Schlauchboot über das Mittelmeer. Vielleicht auch unsere Toten. Wenn wir viel Geld mit wenig Aufwand erzielen wollen, lassen wir einfach das Boot sinken, oder werfen die Menschen über Bord. Kaum ein Afrikaner kann schwimmen. Es würde so gut wie keine Überlebenden geben. Niemand könnte uns anzeigen, da sie illegal eingewandert sind. Also, warum machen wir uns die Mühe, sie in einem überfüllten Kahn über das Meer zu bringen? Wo wir Gefahr laufen, von der Küstenwache geschnappt zu werden. Das klingt irgendwie absurd, zumal wir bis zum jetzigen Zeitpunkt nicht am Ziel sind. Es stehen uns noch tausende Kilometer Autobahn bevor. Stets in dem Wissen, vom Zoll oder der Autobahnpolizei kontrolliert zu werden. Und dann lassen wir sie in Deutschland ersticken?« Er sah sie fragend an.

Elena nippte an ihrem Glas und sagte: »Ich habe das Gefühl, du kennst die Antwort.«

»Irgendjemand hat etwas mit den Leichen vor. Nur was? Zu blöd, dass der Fahrer gestorben ist, bevor er irgendetwas erzählen konnte. Als hätte er gewusst, dass man ihm den Tod dieser Leute anlasten würde.«

Er überlegte einen Moment. »Machen wir weiter mit unserer These. Wäre ich der Kopf der Schlepperbande und die Polizei würde die Leichen entdecken, müsste ich alle Zeugen verschwinden lassen!« Erschrocken über seine Gedanken hielt er inne und starrte Elena an. »Das heißt, der Fahrer … hat er doch etwas erzählt?«

Sie ließ die Worte im Raum stehen und wich seinem Blick aus.

»Leni, sag es mir!«, flehte er und brachte sie dazu, ihn anzusehen. Ihre Miene war verschlossen und unnachgiebig.

Leise sagte er: »Er ist nicht gestorben, stimmt's? Sie haben ihn ermordet!«

Ermordet. Das Wort lag schwer in der Luft. Dicke Tränen kullerten über ihr Gesicht. Es war, als hätte er genau den richtigen Knopf gedrückt, und sie konnte die Worte nicht mehr zurückhalten. Sie purzelten nur so aus ihr heraus. Atemlos erzählte sie alles. Angefangen bei den Vermutungen der Ermittler. Dem Tod von Ivanow und des Polizisten. Der Obduktion am Morgen. Dem Besuch bei von Dahl und dem Streit mit Laura. Sebastian unterbrach sie nicht. Das war etwas, was sie immer an ihm geliebt hatte, seine verständnisvolle Art, zuzuhören.

»Jetzt hat sie allen Grund, mich zu hassen!«, schloss sie.

KAPITEL

# 20

Elena blinzelte. Helles Tageslicht durchdrang ihre Pupillen und suchte sich seinen Weg in ihr Gehirn. Schnell schloss sie die Augen wieder und versuchte, das dumpfe Pochen ihrer Schläfen zu ignorieren. Sie stöhnte.

Jetzt nahm sie noch etwas anderes wahr. Einen zarten Hauch von frischem Kaffee. Sie überlegte, woher dieser Duft kam. Konnte sie es wagen, die Lider zu öffnen, ohne dass ihr Schädel zersprang? Sie versuchte es erst einmal mit einem Auge. Langsam schärften sich die Umrisse. Blitzschnell öffnete sie auch das andere Auge, riss den Kopf hoch und bereute es sofort. *Das ist nicht mein Schlafzimmer!*

Entsetzt drehte sie das Gesicht zur Seite, auf das Schlimmste gefasst. Doch das Bett neben ihr war leer. Die zerwühlten Laken sagten ihr aber, dass sie nicht allein geschlafen hatte. Trotzdem war sie froh, dass niemand darin lag.

Allmählich tröpfelten die Erinnerungen an den gestrigen Abend in ihren Verstand. Sebastian. *Mein Gott!*, dachte sie. Zögernd sah sie sich in dem unbekannten Raum um. *Das ist also Sebastians Schlafzimmer.*

Kaum hatte sie den Gedanken zu Ende gebracht, als sie eine weitere Sorge befiel. War das wirklich Sebastians Bett oder das eines Fremden?

Sie entdeckte ihre Kleidung. Slip, Büstenhalter und Kleid lagen achtlos auf dem Fußboden verstreut.

Langsam setzte sie sich auf. Schwindel erfasste sie. Und Übelkeit. Mit fahrigen Bewegungen klaubte sie ihre Unterwäsche zusammen und angelte nach ihrem Kleid. Rasch schlüpfte sie hinein. Die Kaschmirwolle verströmte den verführerischen Geruch ihres Parfums und einen Hauch Moschus. Sebastians Duft. In ihrem Hinterkopf meldete sich die Erinnerung.

Sie war gestern Abend mit Sebastian aus gewesen, das stand schon mal fest. War sie anschließend mit ihm nach Hause gegangen, oder hatten sie sich im Restaurant verabschiedet? Fieberhaft versuchte sie, die Erinnerungsbruchstücke zusammenzufügen, aber das Letzte, woran sie sich erinnerte, war, dass Sebastian noch eine Flasche Wein bestellt hatte.

Sie stöhnte und lief zum Fenster. Sie sah Häuser, Pflanzen und üppige Bäume. Die Aussicht war ihr völlig unbekannt. *Wo zum Henker bin ich?* Inständig hoffte sie, dass es sich wirklich um Sebastians Wohnung handelte. Aber selbst wenn, sie wusste nicht einmal, wo er jetzt wohnte.

Als er vor vier Jahren bei ihr ausgezogen war, hatte er lediglich seine Kleidung und ein paar Kleinigkeiten mitgenommen. Gerade mal so viel, wie in sein Auto gepasst hatte. Damals war sie nach Hause gekommen und hatte eine Nachricht von ihm gefunden. Auf einem Zettel hatte sie die Worte gelesen, die sie bis heute noch nicht begriffen hatte: *Leni, mir ist das alles zu eng. Ich dachte, ich könnte das. Es tut mir leid!* Den letzten Absatz seiner Nachricht würde sie wohl niemals vergessen: *Ich werde dich immer lieben!* Damals hatte sie gehofft, er würde scherzen. Doch dann war sie ins Schlafzimmer gestürzt und hatte den leeren Kleiderschrank vorgefunden. Seine Bücher waren verschwunden, ebenso die CDs. Wie in Trance war sie zum Telefon geeilt, um ihn anzurufen. Nichts. Es war, als hätte ihn der Erdboden verschluckt. Später hatte sie von Freunden erfahren, dass er die Leitung für ein Hilfsprojekt in Äthiopien übernommen hatte. Afrika. Sebastians große Liebe. Immer stand sie zwischen ihnen.

*Ich muss hier weg!* Dieser Gedanke war plötzlich so übermächtig, als hätte er jede ihrer Zellen erfasst. Sie entdeckte einen ihrer Stiefel. Aber wo war der andere? *Wo ist meine Handtasche?*

Sie öffnete die Tür und spähte durch den Spalt. Auf leisen Sohlen stahl sie sich übers Parkett aus dem Zimmer. Im Flur fand sie ihre Tasche und nicht weit davon den vermissten Schuh. Sie schlich darauf zu und schlüpfte erleichtert hinein. Dann schnappte sie sich ihre Handtasche und hielt Ausschau nach ihrem Mantel. Mist, wo hatte sie ihren Mantel gelassen? Hin- und hergerissen zwischen dem Wunsch, schnellstmöglich zu verschwinden und dem, das Kleidungsstück nicht zurückzulassen, stand sie einen Moment unentschlossen da. Sie hatte kaum Zeit, die Bilder an der Wand zu bewundern, als auch schon die Haustür aufgerissen wurde.

»Willst du dich davonschleichen?«

»Sebastian«, japste sie, »du hast mich erschreckt!«

Er stand lachend auf der Türschwelle. Die Haare glänzten noch feucht von der Dusche, und seine Augen blitzten amüsiert auf. »Man kann dich nicht fünf Minuten allein lassen, ohne dass du gleich wieder davonläufst!«

»Ich …«, stammelte sie und suchte verzweifelt nach einer Ausrede. Wie sollte sie ihm erklären, dass sie sich nicht mehr daran erinnerte, wie sie in seine Wohnung gekommen war? Verlegen starrte sie auf die Brötchentüte in seiner Hand.

Er schloss die Tür. »Du gehst erst einmal ins Bad, und ich mache uns Frühstück.«

Das heiße Wasser hatte die Zweifel und den Großteil ihrer Kopfschmerzen weggewaschen. Hatte sie anfänglich noch daran gedacht, gleich wieder zu verschwinden, so war sie nun zu dem Entschluss gelangt, den Tag mit Sebastian zu genießen. Sie hatte sein Duschgel benutzt, und ihre Haut verströmte einen würzigen Geruch nach Moschus und Sandelholz.

Rasch schlüpfte sie in ihre Kleidung und durchsuchte die Utensilien über dem Waschbecken. Deo, Zahncreme, Kamm, Aftershave. Sein Rasierwasser. Sie benutzte seine Zahncreme und kämmte sich die Haare. Obwohl ihr Kopf immer noch etwas schmerzte, war sie mit ihrem Spiegelbild mehr als zufrieden. Die Frau, die ihr entgegenblickte, hatte funkelnde Augen und rosige Wangen. Sie brauchte sich nicht mehr zu fragen, was heute Nacht passiert war. Sie sah es in ihrem Spiegelbild.

Sie fuhr sich mit zittrigen Fingern über die angeschwollenen Lippen. Ein leichter Schauer durchfuhr sie, als sie die Stelle berührte, an der Sebastians Bartstoppeln ihre zarte Haut aufgekratzt hatten. Sie schloss die Augen, und die Erinnerung an heiße Küsse durchfluteten sie. Die plötzlichen Gefühle trafen sie mit solcher Wucht, dass es ihr die Schamesröte ins Gesicht trieb. Innerlich aufgewühlt und zugleich voller Vorfreude auf das gemeinsame Frühstück verließ sie das Bad.

Aber als sie ihn am Fenster stehen sah und er sie auf diese bestimmte Art lächelnd anblickte, konnte sie nicht anders. Sie zog ihn an sich heran und küsste ihn erneut. Sein Mund schmeckte nach Zahncreme und nach ihm. Ein letzter Gedanke, sich ihm zu entziehen, keimte kurz in ihr auf. Aber das Verlangen nach ihm war stärker. Sie streckte ihm ihren Körper entgegen und nahm die Kraft wahr, die von ihm ausging. Heiße, leidenschaftliche Energie, die sie mitriss und alle Vernunft im Keim erstickte. Er knabberte an ihrem Hals und sie vergrub ihre Hände in seinen Haaren. Sein Mund wanderte weiter zu ihrem Ausschnitt, und sie stöhnte laut auf. Sie konnte nicht anders. Sie war verloren in der Lust nach Sebastian. Beflügelt von der Leidenschaft und dem Gefühl, begehrt zu werden, zerrte sie an seinem Hemd, warf es achtlos zu Boden. Sie zog ihr Kleid über den Kopf und fühlte die Hitze seiner Haut, die mit jeder Sekunde wuchs.

»Der Goldene Oktober in Heidelberg könnte es durchaus mit dem Indian Summer in Kanada aufnehmen«, sagte Elena. Mit zerwühltem Haar und noch aufgewühlterem Innern saß sie an Sebastians Küchentisch und sah durch die hohen Fenster. Vor ihr leuchtete das Laub der Eichen und der Rotbuchen vor einem strahlend blauen Himmel um die Wette. Fichten und Douglasien bildeten in dem rotgelben Farbspektrum grüne Tupfer. Inmitten dieses Farbspektakels lag das Heidelberger Schloss.

»Diese Wohnung ist allein wegen der Aussicht unbezahlbar, oder?«

Er lächelte verlegen. »Deshalb mag ich die Küche am liebsten. Ich sitze oft am Küchentisch und beobachte das Treiben vor meinem Fenster. Hier ist immer etwas los.«

Er sah sie über den Rand der Kaffeetasse an, und sie spürte die Wärme, die in seinem Blick lag. Dann wurde er ernst und sagte: »Ich würde gern noch einmal über den Fall reden.«

Elena zuckte unmerklich zusammen und vergrub ihre Fingernägel in ihren Handballen. »Ich muss dir wohl noch einmal sagen, dass ich eigentlich nicht mit dir darüber sprechen darf.«

Er sah sie amüsiert an. »Ach komm, du hast mir doch gestern Abend alles erzählt!«

»O Gott, nein!«, stöhnte Elena und fragte sich, was sie ausgeplaudert hatte.

»Ich werde es niemandem verraten. Aber unser Gespräch beschäftigt mich immer noch.«

»Es ist Aufgabe der Polizei, den Fall zu lösen. Ich liefere nur die medizinischen Fakten. Die Mörder müssen von Laura gefangen werden.«

Beim Namen ihrer Freundin verkrampfte sich Elenas Magen. Der Streit nagte immer noch an ihr. Trotzdem lächelte sie tapfer und nippte an ihrem Kaffee.

»Hattet ihr schon mal einen ähnlichen Fall?«

Elena schüttelte den Kopf. »Wenn, dann ist es mir nicht

bekannt. Ich kenne nicht alle Ermittlungsergebnisse. Das ist die Arbeit der Polizei.«

»Ist es nicht erstaunlich, dass man unbemerkt mehrere Dutzend Menschen durch Europa transportieren kann, ohne dass es irgendjemandem auffällt?«

Elena zuckte mit den Achseln. »Da es keine Grenzkontrollen mehr gibt, sehe ich hier keine Schwierigkeiten, und wer weiß, wo sie eingestiegen sind? Vielleicht in Kroatien? Der LKW hatte ja ein kroatisches Kennzeichen.« Dann korrigierte sie ihre Antwort: »Aber nein, die meisten Flüchtlinge, die über das Mittelmeer kommen, landen in Spanien oder Italien, und außerdem habe ich gehört, dass das Nummernschild gestohlen war. Diese These fällt somit weg.«

»Du bleibst also bei der Theorie, dass es sich um Flüchtlinge handelt? Konnte die Polizei herausfinden, woher sie stammen? Kongo? Sudan? Oder doch eher aus dem Norden?«

Sie erwiderte nichts. Wie gebannt sah sie durch das Küchenfenster, als läse sie die Antworten zu seinen Fragen im Farbenspiel der Natur.

»Was beschäftigt dich, Leni?«

Sie antwortete nicht.

Erst, als er sie noch einmal beim Namen nannte, blinzelte sie.

»Wo warst du mit deinen Gedanken?«

»Ich frage mich ständig, ob ich etwas übersehen habe. Wer könnte ein Interesse an so vielen Leichen haben.« Sie sah ihn ernst an. »Was würdest du mit ihnen machen?«

Er zuckte mit den Schultern. »Sag du's mir, du bist doch die Expertin für Leichen. Das Einzige, wovon ich mittlerweile fest überzeugt bin, ist, dass jemand ihren Tod absichtlich herbeigeführt hat. Das, was wir, beziehungsweise die Polizei, nicht ermitteln konnten, ist das *Weshalb.* Sehe ich das richtig?«

Sie vergrub das Gesicht in den Händen. »So, wie du es aussprichst, klingt es irgendwie seltsam.« Sie seufzte und fuhr fort. »Ja, ich bin mir auch ziemlich sicher, dass sie nicht versehentlich erstickt sind, und die Polizei denkt das auch. Aber wieso wollten sich die Schlepper der Flüchtlinge entledigen? Und das auf so grausame Art. Was könnten diese Menschen gewusst haben?«

Dieses Mal blieb er ihr eine Antwort schuldig, und sie hob den Kopf. Er war aufgestanden und kam auf sie zu. Sanft zog er sie vom Stuhl in seine Arme. Sie legte den Kopf an seine Schulter und sofort spürte sie die starke Anziehungskraft, die von ihm ausging. Ein Hauch seines Rasierwassers, vermischt mit dem Duft der vergangenen Stunden, kitzelte in ihrer Nase. Sie wusste nicht mehr, wann sie sich zuletzt in der Gegenwart eines anderen Menschen derart wohlgefühlt hatte. Sie schloss die Augen.

»Erzähl mir, was du denkst, Leni.«

Elena grub sich tiefer in seine Arme. Ein warmes Gefühl der Geborgenheit machte sich in ihr breit, durchspülte ihren Körper, und plötzlich fühlte sie sich nicht mehr allein. All ihre Bedenken schmolzen in der Wärme seiner Umarmung.

Sie seufzte und dachte: *Was soll's, er ist sowieso involviert.* Früher hatten sie sich auch immer gegenseitig von ihren Patienten aus der Klinik berichtet. Sie wussten, dass sie einander vertrauen konnten, und irgendetwas ließ sie in dem Glauben, dass das auch heute noch möglich war.

»Kommissarin Braun und ich haben schon die ein oder andere Möglichkeit diskutiert. Deshalb waren wir ja auch im Institut für Plastination. Von Dahl hat uns versichert, dass er nur Leichen plastiniere, deren Spender zu Lebzeiten eingewilligt hätten.«

»Na ja, der kann viel behaupten. Aber deine Freunde von der Polizei, die haben ihn doch sicher durchleuchtet«, warf Sebastian ein.

Elena schüttelte den Kopf. »Auch wenn ich ihn und seine Arbeit nicht mag, er scheint sauber zu sein.«

Sie verstummte, und Sebastian schien ihr Zögern zu spüren. Sie vermochte ihre Gedanken nicht in Worte zu fassen und sah ihn einfach nur an.

»Was ist es, was dich so beschäftigt?«, fragte Sebastian.

»Ich«, begann sie, »ich glaube wirklich, es geht in diesem Fall um die Leichen und nicht um die Menschen. Die Leichen sollten einem ganz bestimmten Zweck dienen.«

Er lachte ungläubig. »Was meinst du damit, *einem bestimmten Zweck dienen*? Seit wann kann der Tod dienlich sein?«

In ihren Ohren klang seine Frage wie Spott, und sie zögerte mit ihrer Antwort. »Crash Test Dummies, Forschungszwecke, Body Farmen«, gab sie zurück und löste sich gekränkt aus seiner Umarmung. Wie sehr wünschte sie sich, er würde ihre Gedanken ganz einfach wegküssen.

Stattdessen fragte er: »Ach ja, seit wann haben wir in Deutschland eine Body Farm?« Kopfschüttelnd fügte er hinzu: »Nein, das kann ich mir beim besten Willen nicht vorstellen. Zu aufwendig, zu viel Papierkram, jede Menge Gegner. Keiner möchte in der Nachbarschaft ein Grundstück mit verwesenden Leichen haben.«

»Ja. Du hast recht. Das ist es ja, was mich nicht zur Ruhe kommen lässt. Ich habe auch schon an eine Organmafia gedacht. Aber alle Körper waren unversehrt.« Sie schob sich von ihm weg und starrte ihn an. »Was, wenn Organhändler diese Menschen ausschlachten wollten?«

»Die Organe müssen im Idealfall lebenden Menschen entnommen werden«, entgegnete er.

Sie sprang auf und lief unruhig in der Küche umher. »Lebende Menschen«, wiederholte sie. »Aber wir wissen, dass sie bereits vor Stunden gestorben waren. Warum hat man sie sterben lassen, wenn man die Organe braucht?«

»Keine Ahnung«, antwortete Sebastian.

Doch Elena, in Gedanken vertieft, hörte ihn nicht. »Eine Explantation an Leichen ergäbe also keinen Sinn, es sei denn …«

Ihr Puls fing an, in ihren Schläfen zu pochen, als plötzlich eine neue Idee in ihrem Kopf Form annahm. »Ich muss gehen!«

»Was ist los?«

»Ich muss mit Laura reden. Bring mich bitte nach Hause.«

Sie stürzte in den Flur, um ihre Handtasche zu holen und kramte bereits nach ihrem Mobiltelefon, als er sie einholte. Sie fand ihr Telefon und suchte im Display nach der Nummer. Ihre Wangen waren vor Aufregung gerötet, und ihre Augen funkelten wild.

Doch plötzlich senkte sie das Handy wieder, ohne den Anruf getätigt zu haben. Als hätte sie eine innere Stimme daran erinnert, was gestern im Wagen vorgefallen war.

Sie schob das Telefon zurück in die Handtasche und biss sich auf die Lippe.

»Kannst du mich bitte nach Hause fahren?«, fragte sie tonlos.

Er nickte, und im Halbdunkel des fensterlosen Flures erkannte sie die Traurigkeit in seinem Blick.

»Ich möchte dich aber nur ungern gehen lassen. Nicht, bevor du mir erzählt hast, was los ist.«

»Ich …« Sie zögerte. »Es ist nur eine Idee. Ich würde gern mit Laura darüber reden.«

»Du kannst mit mir darüber sprechen!« Seine Stimme klang vorwurfsvoll, weil sie offensichtlich nicht selbst auf diese Idee gekommen war.

Elena sah ihn einen Moment lang an, dann entspannten sich ihre Schultern, und sie seufzte. »Dann brauche ich aber noch einen Kaffee.«

Sie gingen zurück in die Küche, wo Elena sich wieder an den Tisch setzte und Sebastian zwei Tassen unter den Auslass eines Kaffeevollautomaten schob. Die Kaffeemaschine tat ihr Bestes und begann sofort lautstark damit, Bohnen zu mahlen.

Elena wartete, bis Sebastian mit den dampfenden Kaffeebechern an den Tisch zurückkam, dann sagte sie: »Ich habe vor einigen Jahren mal einen Artikel gelesen. In dem Bericht ging es um eine Organmafia in Russland. Stell dir vor, diese Leichensammler kaufen den Angehörigen, die sich die Bestattungskosten nicht leisten können, für eine Handvoll Rubel die Verstorbenen ab. Dann verschachern sie die Toten an Unternehmen, die aus den Leichen sogenannte Bio-Implantate herstellen.«

»Bio-Implantate? Davon habe ich noch nie gehört«, sagte Sebastian, und in seiner Stimme schwang ein zweifelnder Unterton mit. Er nippte an seinem Kaffee und verzog das Gesicht, weil er sich offensichtlich die Zunge daran verbrannt hatte.

»Ich kann mich nur nicht mehr daran erinnern, wo ich davon gelesen habe. Ich weiß nur noch, dass die Leichen, beziehungsweise die Leichenteile, sogar bis in die USA verschickt werden. Dort gibt es offenbar einen regen Handel mit Körperteilen.«

»Russische Leichen sind ein Exportschlager?«, fragte er, und sie sah ihm an, dass er immer noch zweifelte.

»Deshalb muss ich nach Hause. Ich muss nachdenken und recherchieren, wo ich davon gelesen habe.«

Sebastian stand so plötzlich auf, dass er unsanft gegen den Tisch stieß und sich ein Schwall Kaffee über den Tisch ergoss. Er ignorierte das Dilemma und stürzte aus der Küche.

Elena sah ihm einige Sekunden verwirrt hinterher, seufzte und holte die Rolle Küchenkrepp von der Anrichte. Kopfschüttelnd machte sie sich daran, die Reste des Frühstücks abzuräumen und alles abzuwischen, was feucht geworden war.

Als Sebastian in der Tür erschien, hielt er einen geöffneten Laptop in der Hand. In seinem Blick las Elena eine Mischung aus Verwirrung und Unverständnis.

»Ich habe etwas gefunden!«, sagte er und stellte den Computer auf den Tisch. »Das solltest du dir auf jeden Fall ansehen.«

Elena zog einen Stuhl heran, und während sie sich setzte, erkannte sie schon die erste Schlagzeile:

*42,90 Euro pro Arm*, las sie, darüber das Logo eines großen deutschen Nachrichtenmagazins. Elena überflog den Artikel und nickte. »Es stimmt also doch. Es gibt eine Firma, die gewerbemäßig mit Leichenteilen handelt.«

Aufgeregt deutete sie auf einen Link. »Klick das mal an!«, sagte sie atemlos.

Sofort erschien eine Reportage über ein Unternehmen, das mit Knochen und Körperteilen handelte. »*Corporis Genetics*«, stieß sie überrascht aus. »Nie davon gehört. Du etwa?«

Er schüttelte den Kopf und tippte den Namen in die Suchleiste. Nach wenigen Sekunden fanden sie sich auf der Internetseite von Corporis Genetics wieder. Anschauliche Fotos eines imposanten modernen Gebäudekomplexes ließen auf eine professionelle Bildbearbeitungssoftware schließen. Da hatte jemand viel Geld für die optimale Präsentation seines Unternehmens in die Hand genommen.

Sebastian klickte sich durch die Buttons der Webseite. Elena war sprachlos angesichts der angebotenen Produkte. Er sagte: »Nun wissen wir, wo die Herzklappen oder die Netzhäute zur Implantation herkommen.«

Elena lehnte sich zurück, ihre Gedanken rasten, und wieder einmal kam sie zu dem Entschluss, dass sie Laura anrufen sollte. Auch wenn sie sich im Streit getrennt hatten, sie musste der Freundin von ihrer Entdeckung berichten. Aber da blieb ihr Blick an einem einsamen Wort hängen. *Impressum.*

Sie hielt in ihrer Bewegung inne und musterte den Bildschirm. *Impressum.* Von dem Wort angezogen streckte sie den Zeigefinger aus und klickte auf den Link. Die Adresse von Corporis Genetics GmbH erschien. Ungläubig starrte sie auf den Laptop. Die Haut ihres Gesichts begann zu kribbeln, und ihre Hände wurden eiskalt.

Entschlossen stand sie auf, holte ihr Telefon und wählte

Lauras Nummer. Egal was war, für Gefühlsduselei hatte sie jetzt keine Zeit.

»Wen rufst du an?«

Sie lächelte ihm kurz zu, um zu signalisieren, dass er sich kurz gedulden solle, während sie wartete, dass Laura das Gespräch annahm. Aber das Klingeln verhallte.

»Mist, Laura geht nicht ran!«, sagte sie und sah ihn ratlos an. »Vielleicht habe ich sie ja so verärgert, dass sie meinen Anruf nicht annehmen möchte.«

Sie wählte noch einmal. Als Laura wieder nicht abnahm, suchte Elena nach einer weiteren Nummer. Falk Ackermann war ebenfalls nicht erreichbar. Ihr war klar, dass auch Polizisten an ihren freien Wochenenden nicht gestört werden wollten, und sie fragte sich, ob Falk immer noch Urlaub hatte. Dennoch hoffte sie, dass er ihre Nummer erkennen und das Gespräch annehmen würde. Allerdings funktionierte das heute nicht. So ein Mist!

»Hast du Lust auf einen kleinen Ausflug?« Sebastian sah sie lächelnd an.

Sie zögerte, weil sich langsam eine ungute Vorahnung in ihr meldete. Sie ließ den Gedanken nicht zu und sah ihn verständnislos an. »Was?«

»Wir fahren nur mal kurz vorbei und schauen, was das für ein Laden ist. Vermutlich ist am Wochenende sowieso niemand da. Was soll schon passieren?«

Also doch. Sie hatte sich nicht getäuscht! Hier war er wieder, der spontane, rebellische Student. Aber das kam für sie nicht in Frage. Sie brauchte jetzt ganz schnell eine Ausrede.

»Ich habe noch einen Friseurtermin!«

KAPITEL

# 21

Elena fluchte. Wie konnte sie nur so blöd sein? *Laura bringt mich um, wenn sie hiervon erfährt!* Er hatte es wieder einmal geschafft, sie zu überreden! Was war in letzter Zeit nur los mit ihr? Sie war davon überzeugt gewesen, immer besonnen zu handeln.

Andererseits: Vielleicht war ja wirklich niemand anwesend, und sie würden umgehend zurückfahren.

Es hätte ihr klar sein müssen, dass diese Vorstellung reines Wunschdenken war.

»Wie willst du da reinkommen?«, fragte sie und beäugte das Gebäude von *Corporis Genetics.* Ein imposantes Unternehmen mit spiegelnder Fassade und Überwachungskameras hinter einem hohen Metallzaun.

Er lenkte den Wagen an den Straßenrand und zuckte mit den Schultern. Hoffnung keimte in ihr auf. Jetzt würden sie zwangsläufig umkehren.

Sie atmete erleichtert auf und spürte, wie die Anspannung von ihr abfiel. Doch im nächsten Moment startete er den Motor wieder. Sofort wurde ihr erneut flau, aber wirklich überrascht war sie nicht.

»Schon vergessen, ich arbeite für den Seuchenschutz?«, sagte er und steuerte den Wagen auf die Einfahrt zu.

Das Gesicht des Mannes war kalt, in jeder Hinsicht. Die Wangen hohl und gerötet. Die Uniformjacke des Werkschutzes wirkte viel zu groß, und der dunkle Ton verstärkte das Grau seiner Hautfarbe. Mürrisch faltete er seine Zeitung zusammen. Dabei hatte er keine Eile.

Zu einem anderen Zeitpunkt hätte Elena das vielleicht als Provokation empfunden. Aber im Moment war sie zu sehr mit der Frage beschäftigt, wie sie wieder heil aus der Nummer herauskommen sollten. Zur Umkehr war es jetzt zu spät.

Mit wässrigen Augen schielte der Mann durch das Sichtfenster seines Wachhäuschens. »Zu wem wollen Sie?«

Kein freundliches Lächeln oder eine nette Geste, die den Mann in irgendeiner Weise hätte sympathisch wirken lassen. Stattdessen schielte er durch das offene Fenster, um ein Auge auf das Wageninnere zu werfen. Als er Elena erblickte, bedachte er sie mit einem abschätzenden Blick. Als würde er die beiden Besucher dafür verantwortlich machen, dass er am Wochenende arbeiten musste.

»Guten Morgen«, erwiderte Sebastian. Wenn ihm die unfreundliche Art des Wachmanns etwas ausmachte, so ließ er es sich in keiner Weise anmerken.

»Name?« Der Adamsapfel des Mannes hüpfte auf und ab.

»Dr. Sebastian Kevekordes und Dr. Elena Salonis.« Sebastians Worte waren immer noch geduldig.

Der Uniformierte studierte missmutig sein Klemmbrett. »Ich kann hier keinen Eintrag finden.«

»Wir sind nicht angemeldet. Das hier ist ein spontaner Besuch.«

»Tja, dann tut es mir leid, aber heute ist sowieso kaum jemand da. An Samstagen wird hier nur mit kleiner Mannschaft gearbeitet. Am besten, Sie lassen sich am Montag einen Termin geben.«

Sein Adamsapfel vollführte nun einen regelrechten Freudentanz. Und die Aussicht, sich gleich wieder seiner Gazette widmen zu können, zauberte sogar ein leichtes Lächeln auf seine schmalen Lippen.

Doch Sebastian war nicht gewillt aufzugeben. »Wir sind von der Seuchenschutzbehörde.«

»Können Sie sich ausweisen?«

Durch die Wagenscheibe konnte Elena erkennen, wie sich die Miene des Mannes veränderte, als er Sebastians Dienstausweis studierte. Sie rutschte unruhig auf dem Sitz hin und her. Die Sekunden zogen sich endlos dahin, und Elena wagte kaum zu atmen. Sie fühlte sich wie eine Schülerin, die dem Direktor einen Streich spielen sollte. *Das kann nicht gut enden*, dachte sie. Ihr wurde heiß. Sie verkrampfte, und ihr Wunsch, von hier zu verschwinden, war geradezu überwältigend.

»Lass uns gehen!«, zischte sie, als der Wachmann telefonierte.

»Jetzt? Wir machen uns ja lächerlich.«

Der Mann wandte sich wieder ihnen zu. Die Verlegenheit in seiner Stimme war deutlich. »Sie können durchfahren, immer geradeaus. Dann rechts. Der Haupteingang ist nicht zu verfehlen. Sie werden oben abgeholt.«

Er gab den Ausweis zurück und öffnete die Schranke.

Elena atmete hörbar aus. Ihr war nicht bewusst gewesen, dass sie die Luft angehalten hatte.

Sebastian lachte. »Entspann dich, Leni, du wirst sehen, das wird ein Spaß!«

»Es ist Aufgabe der Polizei, zu ermitteln.« Sie griff nach ihrem Handy.

»Was hast du vor?«

Sie verkniff sich die Antwort und betätigte die Wahlwiederholung. Das Freizeichen ertönte. Er riss es ihr aus der Hand und drückte den Anruf weg.

»Sei nicht albern! Was willst du deinen Freunden von der Polizei erzählen?« Er hielt ihr das Telefon entgegen. »Wir schauen uns nur kurz um, dann hauen wir gleich wieder ab. Versprochen!«

Sie nahm das Telefon und starrte es an. Hin- und hergerissen zwischen dem Wunsch, Laura anzurufen und somit das einzig Richtige zu tun und dem Bedürfnis, bei ihm zu bleiben und der Sache auf den Grund zu gehen.

Sie ließ das Mobiltelefon wieder in ihre Handtasche gleiten, aber nur, weil sie tatsächlich nicht wusste, was sie der Kommissarin erzählen sollte. *Ich habe mit meinem Ex-Freund geschlafen, und nun stehen wir vor einer Fabrik für menschliche Ersatzteile, möchtest du nicht mit ein paar Kollegen vorbeikommen und den Laden hochnehmen?* Allein die Vorstellung, ihrer Freundin von der vergangenen Nacht zu erzählen, ließ sie erröten. Außerdem hatten sie keinerlei Beweise, dass Corporis Genetics irgendetwas mit den Leichen aus dem Container zu tun hatte.

Ungläubig, dass es so einfach sein sollte, auf dieses Gelände zu kommen, starrte Elena durch die Scheibe.

Die Webseite hatte nicht gelogen. »Wie viel Geld bringt eine Leiche?«

»Sicherlich genug!«, brummte Sebastian, während er der Wegbeschreibung des Wachmannes folgte. Kaum hatte er den Wagen auf den Parkplatz gelenkt, als auch schon ein Mann auf sie zueilte.

Er war in den Fünfzigern. Hohe Stirn, ernste Gesichtszüge, wacher Blick. Der dunkle Anzug unterstrich sein souveränes Auftreten, und unter dem teuren Stoff konnte Elena die Wölbungen von gestählten Muskeln erkennen. Ein nervöses Lächeln umspielte seine Lippen, als er sich vorstellte. »Guten Tag. Ich bin Rainer Bosch und der Geschäftsführer von Corporis Genetics, was kann ich für Sie tun?«

»Dr. Kevekordes«, sagte Sebastian, reichte ihm die Hand und stellte Elena vor. »Ich bin Leiter des Seuchenschutzes. Wir haben die Information erhalten, dass Sie Leichen mit infektiösen, humanpathogenen Viren erhalten haben. Bevor wir hier mit einer Spezialeinheit ankommen, wollten wir vorab klären, ob die Möglichkeit einer Fehlinformation besteht.«

Die Augen des Geschäftsführers fingen an zu flackern. Nervös fuhr er sich durch die Haare. »Von welchem Virus sprechen wir denn?«

»Puumala!«, sagte Kevekordes so ernst, dass es selbst Elena überraschte.

»Puumala«, wiederholte Bosch, und das Wort klang eher wie ein Würgen. Sein entsetzter Blick stellte klar, dass er allem Anschein nach wenig medizinische Kenntnisse hatte. Ein Mediziner hätte gewusst, dass es sich beim Puumala-Virus um einen der harmloseren Vertreter der Hanta-Gattung handelte.

Bosch atmete tief ein, als hätte er einen Entschluss gefasst. »Wenn Sie mir bitte folgen möchten. Unser medizinischer Leiter ist heute nicht im Haus«, erklärte er, »aber ich werde versuchen, jemanden zu erreichen. Ich wusste gar nicht, dass die Behörden auch am Wochenende arbeiten«, fuhr Bosch im Plauderton fort.

Er musterte Elena, die immer noch das Wollkleid vom Vorabend trug. Sie hätte doch ihren Mantel mitnehmen sollen. Etwas verlegen wandte sie den Blick ab und spähte im Vorbeigehen durch die Fenster in den Innenhof. Nur wenige waren beleuchtet. Zwei Personen in grauen Schutzanzügen standen vor einer halbgeöffneten Tür und rauchten. Sie liefen weiter. Hinter einer schweren Tür fanden sie ein Besprechungszimmer.

*Aha!*, dachte Elena, *jetzt kommt der Geschäftsmann wieder hervor.* Und tatsächlich war Boschs Miene der sichtbare Beweis dafür, dass er den ersten Schock überwunden hatte.

»Wir waren zufällig in der Gegend, als uns die Info erreichte«, sagte Sebastian ohne eine Spur von Unsicherheit. »Deshalb benötigen wir Ihre Hilfe. Wir haben unsere Ausrüstung nicht dabei. Aber ein so modernes Unternehmen wie das Ihre wird uns sicherlich mit Schutzkleidung und Probenbehältern aushelfen können.«

»Das sollte kein Problem sein!«, sagte Bosch und fügte hinzu: »Wenn Sie mich kurz entschuldigen würden.«

»Wir kommen in Teufels Küche!«, zischte Elena. Sie durchspielte in Gedanken die Konsequenzen, falls Bosch sich über sie erkundigen sollte. Davon abgesehen, dass sie der Polizei ins Handwerk pfuschte, könnte man sie der Amtsanmaßung beschuldigen. Das dürfte sie ihren

Job kosten. Und vermutlich würde sie keinen Sektionssaal mehr von innen sehen. Wenn sie Glück hatte, gab man ihr eine Anstellung in einem pathologischen Institut, wo sie den ganzen Tag Gewebeproben oder Blutproben beurteilen musste.

Sie suchte Sebastians Blick. Aber er war damit beschäftigt, das Portfolio auf dem Tisch zu studieren.

Das war die Gelegenheit. Sie drehte sich um und gab vor, aus dem Fenster zu sehen. Sie zog ihr Handy aus der Tasche und tippte eine Nachricht an Laura. Gerade als sie auf *Senden* drückte, wurde die Tür aufgestoßen.

Die Frau, die jetzt den Raum betrat, ließ sich leicht als selbstbewusst beschreiben. Sie war schlank und hochgewachsen, und es bedurfte großer Selbstsicherheit – oder Eitelkeit –, um trotz der Brandnarben in ihrem Gesicht so aufzutreten. In ihren dunklen Augen lag ein wissender Blick, und in der Neigung ihres Kinns ein deutliches Anzeichen für Arroganz.

Bevor Bosch sie vorstellen konnte, steuerte sie auf die Besucher zu. Als sie Sebastian erblickte, zögerte sie kurz. Doch dann kräuselten sich unmerklich ihre Lippen. Ihr Händedruck war genauso fest wie ihr Blick und dauerte ausreichend lange, sodass Elena die Brandnarben auf ihren Armen betrachten konnte.

Sie kam sofort zur Sache und stellte sich selbst vor. »Schönen guten Tag, ich bin Dr. Holländer und vertrete heute den medizinischen Leiter.« Sie sah zu dem Geschäftsführer und sagte: »Herr Bosch hat mir erzählt, dass es Fälle von Hanta gibt und Sie die Ursache bei unseren medizinischen Präparaten sehen.«

*Mist, jetzt fliegen wir auf!* Elenas Mund wurde plötzlich trocken.

»Können Sie beweisen, dass Ihre Produkte das Virus nicht weiter übertragen?«, konterte Sebastian.

*Chapeau!*, dachte Elena. Die angespannte Höflichkeit war schrecklich, aber niemand schien sie durchbrechen zu können.

»Sicherlich ist es Ihnen möglich, uns Einsicht in die Protokolle zu gewähren. Wir möchten gerne wissen, auf welche Erkrankungen Ihre Spender untersucht werden.«

Die Frau ließ sich keinerlei Emotionen anmerken. Selbstsicher starrte sie Sebastian an. Doch als sie antwortete, meinte Elena, einen leichten Anflug von Belustigung in ihrem Gesicht lesen zu können: »Wir sind ein innovatives Unternehmen und derzeit Marktführer für biologische Implantate. Wir bieten Lösungen für die Herausforderungen der Gesundheitsversorgung. Wir können es uns nicht leisten, Leichen von Menschen anzunehmen, die an einer Infektionskrankheit gestorben sind. In der Regel erhalten wir nur Körper von gesunden Verstorbenen.«

»Gesunde Verstorbene?«, echote Sebastian. »Wie soll das denn funktionieren? Die wenigsten Menschen sterben aus heiterem Himmel!«

Wieder musterte die Ärztin den Kollegen, und dieses Mal machte sie sich nicht die Mühe, den Spott in ihrer Stimme zu verbergen. »Wenn ich mich nicht irre, dann sind Sie ebenfalls Mediziner. Ich denke, ich muss Ihnen nicht erklären, unter welchen Umständen Menschen zu Tode kommen können. Ein Unfall, ein Schlaganfall, ein Herzinfarkt. Das sind die richtigen Kandidaten für unser

Projekt. Und um Ihre nächste Frage vorwegzunehmen: Wir machen bei jedem Körper ein umfassendes Screening.«

»Trotzdem könnten pathogene Keime übersehen werden«, mischte sich nun auch Elena mit ein und rechnete mit einer kaltschnäuzigen Bemerkung.

Doch Holländer ließ sich Zeit mit der Antwort. Sie bedachte Elena mit einem Blick, der neugierig und abwertend zugleich war. »Wir wurden uns nicht vorgestellt. Sie sind …?«

»Dr. Elena Salonis.«

»Sie haben Medizin studiert?«

»Ich arbeite am Rechtsmedizinischen Institut.«

Kaum hatte sie die Worte ausgesprochen, ärgerte sie sich, dass sie der Frau ihren Beruf verraten hatte.

»Sie sind Rechtsmedizinerin? Dann sollten Sie ja kein Problem mit Leichen haben.«

Hatte sie nicht. Sie hatte ein Problem mit der Frau. Ihre anmaßende Art. Ihr herausfordernder Blick. Ihre Überheblichkeit. Außerdem hatte sie ihre Frage ignoriert. Aber um nachzuhaken, blieb keine Zeit.

»Was halten Sie von einer kleinen Führung? Dabei können Sie gern Ihre Proben nehmen«, sagte Dr. Holländer und sah die Besucher herausfordernd an.

Elena fielen genug Gründe ein, es nicht zu tun, doch Sebastian war schneller.

»Sehr gern«, antwortete er.

# KAPITEL 22

Laura starrte auf das schwarze Loch zu ihren Füßen. Es war, als hätte sich ein Tor zur Hölle aufgetan. Schwaden fauliger, feuchter Luft schlugen ihr entgegen und ließen sie zögern.

»Gott, stinkt das!«, stöhnte Ackermann.

Sein Gesicht war bleich und spiegelte nur eines. Ekel. Er wich ihrem Blick aus, als würde dies ihm die Gelegenheit zur Flucht ermöglichen. Aber das war keine Option. Beide waren sie hier. Gemeinsam mussten sie sich dem stellen, was sie erwartete.

Ackermann drehte angewidert den Kopf weg. »Hättest du nicht einem anderen Team den Vortritt lassen können? Warum müssen immer *wir* in der Scheiße wühlen?«

Laura seufzte. Sie hatte auch keine Lust, in den Schacht zu steigen. Aber die Kanalarbeiter hatten heute morgen eine Entdeckung gemeldet, die ihr das Blut in den Adern hatte gefrieren lassen. Eigentlich keine Sache, die *sie* bearbeiten mussten. Allerdings waren die Kanaltechniker so umsichtig gewesen, den Fund zu fotografieren, und die

Kollegen vom Kriminaldauerdienst hatten sofort die richtigen Schlüsse gezogen und Laura informiert. Momentan war sie sich jedoch nicht sicher, ob sie ihnen dafür dankbar sein sollte.

»Wo bleiben Sie?«

Laura war sofort klar, dass die Frage an sie gerichtet war. Es kostete sie ihre ganze Überwindung, sich in Bewegung zu setzen. Ein, zwei Sekunden zögerte sie noch, ehe sie entschied, dass sie es nicht aufschieben konnte. Sie musste da hinein.

Sie schob sich über das Bodenloch und starrte in die Tiefe. Unten stand ein Mann. Bevor sie sich fragen konnte, wie tief es hinab ging, hob er seinen Kopf, und die Helmlampe blitzte auf.

Geblendet vom Lichtstrahl, blinzelte sie den brennenden Schmerz in ihren Augen weg und versuchte, ihn zu erkennen. Es war ein freundliches, junges Gesicht. Trotzdem zögerte sie noch immer, ihm zu folgen.

Sie straffte die Schultern und wollte tief durchatmen. Aber sie verwarf den Gedanken sofort wieder. Atmen in dieser Umgebung war allenfalls als notwendiges Übel zu betrachten.

Sie wagte den ersten Schritt. *Was, wenn ich abrutsche und dieser Schlund mich verschluckt?* Sie schüttelte die düsteren Gedanken ab und nahm den obersten Tritt. Dann den zweiten.

Ein letzter Blick fixierte das Bild der Umgebung. Ein imposantes Autohaus für Luxusautomobile. Der Bürokomplex der lokalen Tageszeitung. Ein Radiosender. Gegenüber das Gelände einer Fabrik, deren Schornsteine am Wochenende nicht rauchten. Ein verwaister Parkplatz. Bäume. Sträucher. Verkehrsschilder.

Mit jedem Zentimeter, den sie in den engen Schacht tauchte, sank sie tiefer in den Gestank ein. Die Welt über ihr verschwand in einer anderen Dimension. Das Letzte, was sie von der Außenwelt wahrnahm, war der zerklüftete Asphalt der Dudenstraße.

Ihre Gummistiefel suchten schon Halt auf dem nächsten Tritt, als sich der Himmel über ihr verdunkelte. Sie sah nach oben. Erleichtert erkannte sie, dass Falk Ackermann ihr folgte. Irgendwie gab ihr das den Mut, eine weitere Sprosse zu nehmen.

Ihre Hände steckten in riesigen Handschuhen, deren dickes Material störrisch und unbeweglich war. Aber sie taten ihren Dienst. Überhaupt kam sie sich vor wie ein Michelin-Männchen. Allerdings ein orangefarbenes. Ausgestattet mit Schutzhelm und Sicherungsleine. Der vorgeschriebene Dresscode für alle, die sich in die Katakomben unter der Stadt Mannheim wagten.

Sie nahm die nächste Stufe. Noch eine. Plötzlich spürte sie, dass sie nicht nur die Kanalisation betrat, sie tauchte auch in eine Angst ein, die mehr als unerwünscht war.

Sie konzentrierte sich wieder darauf, die nächste Metallsprosse nicht zu verfehlen, als sich ein weiterer Gedanke anbahnte. Wie viele Leute waren vor ihr über die mit Rostblasen überzogene Leiter nach oben geklettert und hatten mit ihren Stiefeln Unrat des Kanals auf dem Steigeisen hinterlassen? Sprossen, an die sie sich gerade klammerte, um nicht in den Schacht zu stürzen.

Sie biss die Zähne zusammen und nahm die nächste Stufe. Der Schutzanzug zerrte schwer an ihr und machte schnelle oder ruckartige Bewegungen geradezu unmöglich. Aber er war nun einmal notwendig für das, was sie vorhatten.

Sie versuchte, die Gedanken an das, was sie gleich erwarten würde, zu ignorieren, als sie auch schon spürte, wie ihre Stiefel in etwas Feuchtes eintauchten. Wieder überkam sie ein Schauer des Ekels. Sie unterdrückte ein Würgen. Wie konnte sich jemand freiwillig diesem Gestank aussetzen?

Sie schaffte es, die Mag-Lite einzuschalten. Bemüht, den kreisrunden Kegel ihrer Taschenlampe nicht auf das Abwasser unter ihren Stiefeln zu richten, besah sie sich die feuchtglänzenden Steinwände. Dunkle Ränder zeugten von verschiedenen Wasserständen des unterirdischen Flusssystems. Sie erschauderte, als ihr bewusst wurde, was diese Schmutzränder verursacht hatte.

Sie hörte Ackermann fluchen, als er sich wenig elegant die Stufen herunterhangelte. »Gott, ist das eklig hier! Hier riecht es ja zum Kotzen! Man bekommt ja kaum Luft!«

»Kein Problem. Ich habe den Sauerstoffgehalt gemessen. Das passt schon!«, rief der Kanalarbeiter. Er sah die Kommissarin an, und sie konnte seinen Namen auf der Schutzkleidung lesen. *Marcel Klamert*, prangte auf der rechten Brust. »Wollen Sie sich an mir festhalten?«

Sie ignorierte sein Angebot. »Das passt schon!«, wiederholte sie seine Worte. Allerdings war sie sich nicht sicher, ob es wirklich passte. Sie konnte gerade so eben aufrecht gehen. Dicke Tropfen von kondensiertem Wasser klatschten von der Decke auf ihren Helm.

Vorsichtig setzte sie einen Fuß vor den anderen. Das Wasser zog augenblicklich an ihren Beinen. Sie wagte einen Blick auf die braune Kloake und schloss kurz die Augen, als sie erkannte, was da vorbeisegelte. Sie stöhnte im Stillen. Nicht auszudenken, wenn sie in die Fäkalien der Mannheimer fallen würde. Zum Glück ließ die Dunkelheit nur erahnen, was alles darin herumschwamm. Aber der morastige Schlamm unter ihren Gummistiefeln zerrte schwer an den unwillkommenen Gedanken.

»Wie weit müssen wir gehen?«, hörte sie Ackermann murren. Das Wasser im Kanal verstärkte jedes Geräusch, und seine Stimme dröhnte dumpf in Lauras Ohren.

Klamert drehte sich nicht zu den Polizisten um. »Nur noch ein paar Meter!«

Laura starrte auf den Rücken des Mannes. Die Reflektoren seines Overalls blitzten hell im Schein ihrer Taschenlampe auf, und sie hielt darauf zu. *Nur noch ein paar Meter!*, echote es in ihrem Kopf. Nur noch ein paar Meter in diesem Sud aus Kot und Urin!

Als sie schon glaubte, dass der Kanaltechniker sich in der Distanz verschätzt hatte, blieb Klamert stehen. »Hier!«

Der Lichtstrahl seiner Helmlampe beleuchtete ein Gewirr aus Stahl und Unrat. Obwohl sich ihre Augen schon auf das trübe Licht der Lampen eingestellt hatten, konnte sie nichts Ungewöhnliches erkennen.

Zögernd ging sie näher. Der Kegel ihrer Mag-Lite schickte tanzende Strahlen über das Wasser. Ein riesiges Stahlgeflecht versperrte den Tunnel. Unmengen von Müll und Undefinierbarem türmten sich an den schmutzverkrusteten Streben auf und forderten hartnäckig Durchlass. Dreck einer Gesellschaft, die gedankenlos ihren Abfall in die Toiletten kippte, dessen Reise durch die Unterwelt hier endete.

»Oh Mann, was die Leute so alles in ihr Klo werfen!«, stöhnte Ackermann. »Ist das da wirklich ein Skateboard?«

Marcel Klamert nickte. »Wie das hierher gekommen ist, wissen wir auch nicht. Aber wie Sie sehen, brauchen wir die Rechen. Sie verhindern, dass der Müll in die Pumpen gelangt.«

Klamert verstummte, und Laura fand die Stille in den Katakomben bedrückend. Es war die Art von Stille, die nur von leblosen Dingen ausging. Eine Stille, die jetzt Lauras ganze Aufmerksamkeit forderte, und es dauerte nur wenige Herzschläge, bis sie es sah.

Fast wäre die menschliche Extremität nicht auszumachen gewesen. Im Abwasser hatte sich das Toilettenpapier zu Pappmaschee verwandelt und wurde nun gegen das Fanggitter gedrückt. An manchen Stellen war das Geflecht so dicht, dass es die Zwischenräume der Streben verstopfte und auch kleinen Müllfragmenten die Passage verwehrte. Reste von Plastikfolie wehten wie schmutzige Fähnchen im Sog der Kanalisation.

Um besser sehen zu können, ließ sie sich vorsichtig nieder. Sie blinzelte, als wehrten sich ihre Augen gegen das, was sie nun sichten mussten. Trotzdem hielt sie ihren Blick auf das Fundstück gerichtet.

Ein Arm.

Menschlich, auch wenn das erst auf den zweiten Blick sichtbar wurde. Die Haut war fast gänzlich von Tattoos bedeckt. Laura kannte sich damit nicht aus, aber sie musste anerkennen, dass es sich hier um das Werk eines Meisters handelte. Mechanische Gelenke, Schrauben und ein Wirrwarr aus unzähligen Stromleitungen perfektionierten das Bild eines Roboterarms.

Fast hätte Laura sich der Illusion hingeben können, vor ihr läge ein kybernetisches Körperteil. Doch das ganze hatte einen Haken. Bleiche Knochen und Knorpel ragten aus den Wundrändern der Schulter hervor. Das geschwollene, faulige Fleisch ließ die Konturen einer ehemals starken Muskulatur erkennen. Dieser Arm war real. Sehr real. Genauso wie das undefinierbare Muster kleinerer Wunden, welche das Kunstwerk geradezu ruinierten.

Schließlich endete ihr Blick an der Hand. Diese trug nicht die Handschrift des Tätowierers und bildete einen so jähen Kontrast zu dem Arm, dass man meinen könnte, sie würde nicht zu ihm gehören. Der Handteller wirkte länglich, die Finger gerade und schlank. Ein Großteil der Fingerkuppen fehlte. Die Tat war jedoch vermutlich nicht auf den Mörder zurückzuführen, der versucht hatte, durch das Entfernen der Fingerbeeren eine Identifikation der Leiche zu erschweren. Es war vielmehr das Werk der Aasfresser, die sicher zu Tausenden die Kanalisation besiedelten. Ratten. Kleine hungrige Münder hatten sich an dem ungewohnten Leckerbissen gütlich getan. Der kleine Finger fehlte.

»Ich habe ja schon viel aus dem Kanal gezogen, aber ein Arm war noch nicht dabei.«

Die Ehrfurcht in Klamerts Stimme war kaum zu überhören. Sie hielt den Blick fest auf den Arm gerichtet. Wasser schwappte in kleinen Wellen gegen den Schmutzberg, was dem Körperteil etwas Lebendiges verlieh und den Eindruck erweckte, als würde der Arm nur auf die nächste Woge warten und sich dann im richtigen Moment am Gitter festklammern, um nicht gänzlich in der Kanalisation verloren zu gehen.

»Ist es das, was wir denken?«, raunte Ackermann.

Laura zuckte mit den Schultern. »Nur Elena kann den Arm identifizieren. Wenn wir Glück haben, können wir Fingerabdrücke sichern. Dann wissen wir, ob wir es mit dem Arm des falschen Arztes zu tun haben.«

Laura hievte sich hoch und sah die Kanaltechniker an. »Haben Sie auch noch den Rest der Leiche gefunden?« Sie ließ ihre Taschenlampe wie einen Suchscheinwerfer über das Wasser gleiten.

Ein Kanaltechniker verzog das Gesicht. »Gott bewahre, nein! Als wir das hier entdeckt haben, haben wir sofort die Zentrale verständigt.«

»Wie lang ist denn das Kanalsystem?«, fragte Ackermann.

Dieses Mal antwortete der andere Kanalarbeiter. Er hatte das Schlusslicht gebildet, und Laura musste sich umdrehen, um ihn zu verstehen: »Mehr als neunhundertfünfundzwanzig Kilometer, kreuz und quer, tief unter der Stadt.«

»Mann, das kann ja ewig dauern, bis wir den Rest von dem Kerl gefunden haben.« Ackermanns Blick folgte dem Wasserlauf. »Er könnte überall liegen!«

»Er?«, echote Klamert. »Sie sind sich sicher, dass der Arm von einem Mann stammt?«

Laura erklärte es ihm: »Eigentlich ist dies die Aufgabe der Rechtsmedizin, aber ich glaube, mein Kollege hat recht. Die Hand ist zu groß und zu schwielig für eine Frau.« Sie deutete auf den muskulösen Unterarm, der wächsern aus dem Wasser ragte. »Und die Muskeln gehören wohl auch eher zu einem Mann.«

In Wahrheit war es unmöglich, das Geschlecht eines Körperteils mit einem einzigen kurzen Blick zu bestimmen. Eigentlich hätte sie so eine Aussage nicht machen sollen. Aber dass sie einen konkreten Verdacht hatten, mit wessen Arm sie es hier zu tun haben könnten, wollte sie ihn keinesfalls wissen lassen. Sie wandte sich von dem Fund ab und sah sich suchend um. »Woher kommt der Kanal?«

»Die meisten Kanäle haben unterschiedliche Abschnitte und Ebenen. Dieser Teil des Abwasserkanals gehört zu einem Hauptkanal. In ungefähr sechs Kilometern befindet sich ein weiterer Rechen. Wenn Sie Glück haben, wurde die Leiche in diesem Bereich in die Kanalisation geworfen«, mutmaßte Klamert.

»Was, wenn jemand die Leichenteile über die Toilette entsorgt hat?«, überlegte der Kollege. Marcel Klamert zuckte mit den Schultern. »Eine Hand könnte durchpassen, aber größere Teile nicht.«

»Tja«, sagte Ackermann, »dann warten wir mal auf die Kollegen von der Spurensicherung. Das wird ein Spaß!«

KAPITEL

# 23

Elena schob den Mundschutz über ihre Nase. Auch wenn ihr der Geruch des Vliesstoffes sehr vertraut war, fiel es ihr schwer, das unruhige Erschaudern zu unterdrücken.

Nervös starrte sie über den Rand des Nasenbügels zu Sebastian, der gerade den Reißverschluss seines Overalls zuzog. Seine Augen flackerten, und er fuhr sich mit einer fahrigen Bewegung durch das Haar. Elena hatte das Gefühl, als würde ihn irgendetwas beschäftigen. Aber sie wollte diesem Gedanken keine weitere Beachtung schenken. Sie hatte mit ihren eigenen Dämonen zu kämpfen. *In was habe ich mich da wieder hineinziehen lassen? Du lernst es nie, Frau Dr. Salonis. Kaum kommt ein Mann und steigt mit dir ins Bett, rennst du ihm hinterher wie eine läufige Hündin!*

Ein Klopfen riss sie aus ihren Gedanken. Schnell stopfte sie ihre Handtasche in den Spind und folgte Sebastian.

Dr. Holländer erwartete sie vor der Umkleide. Sie trug ebenfalls einen Overall mit Firmenlogo, und das Grau des Materials unterstrich die Farbe ihrer Augen. »Kann es losgehen?«

Elena nickte, aber das Gefühl, einen Fehler zu machen, nistete sich hinter ihrem Brustbein ein und pochte unangenehm gegen ihre Rippen.

Holländer führte sie durch eine Sicherheitsschleuse und erklärte, dass der Geschäftsführer noch etwas zu erledigen habe.

Der Raum dahinter war riesig. Er besaß die zweckmäßigen Möbel und Utensilien, wie Elena dies von Operationssälen her kannte. Nur dass hier keine Leben gerettet wurden.

Eine Welle kalter Luft schlug ihnen entgegen, und sie zögerte einen Moment. Operationssäle an sich waren hektische Orte. Monitore piepsten, während Beatmungsgeräte zischend den Patienten mit Sauerstoff versorgten. Chirurgen riefen Anweisungen durch den Raum, die von pflichtbewussten OP-Schwestern ausgeführt wurden. Und dann gab es da noch die jungen Assistenzärzte, überarbeitete Medizin-Roboter, die darauf hofften, bei einer Operation das Skalpell führen zu dürfen. Dieser Raum unterschied sich allein schon dadurch, dass mehrere Operationstische im selben Raum standen. Helle Lampen fluteten die OP-Bereiche mit Licht, während meist nur ein Operateur an einem Tisch arbeitete. Von lebenserhaltenden Geräten fehlte jede Spur, und das Schweigen, das über allem ruhte, hatte eine ganz andere Struktur.

Doch kaum hatten sie den OP-Bereich betreten, fiel auch Elenas Unsicherheit von ihr ab. Obwohl sie diesen Raum noch nie gesehen hatte, war ihr die Umgebung mit all ihren Gerüchen vertraut. Was hier geschah, unterschied sich kaum von ihrer täglichen Arbeit. Mit einem Blick erkannte sie, wie ein Chirurg den großen Röhrenknochen aus der Muskulatur seiner Patientin schälte. Dabei musste er nicht vorsichtig sein, denn die alte Frau auf dem OP-Tisch würde sich nicht mehr beschweren können. »Wir entnehmen zuerst die Fascia lata, die Achillessehne, den Beckenkamm und die Knochen der unteren Extremitäten«, erklärte Dr. Holländer.

»Was machen Sie damit?«, fragte Sebastian.

»Aus dem Femur stellen wir Knochenimplantate oder Teilimplantate her. Aus dem Beckenkamm stanzen wir sogenannte Plugs. Diese werden bei der Osteosynthese eingesetzt. Viele verletzte Sportler warten schon auf geeignetes Ersatzmaterial.«

»Sie fertigen Schrauben aus Knochen an?«

»Natürlich! Das ist die optimale Methode, eine Fraktur zu verschrauben. Würden Sie nach unzähligen Operationen und endlich verheilten Wunden nicht auch wollen, dass endlich Ruhe eintritt? Unsere Schrauben müssen, im Gegensatz zu herkömmlichen Titanplatten und Titanschrauben, nicht wieder durch eine riskante Operation entfernt werden. Unsere Produkte verwachsen mit dem Empfängergewebe.«

Elena mischte sich in die Unterhaltung nicht ein und nutzte die Gelegenheit, sich im Raum umzusehen. Sie zählte achtzehn Tische, aber nur vier Personen. Alle trugen die gleichen grauen Overalls. Sie fragte sich, wie es hier wohl an einem Wochentag zugehen würde. Wenn sie dem Nachrichtenartikel Glauben schenkte, dann würde dieses Unternehmen Millionen an den Leichen verdienen und sicherlich viele Mitarbeiter beschäftigen.

Sie beschloss, sich das näher anzusehen. Sie ging durch den Raum zu einem Tisch. Der Chirurg, ein Mann mit kurzem Haar und Stoppelbart, hob kurz den Blick und blickte sie einen Moment unsicher an, dann sah er kurz zu Dr. Holländer und entschied, dass es okay war, dass ihm eine fremde Frau bei der Präparation der Wirbelsäule zusah. Stumm arbeitete er weiter. Von der Person auf dem Tisch war nicht mehr viel übrig. Reduziert auf das, was sie war, lag sie da. Ein Lieferant für Knochen und Gewebe.

Elena betrachtete die anderen Operationstische. Auch wenn der eine oder andere Körper komplett ausgeschlachtet war, hatten alle Leichen eine Gemeinsamkeit. Sie alle waren Weiße und auf den ersten Blick dem europäischen Kontinent zuzuordnen. Wie konnten sie nur auf die Idee kommen, dass Corporis Genetics etwas mit den Toten aus dem Container zu tun hätte?

Sie beobachtete Dr. Holländer. Diese Frau hatte selbst afrikanische Wurzeln und würde es sicherlich nicht gutheißen, wenn man Menschen ihrer Herkunft ersticken ließe, um sie anschließend gewinnbringend auszunehmen.

»Mir ist nicht bekannt, dass ganze Oberschenkelknochen transplantiert werden!«

Sebastians Stimme riss sie aus ihren Überlegungen. Sie drehte sich um und sah, wie der zweite Oberschenkelknochen in einer Wanne mit Flüssigkeit landete.

»Wir entnehmen hier nur die Knochen und Gelenke. Was wir nicht verarbeiten, wird en bloc verkauft«, sagte Dr. Holländer.

»Was Sie nicht verarbeiten?« Sebastians Stimme nahm einen rauen Unterton an, und er suchte Elenas Blick.

»Manchmal werden auch ganze Knochen benötigt, je nach Anfrage«, erwiderte Dr. Holländer.

»Wer fragt an?«, wollte Sebastian, sichtlich erschüttert, wissen.

»Kliniken aus aller Welt.«

»Sie verschiffen diese Knochen nach Übersee?«

Dr. Holländer quittierte Sebastians Frage mit einem amüsierten Lächeln. »Wir versenden unsere biologischen Implantate im Allgemeinen mit dem Flugzeug. Und ja, wir beliefern auch die Vereinigten Staaten. Die amerikanischen Kollegen sind in der Implantologie die absoluten Vorreiter. Es gibt heutzutage kaum etwas, was Chirurgen nicht verpflanzen können.« Sie sah Elena mit kalten Augen an. »Ich habe Ihre Frage von vorhin nicht vergessen: Unsere Produkte werden mittels Gammastrahlen sterilisiert.«

*Dieser Frau macht es Spaß, uns zu schockieren, und sie führt uns regelrecht vor!*, kam es Elena in den Sinn, als sie das Blitzen in den Augen der Kollegin erkannte, die auf sie zukam.

»An diesem Tisch sichern wir Rippen, Oberarmknochen und Wirbelkörper.«

Sebastians Gesicht spiegelte reine Abscheu. Elena verstand. Auch wenn er einmal Medizin studiert hatte, war er es nicht gewohnt, eine Leiche zu sezieren.

»Ich glaube, wir konnten uns ausreichend über Ihre Produkte informieren. Wir würden nun gerne einige Proben entnehmen und zum Institut zurückfahren«, sagte Sebastian.

Die Augen von Dr. Holländer funkelten, und ein Anflug von Spott umspielte ihre Lippen: »Wie Sie möchten.«

Elena stieß die Tür zur Umkleide auf. Frust machte sich in ihr breit. »Dieser Besuch hat nichts gebracht!«, schnaubte sie. Wütend zerrte sie am Reißverschluss ihres Overalls und lief auf eine Kabine zu. Leider konnte sie mit dem Ablegen des Overalls ihren Frust nicht abstreifen, und sie schleuderte den Schutzanzug in einen der dafür vorgesehenen Behältnisse. Sie waren bei ihren Ermittlungen kein Stück weitergekommen. Nichts, was die Aktion gerechtfertigt hätte. Es wäre auch zu einfach gewesen, wenn sich im OP-Saal illegale Leichen gestapelt hätten.

Sie riss den Kleiderspind auf und griff nach ihrer Handtasche, als Sebastian aus einer Kabine hervortrat. Das Gesicht grau, sah er Elena an.

»Ich habe ja schon viel in meinem Leben gesehen, aber hier werden menschliche Körper regelrecht geplündert!«

»Tja, alles im Namen der Medizin«, sagte sie und fügte hinzu: »Lass uns einfach verschwinden. Ich habe wirklich keine Lust mehr auf diese Frau. Die ganze Zeit über hatte ich das Gefühl, als würde sie sich köstlich über uns amüsieren.«

»Ich glaube, ich weiß warum«, sagte er, nahm den Probenbeutel auf und musterte die kleinen Gefäße durch die Folie.

Als Elena keine Antwort gab, redete er weiter: »Ich kannte mal eine Frau, die Dr. Holländer sehr ähnlich sieht. Ihr Name war Risslan Buhari. Sie war ebenfalls Ärztin. Wir waren zusammen an der südsudanesischen Grenze zum Kongo, bis …«

Ein Klopfen an der Tür unterbrach Sebastians Worte. Elena schenkte ihm nur einen kurzen Blick. Im Moment stand ihr nicht der Sinn nach einem Plausch. Sie sehnte sich nach einer heißen Dusche und wäre nicht abgeneigt, diese mit Sebastian zu teilen. Doch nun musste sie erst einmal die Tür öffnen.

Dr. Holländer betrachtete sie abschätzig. Sie zuckte mit keinem Muskel, trotzdem wurde ihre Verachtung mehr als deutlich.

Zudem war sie nicht allein gekommen. Bosch gab sich jede Mühe, höflich zu wirken, aber seine gepresste Stimme verriet, dass er gestresst war. »Wir würden Sie gerne hinausbegleiten. Frau Dr. Holländer sagte mir bereits, dass Sie sich einen Eindruck über unsere Arbeit verschaffen konnten.« Nervös musterte er den Beutel mit den Proben. »Sollten Sie noch Fragen haben, können Sie sich gerne am Montag bei uns melden«, sagte er.

Kaum hatten sie die Schranke und den Wachmann passiert, als Sebastian den Wagen am Straßenrand zum Stehen brachte.

Irritiert sah Elena ihn an. Doch sie kam nicht dazu, ihn zu fragen, warum er anhielt. Kaum erstarb der Motor, stieg er bereits aus und überquerte mit raschen Schritten die Straße.

Sie seufzte und lief ihm hinterher. »Was ist denn jetzt schon wieder?«, stöhnte sie. Doch er stand schon am Zaun und starrte durch die Gitterstäbe.

»Schau dir das an!«, sagte er aufgeregt.

Jetzt erkannte Elena den Grund für sein Erstaunen. An einem Nebengebäude von Corporis Genetics parkte eine Zugmaschine mit einem Überseecontainer.

»Was, denkst du, lädt er, oder bringt er etwas?«

Sie ging auf die Frage nicht ein und sagte stattdessen: »Kannst du irgendetwas Verdächtiges erkennen?«

»Zu weit weg«, sagte er. »Aber es sieht nicht nach einem deutschen Kennzeichen aus.«

Das allein war kein Hinweis, aber der Container sah genauso heruntergekommen aus, wie der, den sie auf der Autobahn gefunden hatten. »Was machen wir jetzt?«

Sie sah ihn an, als hätte sie die Frage nicht verstanden. Doch sie erkannte, was er dachte. Ihr wurde flau. »Oh nein! Wir gehen nicht noch einmal hinein. Dieser Bosch wird uns die Polizei auf den Hals hetzen.«

»Bosch? Das glaube ich nicht. Langsam wird mir klar, warum er so nervös war und uns persönlich zum Auto gebracht hat.« Sein ausgestreckter Zeigefinger durchbohrte die Luft und deutete auf den Lastwagen. »Falls es sich hier um eine illegale Leichenanlieferung handelt, wird er wohl kaum die Polizei informieren.« Er machte eine kurze Pause. »Ruf deine Leute an!«

»Bitte?«

Einen Moment war sie verwirrt, doch dann verstand sie. »Und was bitte soll ich Laura erzählen? Schon vergessen, wir konnten uns vor wenigen Minuten davon überzeugen, dass hier alles seine Richtigkeit hat.«

»Ruf sie einfach an!« Er war laut geworden.

»Ist ja schon gut«, sagte sie erschrocken und fischte ihr Handy aus der Handtasche. Mit dem Mobiltelefon am Ohr starrte Elena weiter auf den LKW. Dieser stand wie im Dornröschenschlaf an der Laderampe des Unternehmens.

Elena legte auf. »Sie geht nicht ran.«

»Mist!«, rief Sebastian.

Elena war so darauf konzentriert, eine Nachricht an Laura zu schreiben, und vermutete daher, dass Sebastian über den erfolglosen Anruf schimpfte, ehe sie registrierte, wie sein Interesse vielmehr dem LKW galt.

»Da ist jemand eingestiegen!«, rief er.

Im gleichen Moment startete der Motor, und der LKW setzte sich in Bewegung. Im Rückwärtsgang kroch das Fahrzeug über die schmale Straße des Geländes. Offensichtlich gab es für den Fahrer keine Möglichkeit, den riesigen Lastzug zu wenden. Immer wieder musste er seine Position korrigieren, um auf der Fahrbahn zu bleiben.

Das entging auch dem Wachmann nicht. Laut fluchend kam er aus seinem Kabuff und lief winkend dem LKW entgegen.

Mit einem schnellen Ruck schnappte Sebastian Elenas Hand und zog sie mit sich. »Nein!«, stieß sie wütend und überrascht hervor, doch er lockerte seinen Griff nicht. »Verflucht, was hast du jetzt wieder vor?«

»Wir schauen uns das nur kurz an, und gehen gleich wieder«, rief er, und im nächsten Moment waren sie an der Schranke vorbeigeschlüpft und befanden sich wieder auf dem Gelände. Der Wachmann, der immer noch damit beschäftigt war, den LKW-Fahrer in der Spur zu halten, hatte sie nicht bemerkt.

Sebastian bugsierte Elena um das Gebäude herum. Dabei kam ihnen die üppige Grünanlage als Sichtschutz gelegen.

»Und jetzt?«, zischte Elena. Ihr war immer noch nicht klar, was Sebastian mit dieser Aktion bezwecken wollte.

»Wir warten, bis der Wachmann wieder seinen Posten eingenommen hat, und dann schauen wir uns die Laderampe an.«

Es war ein seltsames Gefühl, hinter dem Gestrüpp auszuharren, und Elena spielte in Gedanken ihre Optionen durch. Sie hatte wenig Lust, dem Wachmann in die Arme zu laufen, aber ihr war auch nicht klar, was es an der Laderampe zu entdecken gäbe.

Wenige Minuten später gab ihr Sebastian ein Zeichen, dass es losgehen konnte. Auch wenn sie sich wünschte, nicht an diesem Ort zu sein, war sie froh, wenigstens nicht länger hinter dem Busch ausharren zu müssen.

Sich nach allen Seiten umsehend, huschten sie geduckt auf die Laderampe zu.

Elena fröstelte. Es war Herbst, und der Tag neigte sich langsam dem Abend zu. Aber die aufkommende Dunkelheit würde sich für das Verlassen des Geländes nutzen lassen. Wenn es nur schon so weit wäre.

Grobe Betonstufen führten zur Laderampe. Leise stiegen sie nach oben. Durch ein Fenster der im Rolltor eingelassenen Tür drang fahles Licht. Ein schlechtes Zeichen, das ihr sagte, dass sich jemand dahinter befinden könnte.

Sie zupfte Sebastian am Ärmel. Aber es war zu spät. Die Tür wurde in diesem Moment aufgestoßen, und Bosch stand mit einem Mal genau vor ihnen. Er war gleichermaßen überrascht wie schockiert.

»Was machen Sie hier?«

Elena fiel keine Ausrede ein, und selbst Sebastian blieb einige Sekunden zu lange stumm.

Bosch hatte sich bereits wieder gefasst, griff in die Innentasche seines Jacketts und zog eine Waffe heraus.

Elena schrie erschrocken auf.

»Schön langsam und ganz ruhig«, zischte er durch zusammengebissene Zähne. Er trat zurück, gab die Tür frei und sagte: »Bitte nach Ihnen!«

Elena blieb nichts anderes übrig, als Sebastian in das Lager zu folgen. Was sie dann erblickte, ließ sie ihre eigene Angst schmecken. Ihr Herz raste.

In Alu-Rollwagen stapelten sich Körper. Der Gestank nach verrottendem Fleisch verätzte die Luft. Sie rang nach Atem, und der Gestank wurde augenblicklich heftiger.

Sie fing Sebastians entsetzten Blick auf. Jetzt wussten sie beide, was der LKW abgeladen hatte.

Doch sie kam nicht mehr dazu, darüber nachzudenken. Sie schrie laut auf, als sie sah, wie Bosch urplötzlich vor ihr auf die Knie sackte.

Im nächsten Moment traf sie ein harter Schlag am Hinterkopf, und um sie wurde es finster.

KAPITEL

# 24

Kopfschmerzen bahnten sich an. Die Dunstschwaden des Abwassers brannten auf Lauras Lippen und benebelten ihren Verstand. Die Anatomie der Kanalisation verwandelte die Geräusche in ein dumpfes Dröhnen, das sich hartnäckig in ihren Schädel bohrte.

Sie hatte jegliches Zeitgefühl verloren. Der Gedanke, dass es an der Oberfläche schon später Nachmittag sein könnte, verdarb ihr schlagartig die Laune. Eigentlich hatte sie sich das Wochenende anders vorgestellt. Doch dann war der Anruf gekommen, und sie musste ihre Pläne, ihre Eltern zu besuchen, verschieben. Wieder einmal. Sie wusste, dass ihre Mutter äußerst empfindlich auf eine Absage reagieren würde. Deshalb hatte sie sich dazu entschlossen, sie nicht anzurufen. Früher oder später würde sie der Unmut ihrer Mutter treffen. Sie entschied sich für später.

Sie sah zu den Kriminaltechnikern und wurde sich bewusst, dass sie nicht die Einzige war, deren Wochenende sprichwörtlich ins Wasser gefallen war. Sie seufzte und versuchte damit, ihren ganzen Frust abzuschütteln. Aber das gelang ihr nicht.

Ackermann war bereits oben, um weitere Schritte einzuleiten. Gerade beneidete sie ihn darum, frische Luft atmen zu dürfen. Verflixt, wieso hatte sie ihm den Vortritt gelassen? Aber sie wusste ja genau, warum. Sie wollte den Männern zeigen, dass sie es drauf hatte und ihr ein Leichenfund in einem Kanal nicht das Geringste ausmachte. Das hatte sie jetzt davon.

Wo blieb die Rechtsmedizin? Bei Leichenfunden war immer ein Rechtsmediziner zugegen, und ohne dessen Freigabe war eine Bergung nur bedingt möglich. Laura hatte keine Lust, noch länger hier unten zu bleiben. Doch irgendwie ließen die sich heute richtig viel Zeit. Na super.

Sie fing den Blick der Kanaltechniker auf. Missmutig starrte sie auf die menschliche Extremität. Sie hatte Verständnis dafür, dass dieser Fund den Männern an die Nieren ging. Es war auch ihre erste Kanalleiche. Wobei immer noch nicht klar war, ob der zu dem Arm gehörende Körper auch im Kanal aufzufinden sein würde.

Armin Elszer fluchte: »Mensch, kannst du das nächste Mal warten, bis ich im Urlaub bin, wenn du eine Kanalleiche findest? Ich habe ja schon einiges erlebt. Aber das ist ja echt widerlich!« Er wich einen Schritt zurück, als ein besonders großer Kothaufen auf ihn zusteuerte.

Laura nickte und sparte sich die Antwort. Sie hatte keine Lust auf eine Diskussion mit dem Kriminaltechniker. Er hatte nun mal Wochenenddienst, und er konnte sich den Tatort nicht aussuchen. Sie würde es nicht zugeben, aber sie war froh, dass er zugegen war. Trotz seiner schlechten Laune – Armin Elszer war einer der Besten.

Die Auffindung eines Körperteils in einer Kanalisation stellte für die Polizisten eine besondere Herausforderung dar. Bei Leichenfunden an Land hatten es die Ermittler mit allen möglichen Kreaturen zu tun, die ihnen wertvolle Informationen zuspielen konnten, insbesondere Insekten. Im Wasser wiederum bietet eine Leiche Meeres- oder Flussbewohnern eine sichere Nahrungsquelle. Auch Krabben, Wasserinsekten und winzige Krustentiere sind sich nicht zu schade, um sich an totem Fleisch gütlich zu tun.

Das abgeschlossene Kanalsystem einer Großstadt wie Mannheim hingegen kannte nur einen Aasfresser, und der ließ sich nicht als forensischer Mitarbeiter einspannen. Jetzt galt es, das Körperteil zu fotografieren, zu dokumentieren und zu bergen.

Laura bewegte den verspannten Nacken und gönnte es sich, für einen Moment die Augen zu schließen. Das Nächste, was sie wahrnahm, waren schwere Schritte. Dumpf pflügten sie sich durch das kniehohe Abwasser. Falk Ackermann, gefolgt von einem der Männer in orangefarbenen Overalls, stapften auf sie zu, und das Wasser kräuselte sich an dem Fangrechen. Seinem Gesichtsausdruck sah sie an, dass er lieber oben geblieben wäre.

»Mein Gott«, keuchte er und starrte sie an.

Laura sah an sich hinab. Jetzt verstand sie. Ihr Overall war von oben bis unten von Spritzern übersät. Sie rümpfte die Nase. Ihr blieb auch nichts erspart!

Er riss seinen Blick von den Flecken los und wandte sich an Elszer: »Wir haben die Genehmigung von der Staatsanwältin, die Leiche zu bergen, falls wir sie vor ihrem Eintreffen finden!«

»Ja, klar. Die gnädige Frau hat auch keinen Bock auf das hier!« Elszer konnte seine Verärgerung kaum noch verbergen. »Habt ihr denn schon eine Leiche?«

Ackermann schüttelte den Kopf, und die Helmlampe projizierte ein wildes Muster auf die Wände. Er deutete auf den Kanaltechniker, der ihn begleitete. »Herr Remmel hier sagte, dass seine Kollegen schon dabei seien, den in Frage kommenden Abschnitt zu inspizieren. Außerdem würden sie versuchen, noch weitere Mitarbeiter aus ihrem wohlverdienten Wochenende zu holen. Es kann also durchaus noch etwas dauern, bis sie was finden.«

Elszer deutete mit einer Kopfbewegung auf den Rechen. »Gilt die Anweisung der Staatsanwältin auch für den Arm?«

Als niemand antwortete, fügte er hinzu: »Dann würde ich vorschlagen, dass wir das gute Stück einpacken und schauen, dass wir hier die Kurve kratzen. Ich halte es hier echt nicht mehr aus. Das nächste Mal sucht euch gefälligst einen anderen!«

Laura kannte Armin Elszer als einen recht ausgeglichenen Kollegen. Sicher, der Gestank der Kanalisation machte auch dem Spurensicherer zu schaffen, und sie wusste, dass ihre nächste Ansage seine Stimmung nicht verbessern würde.

»Wir können nicht einfach gehen!«

Elszer sah sie verständnislos an, und auch Ackermann schenkte ihr einen skeptischen Blick.

»Wir müssen das Gitter untersuchen. Es besteht die Möglichkeit, dass sich unter dem Müll noch weitere Leichenteile befinden.« Sie beäugte die Wasseroberfläche. »Oder im Abwasser!«

Der Blick, den Elszer ihr zuwarf, sprach Bände. Ihr war absolut nicht nach Machtspielchen zumute, und sie tat ihr Bestes, seinen säuerlichen Gesichtsausdruck zu ignorieren.

»Was befindet sich hinter diesem Rechen?«, fragte sie die Kanaltechniker.

Markus Remmel deutete auf das Geflecht. »Hierbei handelt es sich um ein sogenanntes Grobsieb. Die werden eigentlich schon lange nicht mehr gebaut. Dahinter wird das Abwasser entschleunigt und landet im Hauptrechen. Dem entkommt nichts.«

Er machte eine Pause, und Laura nutzte sofort die Gelegenheit, nachzufragen. »Was heißt, *dem entkommt nichts?*«

»Der Rechen ist wie eine Treppe aufgebaut. Engstehende Metallzähne fangen selbst die kleinsten Teile aus dem Abwasser. Auf diese Weise wird der Unrat aus dem Kanal befördert und in Container geleitet. Das Wasser wiederum gelangt über ein Pumpwerk in Richtung Kläranlage.«

Laura nickte, sie konnte sich das Kanalsystem anhand der Schilderung von Remmel zwar nicht vorstellen, aber wenn sie ehrlich zu sich selbst war, wollte sie es auch gar nicht so genau wissen.

»Jetzt kümmern wir uns erst einmal um den Arm, dann sehen wir weiter«, sagte sie und gab Elszer damit zu verstehen, dass er loslegen konnte.

Er kommentierte ihre Bitte mit einem Blick, den er mit einem seiner Männer austauschte. Der Mitarbeiter zog eine Plane aus dem Koffer und faltete sie auseinander. Das Rascheln der befreiten Folie verstärkte sich in den Katakomben zu einem wilden Rauschen, was die Atmosphäre im Kanal zusätzlich belastete.

Da es im Kanal ziemlich eng war, trat sie einige Schritte zurück, um dem Spurensicherer Platz zu machen. Der Mann war unter dem Kapuzenoverall und dem Mundschutz anonym, doch sie glaubte, seine bullige Silhouette schon einmal gesehen zu haben. Was ihr aber sofort auffiel, war die Aggression, die er ausstrahlte, als er mit raschen Schritten auf sie zupflügte. Sie presste sich an die schmutzverkrustete Wand, während er sich schnaubend an ihr vorbeidrückte.

Laura presste die Kiefer zusammen. Sie hatte keine Lust, ihre letzten Energiereserven auf einen Kleinkrieg zu verschwenden, und beschloss, nichts zu sagen. Sollte er doch denken, was er wollte. Sie waren alle hier, weil es ihr Job war. Und wenn es hieß, am Wochenende den Dienst in einem unterirdischen Abwasserkanal zu versehen, dann war das nun mal so. Ihr wäre es auch lieber gewesen, das Leichenteil an Land aufzufinden. Weiß der Geier, warum sein Mörder ausgerechnet einen Kanal gewählt hatte, um eine Leiche verschwinden zu lassen.

Armin Elszer schien das Verhalten seines Mitarbeiters entweder nicht zu stören, oder er hatte es nicht mitbekommen. Mit einem Ächzen ging er in die Hocke und breitete die Folie unterhalb des Körperteils aus. Der Kriminaltechniker fixierte die Plastikplane, während Elszer den Arm noch einmal in Augenschein nahm.

»Das ist schon ein Kunstwerk«, schnaubte er und betrachtete die vielen Details, die den Arm so einzigartig machten. So einzigartig, dass die Polizei allen Grund zur Annahme hatte, es hierbei mit dem Mörder von Juri Iwanow zu tun zu haben.

»Ich werde ihn einfach auf die Plane rollen. Was dagegen?«

Die Polizisten sahen sich an. »Mir egal«, antwortete Laura, »Hauptsache, er bleibt in einem Stück, sonst bekommen wir wieder Schimpfe von den Rechtsmedizinern.«

»Na, dann mal los«, murmelte Elszer und zog den Arm vorsichtig auf die Plane.

KAPITEL

# 25

Ein dumpfes Dröhnen bohrte sich unablässig in Elenas Bewusstsein. Das Pochen ihrer Schläfen war kurz davor, ihr den Verstand zu rauben. Sie stöhnte auf. Wie durch einen Nebelschleier registrierte sie das Zittern ihres eigenen Körpers. Sie biss die Zähne zusammen und versuchte, die Kontrolle über ihn zurückzugewinnen.

Ihr war kalt. Eiskalt. Sie zwang sich, die Augen zu öffnen. Das erste, was sie registrierte, war ein gespenstisches blaues Leuchten. Die Helligkeit war nicht stark genug, um weiter in ihr Bewusstsein zu dringen, denn nur wenige Herzschläge später übermannte sie erneut ein traumloser Dämmerzustand.

Sie vermochte nicht zu sagen, wie lange sie ohnmächtig gewesen war. Aber da war es wieder. Das Wummern in ihrem Kopf. Noch massiver als zuvor. Es drängte sich permanent in ihren Verstand. Wie ein Warnsignal, das ihr zu sagen versuchte: »Wach auf!«

Ihr Instinkt tobte und schrie, verlangte, dass sie die Augen öffnete, aber ihr Körper wehrte sich, wollte nur Ruhe.

Sie wagte einen weiteren Versuch. Langsam quetschte sich das blaue Licht zwischen ihre Lider. Während sie sich noch fragte, woher das Geräusch kam, schärften sich ihre Sinne.

Sie lag rücklings, die Muskeln steif vor Kälte. Die Schultergelenke schmerzten, und sie hatte den metallisch-kupfernen Geschmack von Blut im Mund.

Die Haut ihres Gesichts fühlte sich eingefroren an. Sie schnitt eine Grimasse, um das taube Gefühl loszuwerden.

Die Welt um sie herum war in ein seltsames Halbdunkel getaucht. In der Luft lag eisige Feuchtigkeit, die sich bleiern auf ihre Lunge legte. Ein Flimmern über ihrem Gesicht forderte ihre Aufmerksamkeit.

Sie stellte den Blick scharf und erkannte Rotorblätter direkt über ihr. Das mussten die Rotorblätter einer Kühlanlage sein. Daher kam das Wummern. Und die Kälte.

Ihre Lippen formten eine stumme Frage. Aber ihre Zunge klebte schwer an ihrem Gaumen. Sie fühlte sich wie benommen, und sie konnte sich nicht rühren. Sie schluckte. Ihr Verstand war wie leergefegt. Eine Welle der Übelkeit erfasste sie. Keuchend versuchte sie, sich zu konzentrieren. *Was ist passiert? Wo bin ich?* Sie bewegte den Kopf und starrte auf kalte Kacheln. Eine Wand. Sie drehte ihr Gesicht zur anderen Seite, und ein heiserer Laut entfuhr ihrer Kehle. Ihr Verstand war auf dem besten Weg, Amok zu laufen. Ruckartig riss sie den Kopf hoch, und jetzt war sie hellwach.

Jemand beobachtete sie. Erschrocken hielt sie die Luft

an und versuchte, ihr Zittern zu unterdrücken. Aber es war unmöglich, diesem Blick auszuweichen. Irgendetwas an diesen Augen sagte ihr, dass etwas nicht stimmte. Sie konnte nicht benennen, was es war, und starrte ängstlich zurück. Die Augen reagierten nicht.

Braune Regenbogenhäute, die strahlenförmig in den trüben Augäpfeln verschwanden und deren Kern wie flüssiges Quecksilber glänzte. *Grauer Star*, lautete ihre Diagnose, und langsam erkannte sie die Konturen eines Gesichts. Ein Mann. Er lag auf der Seite. Tiefe Furchen umrahmten die knöchernen Augenhöhlen wie zerknittertes Pergament. Ihr Blick wanderte zu der vorstehenden Nase und dann weiter zu dem schiefen Mund. Es war eher ein verzogenes schwarzes Oval, umrahmt von blauem Samt, aus dem die Zähne wie Perlen hervorlugten.

Sie schloss die Augen, um den Schock zu verarbeiten. Als sie sie wieder öffnete, war der Mann immer noch da.

»Hallo?«, rief sie ihm entgegen. Er antwortete nicht.

»Hallo, Sie!«

Die Worte schwebten als neblige Schwaden davon. Aber er reagierte nicht. Sie hob den Kopf so gut, wie es ihre Position zuließ, und betrachtete ihn genauer. Was sie von seinem Oberkörper erkennen konnte, war nackt, und er lag auf einem Metalltisch. *Großer Gott!*

Sie versuchte, sich zu bewegen, aber ihre Glieder wollten nicht gehorchen. Schlagartig wurde ihr klar, was das zu bedeuten hatte. Sie war gefesselt!

Panisch spannte sie die Muskeln an, biss die Zähne zusammen und legte ihre ganze Kraft in den Versuch, ihre Arme an den Körper zu ziehen. Etwas schnitt ihr in die Handgelenke. Sie ignorierte den Schmerz, gab noch einmal alles.

Ihr Körper bäumte sich auf. Die Kraftanstrengung jagte ein Zittern durch ihre Muskeln, doch die Fesseln hielten stand. *Mist!* Sie ließ den Kopf zurückfallen, und augenblicklich jagte ein Stechen durch ihren Schädel. Vermutlich hatte sie eine Platzwunde am Hinterkopf, oder zumindest eine riesige Beule, von der jetzt ein schmerzhaftes Pochen ausging. Ihr wurde übel. Ihre Brust hob und senkte sich hektisch. Sie keuchte. Und dann war da noch diese schreckliche Kälte.

Sie warf dem Gebläse an der Decke einen vernichtenden Blick zu. Sie musste hier sofort raus!

Tränen fanden ihren Weg über ihr kaltes Gesicht. Sie schniefte und versuchte einen Moment ruhig nachzudenken. *Wieso liege ich in einer Kühlkammer neben einer Leiche? Warum hat man mich gefesselt, aber am Leben gelassen?*

Ihre Finger waren durch den Blutstau geschwollen, und ihre Haut fühlte sich schmerzhaft prall an, trotzdem ertastete sie eine glatte Oberfläche. Offensichtlich lag sie auch auf einem Stahltisch.

Der Tag hatte doch so schön begonnen. *Sebastian!* Ihr Magen zog sich schmerzhaft zusammen. Sie hob den Kopf und sah sich um. Doch viel konnte sie nicht erkennen. Vielleicht lag er am anderen Ende des Raums.

»Sebastian?«, rief sie und ließ den Kopf vorsichtig auf den kalten Tisch sinken. Sein Name verhallte ohne Antwort. Dafür schoben sich Erinnerungsfetzen vor ihr inneres Auge. Sebastian. Das Wiedersehen. Die gemeinsame Nacht. Der Besuch bei Corporis Genetics. Die Leichen.

Die Erinnerungen kamen nun mit solch einer Wucht

zurück, dass sie schwer schlucken musste. Der LKW hatte eine weitere Todesfracht abgeladen. Jetzt hatte sie es wieder vor Augen, junge Gesichter mit aufgerissenen Mündern und starrem Blick. Es war wie eine Wiederholung der Ereignisse auf der Autobahn. Würde sie diese Leichen im rechtsmedizinischen Institut untersuchen, würde sie sicherlich die gleichen Ergebnisse finden. Aber damit wollte sie sich jetzt nicht beschäftigen.

Ihre jüngste Erinnerung galt dem Ausdruck, mit dem Bosch sie angesehen hatte. Jetzt dämmerte es ihr. Seine Aufmerksamkeit hatte er dem gewidmet, was sich hinter ihr befunden hatte. Vermutlich war sein Komplize direkt hinter ihr aufgetaucht und hatte sie niedergeschlagen … *Mistkerle!*

Und nun sollte sie genau so enden wie die armen Menschen, die regelmäßig hier angeliefert wurden. Das durfte nicht geschehen, sie musste eine Möglichkeit finden, aus diesem eiskalten Grab zu entkommen.

Sie schob die Hände vor und zurück. Vielleicht gelang es ihr, aus den Fesseln zu schlüpfen. Doch alles, was sie erreichte, war, dass sich das Material tiefer in ihre Haut grub.

Sie zappelte mit den Füßen. Längst hatte sie bemerkt, dass auch diese fixiert worden waren. Doch es war hoffnungslos. Die Wade ihres rechten Beins begann zu kribbeln, und dann durchfuhr sie ein jäher Schmerz. Wie elektrische Ladung schoss er durch ihr Bein. *Herrgott!*, stöhnte sie. Ihr Kopf schlug hart auf den Untergrund. Sie biss die Zähne zusammen, um gegen die Schmerzwelle anzukämpfen. Aber die Fußfesseln machten es ihr unmöglich, eine bessere Körperhaltung einzunehmen.

Sie krümmte den Rücken, was ihr keine Erleichterung brachte. Der verkrampfte Muskel bebte, und sie zitterte so heftig, dass ihre Zähne laut aufeinanderschlugen. Sie hätte ihren Körper gern in eine andere Position gebracht, doch die Fesseln ließen es nicht zu. Ein sengender Schmerz schoss von den Zehen bis hinauf in ihren Oberschenkel. Sie umklammerte das Metall der Bahre, bis ihre Fingergelenke schmerzten.

Der Krampf verlieh ihr ungeahnte Kräfte. Voller Hass auf den Schmerz zerrte sie an ihren Fesseln. Das Material schnitt erbarmungslos in ihre Haut. Trotzdem hatte sie den Eindruck, dass es nachgab. Wenn auch nur wenige Millimeter. Das gab ihr das Gefühl, zumindest einen kleinen Erfolg errungen zu haben. Der Wadenkrampf verebbte. Schweißgebadet und zittrig sog sie die frostige Luft ein. Die Kälte umgab sie jetzt wie Eiswasser und sie fühlte sich wie eine Ertrinkende. Sie presste den Rücken gegen das eisige Metall und verharrte regungslos. Gab sich selbst und ihrem Körper die Chance, Energie zu sammeln. Kraft, die sie noch brauchen würde. Ihr ganzer Körper schmerzte, und jeder Atemzug war Erleichterung und Qual zugleich.

Sie spürte ein Kribbeln in den Fingerspitzen. Ein sicheres Zeichen dafür, dass das gestaute Blut den Weg zurück zu ihrem Körper fand.

Ein kleiner Sieg. Die Fesseln saßen lockerer. Sie ballte die Hände und pumpte Blut und Lymphe aus dem geschwollenen Gewebe. Dann machte sie eine Faust und riss die Arme zur Brust. Immer und immer wieder. *Ich werde es schaffen!* Sie hörte ihr eigenes Stöhnen und einen erschreckenden Laut, als sich eine Fessel löste und ihr linker Arm auf ihre Brust klatschte. Überrascht beäugte sie den Arm. Eine dunkle Flüssigkeit tropfte von ihrem Handgelenk. Glücklich über den Erfolg ignorierte sie die Blutung. Wie tief konnte sie schon sein? Jetzt galt es, die anderen Fesseln ebenfalls zu zerreißen.

Sie verschwendete keine Zeit und zerrte an der anderen Hand. Doch der Erfolg blieb aus. Na gut, dann die Beine. Sie strampelte und hoffte, dass der Muskelkrampf nicht wieder kommen würde. Sie biss die Zähne zusammen, bis die Kiefergelenke knackten, und stieß wilde Schreie aus. Brüllte gegen den Schmerz und die Verzweiflung an.

Die ersten Anzeichen einer Lockerung machten sich bemerkbar. Noch einige kräftige Tritte gegen imaginäre Gegenstände, und der erste Fuß kam frei. Es dauerte mindestens genauso lange, bis sie es schaffte, die andere Fußfessel zu zerreißen. Ein Kraftakt sondergleichen. Nie hätte sie es für möglich gehalten, dass ihr dies gelingen könnte.

Stöhnend und zufrieden gönnte sie sich einige Sekunden der Ruhe, dann richtete sie sich auf. Doch die Bewegung war zu schnell. Der Raum begann, sich zu drehen. *O mein Gott!* Sie schloss die Augen und kämpfte gegen eine weitere Welle der Übelkeit. Zum Brechreiz kam Panik hinzu. Sie musste aufstehen! Sie musste sofort hier weg!

Sie glitt von dem Metalltisch und untersuchte die Fixierung. Ein Kabelbinder umschloss die Stütze einer Rollbahre und ihr Handgelenk. Der Kunststoff hatte sich tief in die Haut geschnitten.

Mit dieser Erkenntnis kam auch der Schmerz. *Scheiße! Nein, ich werde jetzt nicht schlapp machen.*

Obwohl sie noch stark zitterte, stemmte sie ein Bein gegen die Bahre und das andere fest auf den Boden, bis sie sicher stand. Dann umschloss ihre freie Hand die gefesselte. Doch der Kabelbinder gab nicht nach. Sie überlegte, ob sie den Kunststoff mit ihren Zähnen durchbeißen konnte, verwarf den Gedanken aber gleich wieder. Sie hatte eine bessere Idee.

Sie löste die Bremsen der Rollen und zog die Bahre rückwärts bis an eine Wand. Sie klemmte sich mit dem Rücken zwischen der Wand und der Bahre auf den Boden. Während sie versuchte, die Kälte, die durch die dünne Wolle ihres Kleides drang, bestmöglich zu ignorieren, positionierte sie die Beine im richtigen Winkel zur Bahre und stieß mit aller Kraft gegen das Metall. Sie presste die Lippen aufeinander.

Der Schmerz, der durch ihr Handgelenk schoss, war unbeschreiblich und endete irgendwo im Bereich ihrer Wirbelsäule. Doch die Kraft ihrer Beine verfehlte ihre Wirkung nicht. Der Kabelbinder riss, und die Rollbahre krachte gegen eine andere.

Stöhnend zog sie sich auf die Knie. Schnell sah sie sich im Raum um. Erfasste fünf Bahren, auf denen jeweils einzelne Personen lagen. Allesamt nackt und ordentlich gebettet. In dem gedämpften Licht schimmerte ihre wächserne Haut bleich und gespenstisch. Nachschub für die fabrikartige Verwertung von Körperteilen durch Corporis Genetics.

Sie fröstelte und schlang zitternd die Arme um ihren Oberkörper. Dieser Raum war eine Art Lagerkammer, in dem tote Menschen darauf warteten, ausgeschlachtet zu werden. *Doch wo war Sebastian?*

Sie ging auf die Leichen zu. Musterte ihre Gesichter.

Gott sei Dank. Sebastian war nicht dabei. Sie spürte einen Anflug von schlechtem Gewissen, weil sie kein Mitleid mit den Menschen auf den Bahren empfand. Aber im Moment hatte sie andere Probleme.

Sie riss ihren Blick von den Toten los, verharrte kurz an den gekachelten Wänden und fand die Ursache für das blaue Licht. Eine Notbeleuchtung. Direkt über einer Tür!

Keuchend und mit klopfendem Herzen erreichte sie den Ausgang. Mit einem Seufzer umschlossen ihre Hände den eisigen Griff, und sie wagte kaum zu atmen, als sie ihn herunterdrückte. *Verschlossen!*

Ungläubig starrte sie den Stahlkoloss an. Noch einmal rüttelte sie am Griff. *Los jetzt. Geh auf!* Aber die Verriegelung bewegte sich nur wenige Zentimeter. Erbarmungslos hielt er ihren Kräften stand. Panik wallte in ihr auf. Sie schluchzte und schlug frustriert mit der flachen Hand gegen das Türblatt. *Vielleicht ist es nur ein Problem der Technik.*

Sie konzentrierte sich und legte ihre ganze Energie in den Versuch, den Hebel herunterzudrücken. Dieses Mal wurde sie mit einem leichten Nachgeben belohnt. Sie versuchte es noch einmal. Die Muskeln ihrer Oberarme zitterten. Schweiß rann über ihre Schläfen. Trotz der Kälte brachte sie das Kunststück fertig, zu schwitzen.

Erschöpft ließ sie den Hebel los. Ohnmächtig sah sie zu, wie er wieder in seine Ausgangsposition schnellte.

»Scheiße!«, fluchte sie und kämpfte gegen die Verzweiflung an. Dann entfuhr ihr ein hysterisches Lachen. Es war ein verzweifelter, kehliger Laut. Wer immer sie hierhergeschleppt hatte, wäre nicht so dumm gewesen, die Tür offenzulassen.

Sie musterte die Stahltür. Es wäre reine Zeitverschwendung, dagegen zu hämmern. Die Dämmung des Raumes würde alle Geräusche verschlucken. Und selbst wenn sie jemand hören sollte, konnte sie sich nicht sicher sein, ob die Person sie retten oder töten wollte.

Sie überlegte fieberhaft, was sie noch tun könnte, um dem eisigen Grab zu entkommen. Aber ihr wollte nichts einfallen.

Bei dieser Kälte würde sie nicht lange überleben können.

Urplötzlich durchsegelte eine weitere Befürchtung ihre Gedanken. Sauerstoff. Wie lange würde die Luft in diesem Raum für sie ausreichen?

Sie starrte zu den Leichen. Die würden keinen Atem mehr benötigen. Aber sie schon.

Sie schielte zur Lampe über der Tür und entdeckte den Schalter neben dem Eingang. Sie ließ ihre Faust gegen den Knopf krachen. Gleißende Helligkeit traf auf ihre Pupillen und suchte sich seinen Weg direkt in ihr Gehirn. Der Schmerz war so heftig, dass sie die Hände schützend vor das Gesicht riss. Sie stöhnte. Langsam senkte sie die Arme wieder und blinzelte.

Ratlos drehte sie sich zu den Toten um. Sie würden ihr keine Hilfe sein. Unweit vom Ausgang lag ein Mann. Sie schätzte ihn auf Ende siebzig. Seine Brust zeigte die kreisrunden Male eines EKGs, und in der linken Armbeuge erkannte sie die schmutzigen Ränder von Heftpflastern um eine dunkle Einstichstelle. Sichtbare Spuren medizinischer Intensivpflege.

Sie verharrte kurz an seinen von Arthrose geschwollenen Fingergelenken. Offensichtlich bot dieser von Krankheit gezeichnete Körper immer noch Potenzial für skrupellose Organhändler. Sie sah nichts, was sie nicht schon viele Male zuvor gesehen hatte. Aber die Tatsache, dass sie in der Kühlkammer den Tod finden und ebenso bleich und leblos daliegen würde, erschreckte sie. Dies war das Wartezimmer des Todes. Wann würde man kommen, um sie zu holen? Ihr dämmerte, dass ihr Körper ebenso ausgebeutet werden sollte wie der von allen anderen Anwesenden. Ihr war nur noch nicht klar, warum man sie nicht gleich getötet hatte. *Ich muss in Bewegung bleiben, um mich warm zu halten!*

Sie ging weiter und rubbelte mit den Handflächen über ihre Arme, auch wenn sie wusste, dass das nichts nützen würde. Sie würde erfrieren.

Doch plötzlich nahm sie am Ende des Raumes noch etwas anderes wahr. Einen schwarzen Herrenschuh.

»Sebastian!«, keuchte sie und hechtete los.

## KAPITEL
# 26

Unter den ernsten Gesichtern der Männer an der Oberfläche bekam sie die Hand des Kanaltechnikers zu fassen und ließ sich, von ihrer wasserdichten Kleidung in der Bewegung behindert, aus dem Loch ziehen. Der Gestank des Abwassers summte in ihrem Kopf. Laura japste.

Die Luft war kühl und klar. Köstlich. Sie sog sie gierig ein. Bei jedem Atemzug spürte sie, wie die saubere Luft den widerlichen Ammoniakgestank aus ihrer Lunge verdrängte. Aber das Dröhnen ihres Schädels wollte noch nicht weichen. Das Abwasser hatte ihr Gehirn so vernebelt, dass es ihr im Moment schwerfiel, auch nur einen klaren Gedanken zu fassen.

»Hierher!«

Laura sah sich um. Ein Mann winkte sie herbei, und sie wankte auf ihn zu. Der Schutzanzug wog schwer, und den Gedanken daran, dass die komplette Kleidung mit Fäkalien überzogen war, versuchte sie so gut es ging zu ignorieren. Selbst bei der kleinsten Bewegung umschloss sie eine widerwärtige Duftwolke wie ein Dunstschleier. Zu ihrem Leidwesen gab es jemanden, der diesen Gestank ganz anziehend fand. Fliegen. Als hätten die Biester nur darauf gewartet, dass sie ans Tageslicht trat, umkreisten sie sofort ihren Kopf.

»Schließen Sie die Augen!«, brüllte der Mann.

Im nächsten Moment traf sie ein Wasserstrahl. Die Fliegen nahmen sofort Reißaus. Kleine Wassertropfen besprenkelten ihr Gesicht, und sie konnte ein Würgen nicht unterdrücken. Als der Strahl nachließ, öffnete sie vorsichtig die Augen. Das Wasser troff von dem Gummianzug. Eine Schmutzpfütze umspülte ihre Stiefel und floss in kleinen Rinnsalen zum nächsten Gully, wo es gurgelnd verschwand. Der Anblick ließ sie erneut erschaudern.

Vorsichtig schielte sie zu Ackermann. Sie konnte eine Mischung aus Ekel und Erleichterung in seiner Miene lesen, als ihn die Wucht des Wasserschlauches traf.

Sie kämpfte sich aus dem schweren Overall und schlüpfte in ihre Chucks. Obwohl sie jetzt nur noch ihre eigene Kleidung trug, klebte der Geruch nach Kanalisation hartnäckig in ihrer Nase. Verstohlen hob sie die Hand und schnupperte an ihren Fingern. »Gott, stinkt das!«

Ackermann kam auf sie zu und reichte ihr eine Flasche Mineralwasser. Dankbar spülte sie ihren Mund, bevor sie trank.

»Ich hab echt keinen Bock mehr auf diesen Gestank«, fluchte er. »Ich gehe da nicht mehr runter, das kannst du echt vergessen!«

Laura hatte weiß Gott keine Lust, noch einmal durch

die Fäkalien zu waten. Allein der Gedanke ließ sie erschaudern, und sie beschloss, erst einmal zu duschen.

»Lass das mal die Spusis machen.«

Kaum, dass Laura diese Worte ausgesprochen hatte, zog sich Armin Elszer aus dem Erdloch und warf sich auf den Boden. Er keuchte, zog geräuschvoll die Luft in seine Lungen und sah dabei zu, wie ein Bündel aus dem Loch gezogen wurde. Als er Laura erkannte, warf er ihr einen Blick zu, den sie fast als versöhnlich deuten konnte. Doch sein Ton passte nicht ganz dazu.

»Willst du dir den Arm nochmal anschauen, bevor er in die Rechtsmedizin kommt?«

Natürlich wollte sie. Mit der Wasserflasche in der Hand ging sie auf ihn zu. Er schälte sich aus dem Overall. »Du kannst dich da drüben auch abbrausen lassen«, sagte sie und deutete auf den Mann mit dem Wasserschlauch.

Er schüttelte den Kopf. »Geht auch so.« Dann warf er Overall und Handschuhe achtlos zu Boden und beäugte gierig das Wasser in Lauras Hand. Sie verstand und reichte ihm die Flasche. Offensichtlich störte es ihn nicht, dass sie bereits aus der Flasche getrunken hatte, und er trank sie in einem Zug leer. Dann japste er: »Sorry, wolltest du noch?«

Sie schüttelte den Kopf und wartete, bis er den Reißverschluss des Sackes geöffnet hatte.

Bei Tageslicht bot ihr der Arm seine ganze grauenvolle Pracht dar. Polizisten, die zuerst am Tatort eingetroffen waren, versammelten sich zusammen mit den Kriminaltechnikern und einigen Kanalarbeitern um den Fund auf der Plane. Die Auffindung eines abgetrennten Körperteils kam schließlich nicht alle Tage vor. Erst recht nicht von einem, dessen Haut einem Kunstwerk gleichkam.

Sie betrachtete die Fingerbeeren. »Diese blöden Mistviecher haben sich ja wirklich angestrengt. Denkst du, wir können irgendwelche Fingerabdrücke sichern?«

»Da fragst du ihn am besten selbst«, sagte Armin Elszer und deutete auf einen Wagen, der an der Absperrung zum Stehen kam.

Ein grauhaariger Mann stieg aus, den Laura bereits kannte. Sie warf Elszer einen fragenden Blick zu. »Doktor Werner kommt heute persönlich?«

Armin grinste: »Das wollte er sich sicherlich nicht entgehen lassen.«

Während Dr. Werner ohne sichtbare Eile auf sie zukam, fragte Laura: »Habt ihr sonst noch etwas gefunden?«

Als ob diese Worte ihn aufs Neue daran erinnerten, dass sie ihm die Inspektion des Fanggitters aufgebrummt hatte, verzog er das Gesicht und schüttelte mit dem Kopf. »Wir haben den ganzen Mist vor dem Fanggitter durchwühlt. Nichts. Uns bleibt nichts anderes übrig, als diesen ganzen verdammten Abwasserkanal abzusuchen!« Er klaubte den Overall und die Handschuhe zusammen.

»Wann wollen wir das in Angriff nehmen?«

Laura wählte extra das Wort *wir*, weil sie wusste, wie sauer er auf sie war. Ihm jetzt zu sagen, dass er allein in den Kanal würde gehen müssen, dazu fehlte ihr der Mut.

Er hielt in der Bewegung inne und sagte: »Das wird erst mal nichts mehr!« Mit dem Kinn deutete er auf den Einstieg, der nach und nach verdreckte Gestalten ausspuckte. »Wir müssen den Kanal räumen. Es ist sonst zu gefährlich. Wir können frühestens heute Abend wieder rein.«

»Wieso?« Laura sah den Kriminaltechniker verständnislos an. »Irgendwo da unten liegt eine Leiche. Wir sollten sie so schnell wie möglich bergen, bevor sie im unterirdischen Labyrinth der Stadt verschwindet oder die Ratten sie bis zur Unkenntlichkeit angenagt haben!«

Einer der Kanaltechniker kam Elszer zu Hilfe. »Um diese Zeit erreicht der Kanal seinen höchsten Stand. Wenn die Leute vom Wochenendeinkauf nach Hause kommen, gehen sie duschen oder nehmen ein Bad. Waschmaschinen und Spülmaschinen werden angeworfen. Das ist für uns die Rush Hour. Da ist der Kanal schneller voll, als Sie bis drei zählen können. Wir müssen uns also jetzt beeilen. Aber am Abend ist der ganze Spuk vorbei.«

»Wann wäre die beste Zeit, nach der Leiche zu suchen?«

Der Mann kratzte sich am Kinn, und seine Bartstoppeln wehrten sich geräuschvoll. »Wenn die Tagesschau läuft!«

»Was?«

»Um diese Uhrzeit sitzen alle vor dem Fernseher, im Kino oder in Restaurants. Heute ist Samstag. Da geht man abends aus, trifft Freunde, oder macht es sich zu Hause gemütlich. Dann ist der Wasserstand am niedrigsten.«

Laura seufzte und blickte in die Runde. Sie sah den Gesichtern der Kollegen an, was sie dachten. Jeder Einzelne von ihnen hatte sich den Samstagabend anders vorgestellt. Und sie hatte nun die undankbare Aufgabe, diesen Männern den Abend zu versauen.

»Okay, wir treffen uns um neunzehn Uhr. Jemand soll den Kanaleinstieg sichern und bewachen.«

Sie wandte sich an Klamert. »Wir brauchen ein paar von Ihren Leuten. Ohne Ihre Männer können wir da nicht rein.«

Der Kanaltechniker nickte.

Laura seifte sich mit Sicherheit zum fünften Mal ein. Der Gestank umgab sie wie eine zweite Haut. Immer wieder schnupperte sie an ihren Händen und ließ die Nase an der Innenseite ihres Arms heraufgleiten. Als sie endlich das Gefühl hatte, nichts anderes als Seife zu riechen, drehte sie das Wasser ab und beobachtete, wie der Schaum röchelnd im Abfluss verschwand. Nie hatte sie einen Gedanken daran verschwendet, wo ihr Duschwasser oder das der Toilette landete.

Da kam ihr ein anderer Gedanke, und eine erneute Welle des Ekels erfasste sie. *Das Krankenhaus!* Sie stöhnte auf und ließ noch einmal Wasser über ihre vom Schrubben gereizte Haut strömen. Sie ignorierte das brennende Gefühl des heißen Wasserstrahls und der Seife, weil ihr der Gedanke, dass das Klinikum nur einen Steinwurf vom Fundort der Leiche entfernt lag, weit unangenehmer war.

Erfrischt von der heißen Dusche und mit dem Gefühl, halbwegs sauber zu sein, kam Laura aus dem Bad. Ihre Katze Emma kam aufgeregt angelaufen. Schnurrend lief sie ihr zwischen die Beine. Eine Angewohnheit, die Laura immer zum Lächeln brachte. Sie schlüpfte schnell in frische Kleidung, während die Katze sie aus bernsteinfarbenen Augen betrachtete.

»Du hast Hunger, stimmt's?« Sie nahm die Katze auf den Arm und lief zur Küche. »Ich auch.«

Im Kühlfach suchte sie nach einer Pizza und schob sie in den Ofen. Emma protestierte lautstark, weil sie nicht zuerst gefüttert wurde. Doch das leise *Plopp* beim Öffnen der Katzenfutterdose schien das Tier versöhnlich zu stimmen.

»Du hättest wenigstens mal die Küche aufräumen können, du faules Stück!«, schimpfte Laura, auf der Suche nach einem sauberen Futternapf.

Während die Katze fraß und die Pizza im Ofen backte, brachte Laura die Küche in einen einigermaßen ansehnlichen Zustand. Mit Pizza und Telefon bewaffnet, setzte sie sich an den Küchentisch und beschoss, ihre Eltern anzurufen, um für heute Abend abzusagen. Ihnen zu erzählen, dass sie in einem Kanal nach Leichenteilen suchen würde, sparte sie sich und ihrer Mutter. Sie würde es sowieso nicht verstehen.

## KAPITEL 27

Er lag auf dem Rücken. Sein Gesicht war bleich. Nur seine Kleidung bildete einen Unterschied zu den Toten im Raum. Blut klebte am Kopf. Offensichtlich hatte man auch ihn niedergeschlagen.

Elenas Blick blieb kurz an den gefesselten Händen hängen, dann untersuchte sie seinen Hals. Es dauerte eine gefühlte Ewigkeit, bis ihre klammen Finger einen Puls fanden. Schwach und unregelmäßig, aber tastbar.

Sie sah sich suchend um. Nichts in diesem Raum konnte ihr von Nutzen sein. Wo war nur ihre Handtasche? Verdammt. Sie brauchte dringend ein Telefon. Wenn sie nicht schnellstmöglich Hilfe holte, würde er sterben. Sie sah zu dem Mann, und ihr Magen zog sich vor Verzweiflung zusammen.

Trotzdem durchwühlte sie das Jackett von Bosch. »Mist«, fluchte sie. Außer einem Portemonnaie, einem zerknüllten Papiertaschentuch, einem Päckchen Camel-Zigaretten mitsamt Feuerzeug und einem Kugelschreiber konnte sie nichts Brauchbares aus den Taschen befördern.

Doch, da war noch etwas, allerdings in der Innentasche verborgen. Ein Handy.

Gott sei Dank! Die Freude über das Mobiltelefon war so überwältigend, dass es ihr die Tränen in die Augen trieb. Mit zittrigen Händen wischte sie über das Display. Sofort erschien das Foto eines lächelnden Mädchens. Die Uhrzeit und das Datum. Es war also noch Samstag. Aber das Telefon sagte ihr auch, dass sie schon mehrere Stunden in ihrem eisigen Gefängnis verbracht haben musste.

Ein Zahlenfeld forderte die Eingabe eines Codes. Sie lachte verzweifelt auf. Ohne die geringste Hoffnung drückte sie auf dem Display herum. Egal, welche Kombination sie versuchte, sie konnte das Telefon nicht zur Funktion überreden.

Da blieb ihr Blick an dem kleinen Kästchen unterhalb der Tastatur hängen. *Notruf.* Sofort drückte sie den Button und wartete auf ein Knistern in der Leitung, eine Stimme oder ein sonstiges Zeichen, dass der Hilferuf angenommen wurde. Das Telefon blieb stumm.

Ungläubig starrte sie auf das Handy. *Kein Netz.* Die Worte stachen ihr entgegen. Schimmernder Spott auf dunklem Hintergrund.

Sie kam auf die Beine und versuchte es mit Herumlaufen. Immer das Display im Blick, hoffte sie auf Empfang. Aber das Handy weigerte sich hartnäckig, ein Signal einzufangen. Die Wände des Kühlraums ließen keine Verbindung zu.

Sie starrte das nutzlose Gerät an, und ihre Hoffnung schwand immer weiter. Das war's. Sie war so gut wie tot. Lange würde sie es in dieser Kälte nicht mehr aushalten. Kaum zu glauben, wie schön dieser Tag begonnen hatte.

Sie lehnte sich gegen die Wand und vergrub das Gesicht in ihren Händen. Ihre verletzten Handgelenke verströmten den charakteristischen Geruch von frischem Blut. *Wo ist Sebastian? Warum bin ich hier?*

Immer wieder geisterten die Fragen durch ihr Gehirn. Doch jetzt zitterte sie so heftig, dass sie sich kaum noch konzentrieren konnte. Dabei wäre eine Idee, um aus dem eisigen Gefängnis herauszukommen, überlebenswichtig.

Wieder starrte sie zur Tür, als würde diese sich allein deshalb öffnen, weil sie es wollte. *Wie bin ich hierhergekommen? Warum hat man mich nicht gleich getötet?*

*Mein Gott, war das kalt.* Sie konnte sich nicht erinnern, dass sie schon einmal so gefroren hatte. Sie blickte kurz zu einer der Leichen. Schreckliches Grauen erfasste sie, als sie darüber nachdachte, wo Sebastian sein könnte. Hatte man ihn getötet und ausgenommen, um so seine Leiche verschwinden zu lassen? Würde ihr und Bosch das gleiche Schicksal bevorstehen?

Tränen trübten ihren Blick, als sie die Wände besah. Betonwände, die sie umzingelten wie ein eisiger Kokon. Unheilvoll, bedrohlich. Sie biss die Zähne zusammen und schüttelte heftig den Kopf, bis sie das beklemmende Gefühl abschütteln konnte.

Sie blendete die finsteren Gedanken aus und versuchte, sich stattdessen auf das viel drängendere Problem zu konzentrieren. »Ich muss hier raus!«, schrie sie in die Kälte. Ihre Schreie verhallten ohne Echo.

Sie wusste, dass man sie nicht hören konnte. Die Isolierung des Raums dämmte den Schall und erstickte alle Geräusche. Trotzdem schrie sie, bis ihre Kehle brannte und ihre Schreie in einem Schluchzen endeten. »Hilfe! Bitte!«, flehte sie. Ihre Worte schienen von der Kälte des Raums aufgesogen zu werden und verloren sich zwischen den Toten. Ein säuerliches Gefühl hatte sich unter ihrem Brustbein eingenistet und suchte sich einen Weg nach draußen. Sie würgte und kämpfte gegen den Brechreiz an. Schwer atmend sog sie die kalte Luft ein, und es dauerte einen Moment, bis die Übelkeit verflog. Mutlos sank sie zu Boden, rollte sich auf den Rücken und starrte an die Decke.

Es war, als hätte ihr jemand den letzten Funken Hoffnung aus dem Körper gesaugt. So, wie die kalten Fliesen den Rest an Wärme aus ihrem Körper saugen würden. Erneut umschloss sie die Eiseskälte wie ein frostiger Mantel. Schwermütig gab sie sich der Kälte hin. Ein einzelner Funke durchsegelte ihr Bewusstsein. *Wenn ich nicht in Bewegung bleibe, erfriere ich!* Aber sie blieb liegen. Der Gedanke, sich aufzuraffen und zu kämpfen, verflüchtigte sich, noch ehe er sich festigen konnte. Ihr Körper war zu erschöpft, um zu zittern. Kleine Dampfwölkchen drangen stoßweise zwischen ihren Lippen hervor. Gleich stehe ich auf. Gleich! Ein seltsamer Frieden überkam sie.

Sie atmete einen Teil ihrer Angst mit den Dampfwolken aus. Sah ihnen hinterher und ließ sich treiben. Sah sich als Kind zusammen mit ihrer Schwester im Schnee toben. Ein Lächeln umspielte ihre Lippen, als sie Kikkis Gesicht vor sich sah.

Ihre Fantasie trieb sie zur letzten Nacht. Zu Sebastian. Ein warmes Gefühl der Vertrautheit erfasste sie, zog sie wie mit einer Leine in sein Bett. Vor ihrem inneren Auge sah sie, wie er sich an sie presste, sie küsste und wie er sein unrasiertes Kinn über ihre Haut rieb, während er ihren Namen rief.

»Sebastian!«, zischte sie. Es war kein leidenschaftliches Seufzen. Es war Ausdruck von Wut, die ungezügelt in ihrer Brust loderte. Dieser Scheißkerl hatte ihr das eingebrockt, denn es war seine Idee gewesen, Corporis Genetics zu besuchen.

Die Wut auf Sebastian und darauf, dass sie sich heute gleich zweimal hatte überreden lassen, unüberlegt zu handeln, trieb ihr den Puls hoch. Und wo war er jetzt? Wieso hatte man nur sie und Bosch niedergeschlagen?

Ihr Blick stellte sich scharf und blieb an der Decke über ihr haften. Feine Risse weckten ihre Aufmerksamkeit, und sie folgte der Spur. Als hätte jemand ein wildes Muster in das Weiß der Gipsplatten gekratzt.

Plötzlich hielt sie inne. Sie konnte nicht glauben, was sie gerade entdeckt hatte und richtete sich hastig auf. Völlig perplex darüber, dass er sich die ganze Zeit quasi vor ihren Augen befunden hatte, starrte sie den Sprinklerkopf an.

Innerhalb eines Herzschlags traf sie eine Entscheidung. Sie stürzte zu Bosch. Ein Blick in sein Gesicht sagte ihr, dass er nicht mehr lange durchhalten würde. Sie schluckte und kramte in seinen Taschen. Warf alles achtlos zu Boden. Mit dem Feuerzeug in der Hand hechtete sie zu der Rollbahre, von der sie sich vor wenigen Minuten befreit hatte. Jetzt musste sie noch einmal hinauf. Doch dafür war es notwendig, dass sie die Bahre so platzierte, dass sie an den Sprinkler herankommen konnte.

Ungelenk stieß sie dabei gegen eine andere Bahre, die zwar direkt unter dem Sprinkler stand, auf der allerdings bereits eine tote Frau lag.

Erschrocken wollte sie die Bahre ein Stück zurückrollen, doch die Räder blockierten. Noch einmal musste sie korrigieren. Die ungewohnte Anstrengung trieb ihr den Puls in die Höhe, und ihr Atem tanzte in Dampfwölkchen davon. Die Bahre mit der Frau bewegte sich nicht. *Mist!*

Sie wollte der Person nicht allzu viel Aufmerksamkeit schenken, doch dass die Frau um einiges jünger war als die anderen Toten in dem Raum, war unschwer zu übersehen.

Sie löste die Fußbremse, spannte die Muskeln an und gab der Totenbahre einen Schubs. Die Rollen schrappten über den Boden, die Bahre drehte sich quer und schlug gegen eine weitere. Was war denn jetzt los? Den Blick auf die Räder gerichtet, wackelte sie an dem sperrigen Ding. Drei Räder bewegten sich mühelos, eines dagegen rührte sich nicht. *Verdammt!*

Dann entdeckte sie die Ursache für das Dilemma. Ein Kabelbinder klemmte in der Radnabe. Sie bückte sich, um den Plastikriemen aus der Lenkgabel zu fischen. Doch der Kabelbinder ließ sich nicht lösen. Sie schnaubte wütend.

Dann eben nicht! Noch einmal gab sie sich Mühe, die leere Bahre unter dem Sprinkler zu positionieren. Doch es war unschwer zu erkennen, dass sie nur Erfolg haben würde, wenn sie nahe genug an ihn herankommen würde.

*So ein Mist*, dachte sie wütend, stemmte die Hände gegen den störenden Rolltisch unter dem Sprinkler und musterte die Frau darauf. Die Haut war straff und makellos. Blondes Haar umrahmte das Gesicht und bildete einen dezenten Kontrast zu ihrem milchweißen Teint. Die Augen waren zur Decke gerichtet, den Sprinkler starr im Blick, wenn sie ihn noch sehen könnte.

Elena zögerte. Was sie jetzt vorhatte, war ihr ein Gräuel. Aber sie musste es tun. Sie straffte die Schultern und murmelte eine kurze Entschuldigung, dann holte sie Atem und stemmte ihre Hände gegen das Becken der Toten. Die Frau rührte sich nicht.

Elena prustete. Die Leiche fühlte sich starr und kalt an. Wie oft hatte sie schon die Körper von Verstorbenen berührt? Ihre Organe entnommen und gewogen. Hatte jede verborgene Stelle untersucht und ihnen alle Geheimnisse entlockt. Aber immer war sie den Toten mit Respekt begegnet. Was sie jetzt vorhatte, kam ihr wie eine Freveltat vor. *Dafür werde ich in die Hölle kommen*, dachte sie, als der leblose Körper mit einem dumpfen Schlag auf den gefliesten Fußboden krachte.

Bemüht darum, die unangenehmen Gedanken abzuschütteln, kletterte sie auf den Metalltisch. Ihre Hände zitterten vor Kälte und Aufregung. Sie benötigte mehrere Versuche, das Gasfeuerzeug aus Boschs Tasche zu entzünden.

Eine kleine Flamme erwachte, die jedoch sofort wieder erstarb. »Mist!«, fluchte sie und schüttelte das Feuerzeug. Sie konnte fühlen, wie die Flüssigkeit in den Kammern hin und her schwappte. Sie überprüfte den Gasregler und schob das Rädchen bis zum Anschlag. Eine riesige Stichflamme züngelte hell auf. Schlotternd hielt sie ihre Hand unter den Sprinklerkopf. Direkt unter die Glasampulle, deren Inhalt saphirblau glänzte.

Freude überkam sie, als sie erkannte, wie sich die Flüssigkeit in dem Glasröhrchen langsam verfärbte. Das Blau verwandelte sich in ein Lila und wechselte kontinuierlich in Richtung Rubinrot. Jetzt konnte es nicht mehr lange dauern, und die Ampulle sollte zerplatzen. Der Wasserdruck in der Leitung würde abfallen und Löschwasser aus dem Sprinkler regnen. Die Brandmeldeanlage würde umgehend bei der ortsansässigen Feuerwehr einen Alarm auslösen.

Die Farbe im Glaskolben wirkte jetzt bedrohlich dunkelrot. Elena wandte den Blick ab, um ihr Gesicht vor dem Löschwasser zu schützen. Sie sah zu Bosch, der immer noch reglos am Boden lag. Sie hätte ihn besser zur Seite ziehen sollen, damit sein bereits stark unterkühlter Körper nicht direkt unter dem Wasserstrahl liegen würde.

Sie hätte so vieles tun sollen. Beziehungsweise so vieles nicht tun sollen. Sie hätte nicht auf Sebastian hören sollen. Und wo war Sebastian? Hatte er sich retten können? Wenn ja, warum hatte er nicht die Polizei gerufen? Oder war er bereits tot? Lag er in einem anderen Kühlraum? Sie schüttelte den Kopf. Nein! Er durfte nicht tot sein. Bestimmt machte er sich Sorgen und war auf der Suche nach ihr. Sicherlich holte er Hilfe.

Ihr Arm wurde schwer, und ihr Nacken fühlte sich steif an. Wieso dauerte das so lange? Sie wagte einen kurzen Blick und erschrak.

Die Flamme war erloschen. Sofort schlug sie das Gasfeuerzeug an. Winzige Funken sprühten. Ein verzweifeltes Aufbäumen des Feuerzeugs. Aber es wollte nicht mehr zünden. Sie schüttelte das Feuerzeug, vielleicht konnte sie so die letzten Tropfen Gas zum Zündstein befördern. Das Feuerzeug blieb reglos, nicht einmal mehr ein Funkenschlag. Sie hatte nicht bemerkt, dass die Flamme erloschen war, und hatte das Gas ausströmen lassen.

Verzweiflung und Wut machten sich in ihrer Brust breit und schnürten ihr die Kehle zu. Wie konnte ihr das nur passieren?

Sie überprüfte den Glaskolben. Der dunkelrote Farbton war verschwunden. Die Flüssigkeit kühlte bereits wieder ab.

»Verdammter Mist!«, fluchte Elena. Ehe sie darüber nachdenken konnte, was sie als Nächstes tun sollte, traf ihr Unterbewusstsein eine Entscheidung. Mit Wucht rammte sie das Feuerzeug in den Spalt des Sprinklerkopfes, und die Ampulle brach mit leisem Knacken. In einem explosionsartigen Schwall klatschte ihr eisiges Löschwasser ins Gesicht. In Augen, Nase und Mund.

Sie prustete und strauchelte. Es erforderte all ihre Kräfte, sich aufrecht zu halten und nicht von der Bahre zu stürzen. Das Wasser prasselte wie kleine Nadeln auf sie herab, und binnen Sekunden war sie komplett durchnässt.

Vorsichtig sank sie auf die Knie und suchte Halt. Das Metall hatte sich urplötzlich in eine spiegelglatte Fläche verwandelt. Ziemlich wackelig kauerte sie auf der Leichenbahre, während der Wasserstrahl sie gegen das Metall drückte. Sie zitterte. Langsam schob sie einen Fuß zum Boden. Sie schlitterte, und ihr Ellenbogen krachte auf die Stahlkante. Unsanft landete sie bäuchlings auf dem Metalltisch. Eine Schmerzwelle schoss durch sie hindurch bis zur Schulter. Sie biss die Zähne aufeinander und nahm sich einige Sekunden, um gegen den Schmerz zu kämpfen. Sie keuchte. Das Wasser troff von ihrem Körper und ihren Haaren und ließ sie bis ins Mark frieren. Sie versuchte, das Zittern und den Schmerz zu ignorieren, und kletterte von der Bahre.

Kaum hatte sie den Boden erreicht, erwies auch dieser sich als äußerst rutschig. Aber sie erreichte Bosch ohne weitere Blessuren. Sein Atem ging flach. Das Wasser war längst bei ihm angekommen und hatte seinen Anzug durchnässt. Sie schob ihre Arme unter seine Achseln, um ihn in die hinterste Ecke zu ziehen. Prustend und keuchend schaffte sie gerade mal wenige Zentimeter. Als zierliche Frau war es ihr unmöglich, einen bewusstlosen ausgewachsenen Mann zu bewegen.

Sie zog die Bahre heran, warf sie um und hoffte so, das Wasser von Bosch fernzuhalten. In der vagen Hoffnung, dass die Feuerwehr nicht allzu lange auf sich warten lassen würde, setzte sie sich neben Bosch.

# KAPITEL 28

Der Kegel der Helmlampe flackerte über die schmutzverkrusteten Wände und warf gespenstische Schattenbilder gegen die nassen Steine. Ein Schatten blieb kurz stehen, als müsste er sich selbst orientieren, überprüfte etwas an seiner Ausrüstung und lief dann unbeirrt weiter.

Laura hatte Mühe, mit dem Schatten Schritt zu halten. Ihre Waden kämpften sich vorwärts. Aber irgendwie kam sie kaum von der Stelle. Sie presste ihre Kiefer zusammen und stemmte sich gegen den schmierigen Untergrund. *Eins, zwei. Eins, zwei*, spornte sie sich im Geiste an und schob ihren Oberkörper vor, um den Halt nicht zu verlieren.

Dann richtete sie ihre Aufmerksamkeit auf den Strahl ihrer Helmlampe, der jetzt ein kreisrundes Mal auf dem Rücken des Kanaltechnikers abzeichnete. Auch wenn sie sich am Nachmittag geschworen hatte, nie wieder einen Fuß in die Mannheimer Unterwelt zu setzen, war ihr nichts anderes übrig geblieben. Jetzt bildete sie mit Marcel Klamert, dem Facharbeiter für Abwassertechnik, die Vorhut.

Ein leichter Sog trieb ihr einen Cocktail aus Gestank und schwülem Dunst entgegen. Die Feuchtigkeit kroch ihr in jede Pore, trieb ihr die Tränen in die Augen und erweckte in ihr den dringenden Wunsch, sich über das Gesicht zu wischen. Sie kämpfte dagegen an, indem sie die Hände zu Fäusten ballte und gegen den Oberkörper presste. Sicherlich gab sie ein ungewöhnliches Bild ab, wie sie sich in kokonartiger Haltung weiterschob. Aber der Durchgang wurde zur Rechten immer schmaler, und wenn es so weiterging, würde sie auch noch den Kopf einziehen müssen.

Klamerts Größe hatte ihn gezwungen, durch den Mittelkanal zu gehen. Trotzdem musste er sich ducken. Das Abwasser schwappte in sanften Wellen gegen seine Waden. Sie blieb auf dem Steg. Die Vorstellung, sich durch das Sammelbecken menschlichen Unrats zu bewegen, war für sie im Moment undenkbar.

»Vorsicht!«, rief Klamert und zeigte auf einen Vorsprung, der gefährlich aus der Decke ragte.

Laura zog den Kopf tiefer zwischen die Schultern. Der Schutzanzug, der ihren Körper steif und schwer wie einen Panzer umschloss, wehrte sich gegen ihre Versuche, in gebückter Haltung weiterzugehen.

Ihr rechter Ellenbogen schrammte an der Backsteinmauer entlang. Angewidert zog sie den Arm noch dichter an ihren Körper. Um sich von dem Schmutzfilm abzulenken, richtete sie ihre Aufmerksamkeit wieder auf den Steg. Wurde er schmaler? Sie starrte die Wand an. Kam sie näher?

Als sie sich abwenden wollte, holte sie unvermittelt eine Angst ein. Die Angst, unter der Erde gefangen zu sein. Sie spürte ihr Herz in der Brust galoppieren. Sie blieb stehen und zwang sich, ruhig zu atmen.

»Alles okay?«

Es war Klamert. Er lächelte. Im Gegensatz zu den Polizisten trugen die Kanaltechniker keinen Mundschutz, und sie spürte, wie sein Lächeln sie zurück in die Gegenwart zog. Sie blinzelte erleichtert und zugleich peinlich berührt wegen ihrer lebhaften Fantasie.

»Das hier unten ist nicht nach jedermanns Geschmack. Ich habe schon die Befürchtung, dass Sie mir gleich ins Wasser fallen«, fuhr er fort und musterte sie. »Sie sehen nicht aus, als hätten Sie Lust auf eine Kanaltaufe.«

»Kanaltaufe?«, echote Laura und ließ sich bereitwillig von den ungebetenen Gedanken abbringen.

Er grinste. »Jeder von uns ist schon einmal in den Kanal gefallen. Wir nennen das die Kanaltaufe. Das bleibt keinem erspart.«

Ihr Blick musste wohl grenzenlosen Ekel spiegeln, denn das Grinsen des Mannes wurde breiter. Er drehte ihr wieder den Rücken zu, und Laura beschlich das Gefühl, dass er weiter in sich hineingrinste. Als der Durchgang endlich mehr Platz bot, waren die Gedanken an ihre Ängste gänzlich passé, denn etwas anderes forderte ihre volle Aufmerksamkeit.

Laura erahnte den Sack, bevor sie ihn richtig registrierte. Der unterirdische Fluss hatte das schwarze Ungetüm auf einer Schlammbank abgelegt. Jetzt verstand sie, warum Klamert dazu geraten hatte, den Kanal erst am Abend zu inspizieren. Ein dünnes Rinnsal schlängelte sich zu beiden Seiten um den stabilen Haushaltsmüllsack und umspülte ihn, während das Wasser die Folie gespenstisch aufblähte.

Der Kanaltechniker blieb stehen, als würde er sich nicht näher an den Fund wagen. »Sie sollten sich beeilen!«, riet er. »Lange können wir es hier unten nicht aushalten.« Er tippte auf sein Messgerät. »Hier sind zu viele Leute. Die Sauerstoffsättigung ist zum gegenwärtigen Zeitpunkt nicht allzu hoch.«

Sie nickte. Es war ja schön und gut, ein ganzes Spurensicherungsteam samt Kanaltechniker dabeizuhaben. Aber im Moment musste sie sich erst einmal vergewissern, dass das, was sie unter der Folie vermutete, auch wirklich ein Team aus Spezialisten benötigte.

Sie machte sich innerlich auf das Schlimmste gefasst und trat näher heran. Dennoch blieb sie immer noch auf dem Steg, der ihr jetzt eine Schutzbarriere zu dem grausigen Fund bot.

Der Sack lag da wie achtlos hingeworfen. So, als hätte sich jemand im Vorbeigehen von lästigem Unrat befreit. Offenkundig war es auch so. Irgendjemand hatte einen zerstückelten Körper in den Kanal geworfen. Es war recht einfach, einen Kanaldeckel zu öffnen. An einer uneinsehbaren Stelle wie etwa in einem Gewerbegebiet bei Nacht konnte man sicherlich unbemerkt eine Leiche entsorgen. Den Rest hatte das Wasser erledigt und die Leichenteile unter der Universitätsstadt verteilt.

Sie beäugte die Insel. Die Sandbank machte einen relativ festen Eindruck, hatte aber die kalte, matschige Substanz von nassem Mörtel. »Kann ich da einfach hinlaufen?«

Der Kanalarbeiter nickte. Ihm war anzusehen, dass er sich keinesfalls dem Sack und dessen Inhalt nähern wollte. Hoffte er darauf, dass es sich bei dem Fund um einfachen Hausmüll handeln würde?

Laura war nicht sicher, was ihr lieber wäre. Eigentlich wollte sie den Fall so schnell wie möglich abschließen und das Kanalsystem von Mannheim sofort wieder verlassen. Sollte sich jedoch der zu dem Arm gehörende Körper nicht in dem Müllsack befinden, würde die Suche von Neuem losgehen.

Sie seufzte und straffte die Schultern. Ob sie wollte oder nicht, sie musste da rein. Klamert reichte ihr eine Hand.

Als sie in das Abwasser trat, wurde sie von der Kraft des Stroms unangenehm überrascht. Kaum hatte sie den Untergrund berührt, versank sie bis zu den Knöcheln in dem schlammigen Grund. Ein Fuß rutschte leicht weg, und sie schwankte unsicher. Klamert packte ihren Arm und zog sie auf die Beine.

»Vorsicht!«

»Danke«, murmelte sie verlegen und befreite ihren Gummistiefel. Sein Kommentar über die Kanaltaufe summte jetzt überdeutlich in ihren Ohren.

Als sie sicher stand, gab sie ihm ein Zeichen, dass er sie loslassen konnte. Immer noch etwas wackelig auf den Beinen, wagte sie sich auf die Sandbank zu. Wasser klatschte gegen ihre Stiefel, und sie musste gegen den Strom ankämpfen. Zudem zerrte der Morast an ihren Sohlen und gab diese nur unter schmatzendem Protest wieder frei. Es war, als wollte der Kanal den unverhofften Schatz nicht mehr preisgeben.

Sie schob sich weiter. Im trüben Schein der Helmlampe erkannte sie eine Vielzahl von Löchern in der Folie. Ein sicheres Zeichen dafür, dass sich hungrige Aasfresser an dem unerwarteten Gaumenschmaus erfreut hatten. An manchen Stellen waren die Risse so groß, dass man den Inhalt des Beutels unweigerlich erahnen konnte. Sie erschauderte bei dem Gedanken, dass sich kleine Krallen und spitze Zähnchen in das tote Fleisch geschlagen hatten. Sie hob das Gesicht und sah sich um. Keuchend stellte sie sich vor, wie unzählige Augenpaare sie aus allen Nischen beobachteten. Ratten, die im Schutz der Dunkelheit nur auf den nächsten Leckerbissen warteten.

Sie schüttelte die beklemmenden Gedanken ab und wandte sich wieder dem Müllsack zu. Was jetzt kommen würde, war nicht minder gruselig. An der Sandbank angekommen, ergriffen ihre behandschuhten Hände den Sack. Aber bevor sie ihn öffnete, sah sie sich noch einmal um. Eine kleine Rückversicherung, dass sie sich nicht allein diesem Anblick aussetzen musste.

Sie sah in die Augen der Männer, die sich im sicheren Abstand aufreihten. Wie Zuschauer bei einem unfreiwilligen Spektakel harrten sie auf dem Steg aus. Die Kanalarbeiter, denen das Entsetzen buchstäblich ins Gesicht geschrieben stand. Kriminaltechniker der Spurensicherung, die mit ihrer Arbeit beginnen wollten, um schnellstmöglich wieder an die Oberfläche zu kommen. Dr. Werner, der dieses Wochenende den Dienst im rechtsmedizinischen Institut versah. Falk Ackermann. Seine Miene verriet ihr, dass sie von ihm keine Unterstützung erwarten konnte.

Sie seufzte innerlich und hob die nasse Folie an. Die ballonartige Ausbuchtung des Sacks fiel in sich zusammen, und die darin eingeschlossene Luft strömte ihr entgegen. Trotz des Mundschutzes konnte sie *ihn* riechen. Süß, faulig und kalt. Das war der Gestank des Todes. Diesen Geruch würde sie immer und überall erkennen. Selbst in dieser von Fäkalien verätzten Hölle.

Der Sack war schwer, und sie musste daran zerren, um die Öffnung zu finden. Sofort suchte sich das gefangene Schmutzwasser seinen Weg aus den Löchern und Ritzen. Ihre Arme zitterten, als sie den Kunststoffsack anhob, und ohne Vorwarnung gab die Folie plötzlich nach. Das Wasser entlud sich in einem schwallartigen Sturzregen und spritzte nach allen Seiten. Ein dumpfes Klatschen folgte, und eine Welle aus Matsch und Abwasser umschloss ihre Stiefel. Der Rest der Folie fühlte sich unvermittelt leicht und leer an.

Ungläubig starrte Laura von der Plastikfolie auf den Sand. Der durchlöcherte Sack war gerissen und hatte seinen Inhalt im feuchten Schlick verteilt. Ihr Blick suchte den von Klamert. Der Kanaltechniker war verschwunden, und sie musste sich wohl oder übel wieder auf das konzentrieren, was zu ihren Füßen lag.

Mit einem Schlag war das Rauschen im Kanal unerträglich laut und vermischte sich mit dem Brummen in ihrem Kopf sowie einem weiteren Geräusch. Es kam ihr seltsam bekannt vor. Aber erst, als sie sich umsah, wurde sie sich dessen bewusst, was sie da hörte. Einer der Kanalarbeiter, gestützt von Klamert, krümmte sich über das Abwasser. Als Klamert ihren Blick einfing, hob er entschuldigend die Schultern. Laura war sich bewusst, dass diese hartgesottenen Männer täglich mit allerlei Unrat und Gerüchen konfrontiert wurden. Aber ein Leichenfund war etwas anderes. Zumal die Körperteile zu ihren Füßen aufs Übelste zugerichtet waren.

Sie betrachtete den Torso. Obwohl Arme und Kopf abgetrennt worden waren, erkannte sie genug. Er sagte ihr, dass er zu einem großen, muskulösen Mann gehört haben musste. Schwarze Brusthaare klebten feucht an der verbliebenen Haut. Handtellergroße Fleischwunden klafften am Bauch. Die Brustwarzen fehlten gänzlich. Dies war sicherlich nicht dem Mörder zuzuschreiben, sondern den Ratten.

Wenigstens war die Leiche frei von Maden. In ein geschlossenes Kanalsystem verirrten sich die Schmeißfliegen vermutlich eher selten. Das Nahrungsangebot schien hier wohl nicht ausreichend zu sein, sodass Laura zumindest dieser Anblick erspart blieb.

Sie hielt Ausschau nach den Armen. Halb verdeckt lugte ein Arm unter dem Oberkörper hervor. Er war so in den schwarzen Schlamm gefallen, dass er einem den Eindruck vermittelte, die Hand würde sich in den Untergrund krallen, um nicht vom Wasser weggespült zu werden. Doch das war reine Illusion. Sämtliche Finger fehlten und ließen den Betrachter in dem Irrglauben.

Vom zweiten Arm fehlte jede Spur. Dennoch war ihr sofort klar gewesen, dass diese Leichenteile zu der Extremität am Fanggitter gehören mussten.

Als Letztes fand Laura den Kopf. Der halb in den Sand eingesunkene Schädel hatte nur noch wenig Menschliches an sich. Alter und Geschlecht waren nur schwer zu erkennen. Der Unterkiefer war vollends von Haut und Muskeln befreit, sodass die Zähne in dem verbliebenen Fleisch auffällig groß wirkten. Die Zunge fehlte. Die Augenhöhlen nur noch leere Löcher. Die Nase lediglich ein angenagter Stumpf. Die leicht zugänglichen weichen Augäpfel sowie das Knorpelgewebe der Ohren und der Nase waren wohl eines der ersten Ziele der Ratten gewesen. Schlamm klebte am kahlen Schädel und an der Stirn. Als sie die Kopfverletzung über einem Auge entdeckte, fielen ihr Elenas Worte wieder ein, mit denen sie den falschen Arzt beschrieben hatte. Sicherlich war die Wunde den Ratten nicht verborgen geblieben, und die Rechtsmedizin würde untersuchen müssen, welche Wunden post mortem hinzugekommen waren.

Etwas bewegte sich neben ihr. Ackermann ließ sich geräuschvoll neben ihr nieder. »Meine Fresse, das ist ja echt eklig!«

Verwundert sah sie zu ihm auf, sie hatte ihn nicht kommen hören. Das war das erste Mal, dass er das Wort an sie richtete, seit sie ihm verkündet hatte, dass auch er mit in den Kanal steigen müsse. Eine kleine Welle der Dankbarkeit machte sich in ihr breit. Aber das Gefühl wurde schnell wieder vertrieben, als sie Klamert auf sich zustapfen sah. Seine Miene war ernst, und innerhalb weniger Schritte hatte er sie erreicht.

»Jetzt aber schnell!«

Laura blinzelte, und ehe sie protestieren konnte, fügte er hinzu: »Von oben wird gerade Regen gemeldet. In ein paar Minuten steht hier alles unter Wasser.«

KAPITEL

# 29

Elena schlotterte am ganzen Körper. Das feuchte Haar klebte in eisigen Strähnen an ihrer Stirn. Aber ihr fehlte die Kraft, sie aus dem Gesicht zu streichen. Wie auch? Das Zittern, das sie erfasst hatte, war so heftig, dass es ihr schwerfiel, auch nur einen klaren Gedanken zu fassen. Die bitterkalten Fliesen saugten jegliche Wärme aus ihrer Wirbelsäule, sodass sich ihr Rücken taub und steif anfühlte. Und das Wasser umschloss ihre Knöchel wie eisige Fesseln, da mehr aus dem Sprinkler herabstürzte, als durch die Rinne abfließen konnte.

Sie starrte zu Bosch, und fast beneidete sie ihn um seine Bewusstlosigkeit. *Dir ist wenigstens nicht kalt!* Zugegeben sah es für ihn auch nicht gerade rosig aus. Sie hatte vergeblich versucht, den Mann in eine trockenere Ecke zu zerren. Doch das Wasser hatte seinen Weg gefunden, und jetzt musste sie zusehen, wie sich der dunkle Maßanzug mit dem eisigen Löschwasser vollsog.

In ohnmächtiger Wut schloss sie die Augen. Aber sie konnte ihre Gedanken an die Konsequenzen nicht ausblenden. Sein komatöser Körper würde mit allen Mitteln versuchen, der drohenden Hypothermie entgegenzuwirken und auf sämtliche Glukosereserven aus den Muskeln und den Organen zurückgreifen. Bei einer Körpertemperatur von weniger als achtundzwanzig Grad Celsius könnten schwere Herzrhythmusstörungen zu einem Kreislaufversagen mit Atemstillstand führen.

Sie öffnete die Augen und sah zur Decke. Da nur der geborstene Sprinkler aktiviert wurde, strömte das zur Verfügung stehende Löschwasser der Tanks durch diese Feuerlöschanlage. Entsprechend stark war der Wasserschwall, der auf den Sprühteller klatschte und jeden Winkel des Raums erreichte. Das Wasser floss in Strömen von den Wänden, lief zur Mitte des Fußbodens und verschwand in einem wilden Tanz im Ablaufrohr. Sehnsüchtig starrte sie auf den Wasserstrudel, und plötzlich wünschte sie sich, mit in den Abfluss gezogen zu werden. Wenigstens wäre das eine Möglichkeit, aus ihrem frostigen Gefängnis zu entkommen.

Ein metallisches Scharren ließ sie aufschrecken. *Sie kommen! Die Feuerwehr!* Eine plötzliche Welle der Dankbarkeit gab ihr die Kraft, das Gesicht zu heben. Heiße Tränen der Erleichterung benetzten ihre eisigen Wangen. Und das leichte Quietschen der Türangel war Musik in ihren Ohren. Voller Optimismus robbte sie auf den Ausgang zu. Wasser schwappte zur Seite. Ihre Glieder schmerzten. Sie ignorierte es. Die Kälte in der Kühlkammer forderte schon lange ihren Tribut, aber die Hoffnung auf Rettung ließ sie ungeahnte Kräfte mobilisieren. Das Löschwasser aus dem Sprinkler prasselte immer noch unermüdlich auf sie herab. Aber gleich würde man sich um sie kümmern. Gleich.

Ihr Herz frohlockte, als die Tür aufgezogen wurde und sie schwere Schritte vernahm. Sie warf Bosch noch einen kurzen Blick zu. Jetzt bestand wieder Hoffnung für ihn. In wenigen Minuten würde man ihn notfallmedizinisch versorgen und vermutlich sein Leben retten.

Doch mit dem, was sie nun erblickte, hatte sie nicht gerechnet.

»Sebastian!«

Elena kam auf die Beine. Wackelig stolperte sie auf ihn zu. Doch bevor sie sich in seine Arme werfen konnte, mahnte sie ihr Verstand zur Vorsicht. Irgendetwas an seinem Blick ließ sie zögern. Er lächelte nicht.

Und dann ergriff wilde Panik Elenas Körper, als sie erkannte, wer sich vor Sebastian schob und den Kühlraum betrat. Die Waffe in der Hand der Frau ließ sie zurückweichen. Die Angst, die sie erfasst hatte, schnürte ihre Kehle zu. Sie wollte weglaufen. Aber der einzige Ausgang lag vor ihr, und der wurde durch die Frau versperrt. Entsetzt starrte sie zwischen den beiden hin und her. Ihre Gedanken liefen Amok. Warum stand er einfach nur da? Wieso tat er nichts? Sah er denn nicht, dass diese Frau eine Waffe auf sie richtete?

Wider besseren Wissens und von Todesangst gesteuert, entwickelte ihr Körper ein Eigenleben, und sie wich zurück. Sie konnte nicht anders. Auch nicht, als sie mit dem Fuß über etwas stolperte. Ein schneller Blick sagte ihr, dass sie gegen die tote Frau gelaufen war. Sie unterdrückte das kurze Aufkeimen von Reue, weil sie die Tote zuerst von der Trage gestoßen hatte und gegenwärtig auf ihrer Leiche herumtrampelte.

Sie strauchelte, ihre Füße verfingen sich in den Beinen

der Toten, und sie fiel unsanft zu Boden. Wäre sie nicht schon nass gewesen, wäre sie spätestens jetzt komplett durchnässt, da sie inmitten einer Löschwasserpfütze gelandet war. Der starre Körper der Frau hatte so etwas wie einen kleinen Damm gebildet und das Wasser am Abfließen gehindert.

Keuchend rappelte sie sich auf die Knie und starrte unvermittelt in den Lauf der Waffe. Sie stand direkt über ihr. Elena hatte mit Rettungskräften gerechnet, aber nicht mit dem vertrauten Gesicht von Sebastian neben dieser schrecklichen Frau. Und erst recht nicht mit einer Waffe.

Mit wutverzerrter Miene fixierte Dr. Holländer Elena und bellte in ein schnurloses Telefon: »Definitiv ein Fehlalarm! Nein, kein Feuer! Ja, ich bin mir ganz sicher! So ein Trottel von der Reinigungsfirma hat beim Umwuchten der Leiter den Sprinklerkopf abgerissen. Nein! Keine Ahnung, wie er das gemacht hat. Wir werden das sofort reparieren lassen. Ja, genau. Danke.«

Die Frau schob das Telefon in ihre Hosentasche und richtete ihren Blick auf Elena. Eine Aura aus unterdrückter Wut umgab sie. Als könnte sie sich gerade noch bezähmen, sie nicht an Ort und Stelle abzuknallen. »Aufstehen!«

Elena hatte kaum eine Wahl. Zitternd stemmte sie sich auf die Beine. Das Wasser troff in kleinen Sturzbächen an ihr herab, und das nasse Wollkleid zog schwer an ihrem Körper. Es kostete sie enorme Kraft, der Frau in die Augen zu sehen. Ihre Lippen bebten vor Angst.

»Was ist mit ihm?«, fragte sie mit klappernden Zähnen und deutete zitternd auf Bosch.

Ein kalter Blick traf Elena. »Was soll mit ihm sein?«

»Er wird sterben, wenn wir ihn hierlassen.«

Der Knall war ohrenbetäubend. Erschrocken schrie Elena auf und presste die Hände schützend an ihren Kopf, als der Schall der Waffe durch den Raum jagte. Ein hohes Dröhnen hallte in ihren Ohren nach, und der Schwefelgestank des Schießpulvers stieg ihr in die Nase. Sie taumelte. Der Schock zog ihr alle Kraft aus den Beinen. Eine Mischung aus Angst und Blut hing in der Luft. Dr. Holländer hatte ohne zu zögern geschossen. Für eine Sekunde glaubte Elena, die Frau hätte einen Warnschuss abgegeben, um sie einzuschüchtern. Als wäre die Waffe nicht Bedrohung genug. Aber in der Stirn des Geschäftsführers klaffte jetzt ein großes Loch, aus dem langsam das Blut in die Wasserlache sickerte. Elena schnappte nach Luft. Ihr Verstand war wie betäubt, und die Situation kam ihr plötzlich unwirklich vor.

»Dieser Dreckskerl«, rief Holländer voller Verachtung. Dann drehte sie sich zu Elena. »Schaffen Sie ihn hier heraus!«

Verwirrt schüttelte sie den Kopf. »Ich verstehe nicht …«

»Packen Sie ihn, und legen Sie ihn auf die Rolltrage. Dann rollen Sie ihn hier raus!«

Elena blieb wie angewurzelt stehen. Sie konnte beim besten Willen nicht nachvollziehen, was die Frau von ihr wollte. Die Waffe nahm ihr die Fähigkeit, klar zu denken.

Langsam drehte sie den Kopf zu Bosch. Blut hatte das Wasser in einen roten See verwandelt. Das Gesicht des Mannes hatte die bleiche Farbe von Kerzenwachs angenommen und hatte nichts mehr gemein mit dem des Geschäftsführers, der sie kürzlich begrüßt hatte. War das heute gewesen? Gestern? Oder erst vor wenigen Stunden? Ihr wurde schmerzlich bewusst, dass sie in dem fensterlosen Raum jedes Gefühl für Zeit verloren hatte.

Langsam setzte sich Elena in Bewegung. Jeder Schritt war eine Qual. Sie hob den Kopf in Sebastians Richtung. Er stand immer noch außerhalb des Kühlraums, als wäre er dort angewachsen. »Sebastian«, flüsterte sie kaum hörbar. Er antwortete nicht. Seine Aufmerksamkeit galt etwas, was sie nicht erkennen konnte.

Fahrig und zitternd stemmte sie die Rollbahre hoch. Das allein ging schon fast über ihre körperlichen Fähigkeiten hinaus. Außerdem musste sie gegen das Wasser arbeiten. Sie stellte sich über Bosch und fragte sich, wie sie seine Leiche anheben sollte. Sie schluckte. Die Verzweiflung schmeckte bitter auf ihren Lippen. Wilde Gedanken durchkreuzten sie. Aus welchem Grund eilte Sebastian ihr nicht zur Hilfe? Was war hier los? Würde er ebenso tatenlos zusehen, wenn Holländer auch sie tötete?

Plötzlich spürte sie eine Bewegung. Erschrocken schrie sie auf. Aber anstelle der auf sie gerichteten Waffe fand sie Sebastian neben sich. Trotz ihrer Furcht und ihres Misstrauens gegen ihn überkam sie plötzlich das Gefühl, nicht mehr allein mit der Angst in diesem Kühlraum gefangen zu sein.

Die Leiche war schwer. Selbst mit Sebastians Hilfe war es für Elena kaum möglich, den schlaffen Körper auf die Trage zu hieven. Sie biss die Zähne zusammen und legte ihre verbliebene Kraft in den Versuch, Bosch anzuheben. Sie stöhnte, und ihre Arme zitterten vor Anstrengung. Mit einem unsanften Poltern ließ sie schließlich die Beine auf die Bahre krachen. Nach Luft ringend sah sie zu dem Toten.

Ein guter Knochenbau bedeutet nicht automatisch eine gute Figur. Ein Mensch kann den Körperbau eines Sportlers haben und trotzdem fettleibig sein. Bosch hingegen war muskulös und schlank. Niemals hätte sie einen übergewichtigen Mann bewegen können.

»Los, raus jetzt!«

Elena drehte sich zu Holländer um. Dabei streifte ihr Blick das Gesicht von Sebastian, und sie erkannte sein Problem. Hinter ihnen stand ein Mann. Auch ohne die Waffe in seiner Hand wäre er eine Bedrohung gewesen, und seine Miene verhieß nichts Gutes.

Erschrocken hielt sie die Luft an. Dieses Gesicht war das Letzte, an das sie sich erinnern konnte, bevor sie das Bewusstsein verloren hatte, und plötzlich hatte sie die Szene wieder vor Augen. Als der Mann aus dem Schatten getreten war und die Hand zum Schlag gegen Bosch erhoben hatte. Dann verloren sich ihre Erinnerungen.

Doch sie war fähig, eins und eins zusammenzuzählen. Dieser Mann hatte den Geschäftsführer niedergeschlagen, und es lag nahe, dass sie selbst von Risslan Holländer niedergeschlagen worden war. Doch sie wusste immer noch nicht, weshalb man, zumindest bis jetzt, Sebastian verschont hatte.

Ratternd rollten sie die Bahre aus dem Kühlhaus. Warme Luft strömte ihr entgegen und umschloss sie wie eine wärmende Decke. Und würde ihr nicht eine Frau mit einer Waffe folgen, wäre sie dankbar für den Temperaturunterschied gewesen.

»Bring die Kühlkammer wieder auf Vordermann, falls die Feuerwehr doch noch einen Inspekteur vorbeischickt«, sagte Holländer zu dem Mann. Dann sah sie

Elena und Sebastian an. »Wir drei machen jetzt einen Ausflug zum Krematorium.«

Die Bahre war ungelenk und schwer zu steuern. Elena verfluchte das Schicksal, das sie immer wieder in lebensgefährliche Situationen verfrachtete. Wieso hatte sie sich auf Sebastian eingelassen? Was wurde hier gespielt?

Holländer trieb sie einen Flur entlang. Obwohl es jetzt wärmer war als im Kühlhaus, fror sie erbärmlich. Das Zittern, das sie unlängst erfasst hatte, war nicht nur ihrer nassen Kleidung zuzuschreiben, es kam hauptsächlich aus ihrem Innern. Es war die Angst, die in ihren Knochen steckte und jede Faser ihres Körpers durchflutete. Wie in Trance stolperte sie den schmalen, dunklen Flur entlang und bemerkte erst, dass sie sein Ende erreicht hatten, als die Stimme der Frau hinter ihr ertönte:

»Rechts!«

Langsam hob sie den Kopf, um sich zu orientieren. Sie zwang sich, tief zu atmen, um das Gefühl von Panik zu vertreiben. Aber das war nicht so einfach. Sie spürte noch immer die auf sie gerichtete Waffe. Sie musste sich nicht umdrehen, um sich von ihrer Anwesenheit zu überzeugen.

Sie bugsierte die Rollbahre in die Abzweigung nach rechts, und zum ersten Mal nahm sie ihre Umgebung bewusst wahr. Kleine Oberlichter sagten ihr, dass sie sich in einem Kellergeschoss befanden. Sie hob leicht den Kopf und bemühte sich, jedes Detail zu registrieren. Vier Türen links, drei rechts. Ein Handfeuerlöscher. Eine Schleusentür. Weitere Türen. Sie waren nur wenige Schritte gegangen, als sie schon wieder vergessen hatte, was sie sich soeben hatte einprägen wollen. Die Fähigkeit, zu denken und zu handeln, war ihr abhandengekommen. Warum ließen ihre Sinne sie ausgerechnet jetzt im Stich?

Sie gab vor, ihre fröstelnden Arme zu reiben und sah sich um. *Dieses Mal musst du es dir merken!*, ermahnte sie sich selbst und wiederholte stumm die Worte der Gegenstände, an denen sie vorbeikamen.

Ein Wandtelefon. Tafeln mit Hinweisen für die Mitarbeiter, auf Papier, mit dem Logo von Corporis Genetics. Sie befanden sich also immer noch in dem Gebäude. Sie blieb stehen.

»Los weiter!«, knurrte Holländer, und als Elena ihr Tempo nicht erhöhte, wurde sie von der Frau unsanft gestoßen. Sie stolperte.

»Risslan!«

Es war das erste Mal, dass Sebastian sich einschaltete. Sein scharfer Tonfall überraschte Elena und ließ einen Funken Hoffnung in ihr aufkeimen.

»Klappe, sonst kannst du dich gleich zu Bosch gesellen!«

»Halt sie da raus. Lass sie gehen. Du hast mich!«

»Sie gehen lassen?« Holländer stieß einen verächtlichen Laut aus. »Sie hat die allerbesten Kontakte zur Polizei!«

Elena stolperte weiter, wagte es jedoch nicht, den Kopf zu drehen. Gespannt und entsetzt lauschte sie dem Streit. Wieso kannte er ihren Vornamen?

»Das ist doch alles hirnverbrannter Mist! Du kommst damit nicht durch!«

»Das werden wir sehen!« Holländer deutete auf eine Tür.

Sebastian rührte sich nicht. »Bitte!«

Holländer schnaubte verächtlich. »Lass das Betteln. Das bringt auch nichts!«

»Der alten Zeiten …«

»Wage es nicht, mir mit den alten Zeiten zu kommen!«

»Aber …«, versuchte es Sebastian noch einmal. Sie waren an einer Schleuse angekommen. Holländer war zu sehr damit beschäftigt, sich mit Kevekordes zu streiten, anstatt Elena weitere Anweisungen zu geben. Elena drehte sich um und sah, wie die Waffe gegen Sebastian gerichtet wurde.

»Du liebst sie. Nicht wahr? Das habe ich gleich bemerkt.« Sie lachte. »Du darfst zusehen, wie sie stirbt!«

»Risslan. Ich weiß, du denkst, es war damals meine Schuld. Aber …«

Der Zorn in den Augen der Frau ließ Sebastian zurückschrecken. Ihre Stimme bebte. »Halt's Maul!«

Mit einer ungeduldigen Bewegung gab sie ihm zu verstehen, weiterzugehen. Staubige, trockene Luft schlug ihnen entgegen. Die plötzliche Dunkelheit ließ Elena zögern. Ein Bewegungsmelder schaltete das Licht ein, und grelle Leuchtstofflampen erhellten zuckend den schmalen Flur. Elena nahm einen neuen Geruch wahr. Schwer und aufdringlich. Hier gab es keine Fenster. Nur schmutziggraue Wände. Es war, als hätten sie den allgemeinzugänglichen Bereich für die Mitarbeiter verlassen und wären in die Katakomben des Unternehmens gelangt. Die Geräusche der Rollen veränderten ihren Ton. Dumpf quälten sie sich nun über den Betonboden.

Kalter Rauchgeruch klebte in der Luft, der mit jedem Schritt stärker wurde und sich stechend an ihr Riechzentrum heftete. Ein Schaudern durchfuhr sie. Ihr Geruchsgedächtnis hatte den Gestank sofort identifiziert. Verbranntes Fleisch.

Ihr Schaudern verwandelte sich in ein unkontrollierbares Zittern. Mit der Verzweiflung kämpfend sah sie zu Sebastian. Doch dieser entzog sich ihrem Blick, und mit stoischem Blick setzte er einen Fuß vor den anderen. Ihr Magen zog sich schmerzlich zusammen. Auf seine Hilfe durfte sie wohl nicht hoffen. Hatte er sich im Innern doch auf die Seite dieser Frau geschlagen, um dem Tod zu entkommen?

Elena versuchte, ruhig zu bleiben und in Gedanken ihre Optionen durchzuspielen. Aber von Optionen konnte keine Rede sein. Hinter ihr richtete eine Wahnsinnige, die offensichtlich eine Vorgeschichte mit Sebastian hatte, eine Pistole auf sie. Dieselbe Waffe, mit der sie vor ein paar Minuten ihren Chef erschossen hatte.

KAPITEL

# 30

Stöhnend schob sich Laura aus dem Erdloch. Dicke Regentropfen prasselten auf sie herab, als wollte Petrus persönlich dafür sorgen, dass der Schmutz aus dem Kanal schnellstmöglich von ihr abgewaschen wurde. Der Schutzhelm fing die Tropfen ein und verstärkte das Geräusch in ihren Ohren.

Klamert hatte nicht übertrieben. Sie blinzelte gegen den Regenvorhang und versuchte, sich zu orientieren. Von abendlicher Stille konnte man in dieser Ecke von Mannheim nicht sprechen. Scheinwerferlicht durchbrach die Dunkelheit und tauchte den Bereich um den Kanaleinstieg in silbernes Licht. Unzählige Einsatzwagen der Polizei und der Spurensicherung wechselten sich ab mit den Spülwagen der Kanalreinigung. Blaulichter durchzuckten jeden Winkel des Industriegebiets, als wollten saphirblaue Hände alles ergreifen und nicht mehr loslassen.

Jemand reichte ihr eine Hand. Laura hob den Kopf. Sie kannte das Gesicht. Markus Remmel. Einer der Kanalarbeiter vom Nachmittag. Er hatte die zweite Expedition nicht begleitet und zog sie jetzt die letzten Zentimeter aus dem Erdreich. »Schnell!«, rief er. Kaum hatte sich Laura vom Kanalzugang entfernt, als Remmel schon Ackermann am Arm packte.

Sie musste unbedingt aus den stinkenden Klamotten. Ganz eindeutig. Aber dafür brauchte sie ein trockenes Plätzchen.

Sie ließ Falk Ackermann stehen und lief auf einen Pavillon der Polizei zu. Übellaunig und genervt zog sie so hastig am Reißverschluss ihres Overalls, dass dieser steckenblieb. Leise fluchend zerrte sie daran herum, bis er sich gänzlich nicht mehr bewegen ließ.

Remmel bemerkte ihr Dilemma und setzte sich in Bewegung. »Kann ich Ihnen helfen?«

Sie starrte ihn an. Der Regen hatte sein dunkelblondes Haar in ein nasses Wirrwarr verwandelt, und Regentropfen klebten an seinen langen Wimpern.

»Es geht schon!«

Er kam vor ihr zum Stehen und betrachtete sie amüsiert. Schließlich gab sie fluchend zu: »Ich komme aus dem Scheißding nicht mehr raus!«

Sein Lächeln wurde breiter, und obwohl sie nur den dringenden Wunsch hatte, dem stinkenden Gummianzug zu entfliehen, musste sie grinsen. Remmel benötigte nur wenige Sekunden, und der Reißverschluss gab nach.

Laura nahm einen würzigen Geruch wahr. Rasierwasser. Eine willkommene Abwechslung zu dem widerlichen Höllengestank des Kanals.

»Haben Sie da unten alles gefunden, was Sie gesucht haben?«

Sie betrachtete Markus Remmel argwöhnisch. Mochten die Details vertraulich sein, die Leichenbergung selbst war wohl kaum ein Geheimnis, zumal die Polizei auf die Hilfe der Kanaltechniker angewiesen war.

»Ihnen ist schon klar, dass ich nicht darüber reden kann«, gab Laura zurück und klang dabei schärfer als beabsichtigt.

Jetzt wirkte er verlegen. »Entschuldigung!«

»Nein, wir haben nur einen Teil geborgen. Dieser verdammte Regen!« Wütend zerrte Laura an dem Overall und warf ihn achtlos zu Boden.

Remmels Tonfall klang betont ruhig, als wäre es für ihn kein Problem, an der Bergung einer Leiche beteiligt zu sein. »Dann müssen Sie noch einmal runter.«

Diese Worte trafen Laura wie Schläge. Sie hasste die Vorstellung, sparte sich aber den Hinweis. Allein der Gedanke, ein drittes Mal in den Kanal steigen zu müssen, bereitete ihr eine Gänsehaut. »Wann wird der Regen aufhören?«

Remmel schien einen Moment lang mit sich zu ringen, dann seufzte er und zuckte entschuldigend mit den Schultern. »Wir wissen es nicht.«

Plötzlich fühlte Laura sich sehr müde. Es war, als hätte sie ihre ganze Energie im Kanal zurückgelassen. Sie nickte und sah ihm nach, als er den Kriminaltechnikern zu Hilfe eilte. Sie folgte ihm nicht und nahm sich die Freiheit, im Trockenen zu bleiben.

Sie erkannte Elszers schlanke Gestalt schon, bevor er die Kapuze zurückstrich und den Mundschutz abnahm. Die Bergung einer Leiche aus einem Kanal war keine alltägliche Routine. Und ihr war klar, dass sie in diesem

Fall durch den Regen auch noch zu einem Wettlauf mit dem steigenden Wasser geworden war. Trotzdem musste sie sich vergewissern, dass die Spurensicherung keine Leichenteile zurückgelassen hatte.

»Habt ihr alles?«, rief sie ihm entgegen und winkte ihn herbei.

Elszer schien die Aussicht auf einen trockenen Unterstand zu gefallen, und er stapfte auf sie zu.

»Dieser verdammte Kanal. Und dann noch das Wasser!«

Ungeduldig beobachtete Laura, wie er sich aus dem Anzug schälte. »Sag schon, habt ihr die Leiche?«

Er warf ihr einen genervten Blick zu. Trotzdem antwortete er: »Weiß nicht. Das Gewebe war so fragil. Kaum hatten wir einen Teil angehoben, da plumpste auch schon die Hälfte wieder in den Schlick. Und dann noch die Kanaltechniker. Haben die ganze Zeit gedrängelt. Natürlich zu Recht, aber …« Er verstummte und zuckte mit den Achseln. »Das Wasser kam so schnell.«

*Na toll!* Sie hatte gleich bemerkt, dass die Leiche am Fundort nicht vollständig gewesen war. Jetzt mussten sie die Suche auf eventuell verschleppte Körperteile ausweiten. Das war wie ein verdammtes Puzzle. Eines, das ihnen alles abverlangen würde.

Der Gestank hatte einen bitteren Geschmack auf ihren Lippen hinterlassen, und sie hatte plötzlich den dringenden Wunsch nach Wasser. Die Stiefel quietschten bei jedem Schritt, und sie hatte Mühe voranzukommen. Zweiundvierzig war die kleinste Schuhgröße, die man hatte auftreiben können, dennoch viel zu groß für ihre Füße. Sie hechtete durch den Regen auf einen Mannschaftswagen zu. Falk Ackermann saß bereits im Wagen. Als er sie bemerkte, reichte er ihr eine Tasse Kaffee.

Sie schüttelte den Kopf. »Ich muss mir erst noch einmal den Mund ausspülen. Hast du Wasser?«

Er nickte verständnisvoll und stellte den Becher ab. Das Wasser schmeckte brackig. Aber es war nicht das Mineralwasser, das diesen Geschmack hervorrief. Es war der Geruch des Kanals, der immer noch in ihrer Nase steckte. Sie spülte ihren Mund so lange aus, bis die Flasche leer war, und spuckte das Wasser aus der geöffneten Tür. Dann griff sie nach dem Becher und pustete in den Kaffee. Das Aroma war herrlich.

»Der Rechtsmediziner wird auch seinen Spaß bekommen. Armin sagte, sie konnten den Torso nicht in situ bergen. Die Ratten haben wohl ganze Arbeit geleistet«, sagte Ackermann.

Das wusste Laura bereits. Sie nahm einen Schluck vom Kaffee. Zucker. Sie mochte ihren lieber ohne. Aber das war im Moment ihr geringstes Problem.

Sie sah über den Rand ihrer Tasse hinweg. »Hast du Elena das Foto von dem Arm geschickt? Hat sie das Tattoo erkannt?«

Ackermann nickte. »Hab ich. Aber sie hat sich noch nicht gemeldet.«

Laura zuckte nur mit den Achseln. Sie sprach der Freundin gerne ein freies Wochenende zu. Sie selbst sollte sich auch mal wieder eine Auszeit gönnen.

»Dr. Werner wird sich darum kümmern, und am Montag kann sie einen Blick auf die Leichenteile werfen.« Sie drehte die Tasse zwischen den Händen und fügte hinzu: »Vom Gesicht ist nicht mehr viel übrig, was Elena identifizieren könnte. Aber das braucht sie ja nicht.«

Der Wind fegte einen Regenschauer gegen den Wagen, und es hörte sich an, als hätte jemand Kieselsteine aufs Dach geworfen.

Laura zog die Schiebetür zu und nahm das Gespräch wieder auf. »Zuerst finden wir einen Container mit Leichen. Die im Führerhaus gefundenen Fingerabdrücke passen zu Juri Ivanow, der anschließend von seinem Kumpel getötet wird, damit er nichts ausplaudern kann. Die Fingerabdrücke des Mörders, die er freundlicherweise großzügig im LKW verteilt hat, passen wiederum zu dem Arm im Kanal. Folglich haben hier weitere Leute ihre Hände im Spiel. Also, wer hat den falschen Arzt getötet, und welchen Zielort hatten die Leichen?«

Falks frostige Miene spiegelte sich in der dunklen Autoscheibe. Er war bleich und wirkte müde. Als er nach wenigen Sekunden immer noch nicht reagierte, wurde Laura bewusst, dass er ihr nicht zugehört hatte. Na super, die Ansage hätte sie sich sparen können. Offensichtlich war er mit seinen eigenen Gedanken beschäftigt. Aber darauf konnte sie jetzt wenig Rücksicht nehmen.

»Was ist los, Falk?«

Er sah sie nicht an, und es dauerte seine Zeit, bis er antwortete. »Sie geht nicht ans Telefon!«

»Wer?«

Er starrte in die Dunkelheit, doch sie bekam keine Antwort.

Laura begriff. »Du hast Elena angerufen?« *Blöde Frage, er hatte es doch gerade gesagt.*

Er sah sie ausdruckslos an, und sie fragte sich, ob sein

Anruf privater Natur gewesen war oder ob er sich vergewissern wollte, dass sie selbst Interesse an dem Fall hatte.

»Seit Tagen ignoriert sie meine Telefonanrufe.« Seine Stimme klang tief und gepresst.

Laura hatte schon lange vermutet, dass sich da etwas zwischen ihrem Kollegen und der schönen Griechin anbahnte. Sie hielt sich da lieber an ihre eigene Devise, niemals irgendetwas mit den Arbeitskollegen anzufangen. Sie suchte nach Worten. Aber mehr als ein »Okay« wollte ihr beim besten Willen nicht einfallen.

»Kannst *du* sie bitte mal anrufen?«

Das kam so unerwartet, dass sie sich fast an ihrem Kaffee verschluckte. »Äh, ich …?«, stammelte sie. Was immer zwischen Falk und Elena vorgefallen war, war deren Sache. Die Freundin würde es nicht gutheißen, wenn sie sich in ihr Liebesleben einmischte. Außerdem hatten sie ihre eigenen Probleme. Elena hatte ihr unmissverständlich klargemacht, dass sie im Moment nicht gut auf sie zu sprechen war. Daher hatte sie große Zweifel, dass Elena auf ihren Anruf reagieren würde.

Seltsamerweise bereitete ihr diese Erkenntnis ein flaues Gefühl im Magen. Sie wollte sich gerade aus der Situation herauswinden, als eine Person im Regenmantel vor dem Wagen auftauchte. Laura öffnete die Tür, und der Wind schickte einen kalten Schauer Regenwasser hinein.

Es war Klamert. Die Kapuze tief über die Stirn gezogen, wischte er sich das Wasser aus dem Gesicht. »Das Wetter wird immer schlechter. Heute können wir unmöglich noch einmal runter. Kann ich meine Leute nach Hause schicken?«

Laura seufzte und nickte. Obwohl ihr der Gedanke, die Bergung der Leichenreste zu verschieben, nicht gefiel, war sie seltsamerweise doch froh, dass der Techniker sie vor der peinlichen Antwort gerettet hatte.

Regen trommelte immer noch gegen die Scheiben, als sie bereits vor ihrer Wohnung parkte. Laura seufzte angesichts der Aussicht, schon wieder durch den Regen laufen zu müssen. Aber im Wagen zu bleiben war auch keine Option. Sie sehnte sich nach einer Dusche, und da sollte ihr das bisschen Wasser auch nichts ausmachen. Trotzdem war sie klatschnass, als sie die Haustür aufschloss. Ihre Laune verbesserte sich schlagartig, als Emma mit hocherhobenem Schwanz angewackelt kam.

»Na, Süße.«

Die Katze beschnupperte neugierig ihr Frauchen.

»Ja, du hast recht. Ich rieche wie eine Jauchegrube.«

Wie zur Bestätigung musste die Katze niesen. Laura lachte.

Dann besann sie sich wieder auf ihr Vorhaben. Während des Nachhausewegs hatte sie sich dazu durchgerungen, Falks Wunsch nachzukommen. Sie ignorierte das Bedürfnis, zuerst zu duschen, sondern griff nach dem Hörer und wählte Elenas Nummer. Wie erwartet begrüßte sie die Ansage des Anrufbeantworters. Laura hinterließ eine Nachricht. Dann fiel ihr ein, dass sie am Morgen ihr Handy im Handschuhfach ihres Autos deponiert hatte, da es ohnehin im Kanal keinen Empfang gab und sie es nicht inmitten der Jauche hatte verlieren wollen. Bis eben hatte sie nicht mehr an das Handy gedacht. *Verflixt!*

Genervt schnappte sie sich wieder die Schlüssel und hechtete zurück zum Auto. Sie sprang hinein, und die Umgebung verschwand hinter beschlagenen Scheiben.

Das Display zeigte eine Vielzahl entgangener Anrufe. Drei von ihrer Mutter, einen von Falk und vier von Elena. Laura lehnte sich im Sitz zurück und hörte die Sprachnachrichten ab. Natürlich waren die Anrufe ihrer Mutter gespickt mit Vorwürfen und der Bitte um Rückruf. Ackermann hatte Fragen zum Fall. Elena hatte keine Nachricht hinterlassen.

Sie tippte gegen das Display. Das Läuten im Hörer dröhnte im Gleichklang zu ihren Kopfschmerzen. Laura legte auf, ehe sich die Mailbox meldete. Fragend starrte sie das Telefon an. Elena hatte versucht, sie zu erreichen, und das nicht nur einmal. Was wollte die Freundin?

Das Licht des Handybildschirms tauchte das Wageninnere in bläuliches Weiß, als sie die Textnachrichten durchsah. Elena hatte ihr zwei Nachrichten geschrieben. Die erste lautete: *Bin mit Kevekordes bei Corporis Genetics, Lampertheim. Komische Leute. Ist mir nicht geheuer. Melde mich wieder.*

Sie las die nächste Nachricht, die deutlich später abgeschickt wurde: *Überseecontainer auf Gelände entdeckt. Corporis Genetics verwertet Leichen. Melde mich wi.*

Laura starrte auf die letzte Mitteilung. Das Ende der Nachricht fehlte. Vielleicht, weil Elena zu schnell den Knopf zum Senden gedrückt hatte, ohne den Text auf Vollständigkeit zu prüfen. Wenn sie die Mitteilung richtig interpretierte, wollte sich die Freundin noch einmal melden. Aber wann? Die Nachricht selbst war schon einige Stunden alt. Elena sollte sich längst gemeldet haben. Deshalb auch die vielen Anrufe?

Unruhe erfasste sie, als sie die Wahlwiederholung drückte, und es wurde nicht besser, als sie die vertraute Stimme der Freundin vernahm. Wieder nur die Mailboxansage.

Sie seufzte und schlug mit der Hand auf das Lenkrad. So ein Mist, wieso ging Elena nicht ans Telefon?

Sie beantwortete die Textnachricht und bat um dringenden Rückruf. Sie starrte das Telefon an. Alles, was sie jetzt noch tun konnte, war, auf Elenas Rückruf zu warten. Doch dafür war das Auto der falsche Ort. Sie spähte durch die in Dunst gehüllten Scheiben und beschloss, den Wagen zu verlassen.

Dieses Mal war die Katze gewillt, Laura nicht einfach wieder fortzulassen, und umgarnte fordernd ihre Beine. Laura verstand und schnappte sich die kleine Stolperfalle, die sofort zu schnurren begann. Gemeinsam liefen sie zur Küche. Während die Katze fraß, suchte sie nach Kopfschmerztabletten, drückte sich gleich zwei Pillen aus dem Blister und spülte sie großzügig mit Wasser hinunter. Mit dem Telefon in der Hand schlurfte sie ins Bad. Sie wollte keinesfalls Elenas Rückruf verpassen.

Nach einer ausgiebigen Dusche war ihr Bauchgefühl nicht verschwunden. Ein Blick auf ihr Handy machte es nicht besser. Ihre Finger schienen wie selbstständig zu reagieren und drückten die Wahlwiederholung. Es dauerte eine gefühlte Ewigkeit, bis die Mailbox sich meldete. Das ungute Gefühl wurde stärker.

Sie wählte erneut. Eine verwaschene Stimme drang an ihr Ohr. Verwirrt polterte sie: »Hast du getrunken?« Kaum hatte sie die Frage ausgesprochen, da ärgerte sie sich schon über die Vorwürfe, die sie ihrem Kollegen machte. *Idiotin.* Falk hatte das nicht verdient. Außerdem konnte er in seiner Freizeit tun und lassen, was er wollte.

Ackermann antwortete nicht sofort. Es war, als müsste er sich die Worte erst zurechtlegen. »Nur ein Bier.« Er schluckte. »Okay, zwei. Nein, drei!«

Laura seufzte, weil sie richtig vermutet hatte, wollte aber auf das Thema nicht weiter eingehen. »Ich kann sie nicht erreichen.«

Sie brauchte den Namen nicht auszusprechen. Ackermann schien auch so zu wissen, von wem die Rede war. Er stöhnte.

»Sie hat mir Nachrichten geschickt.«

»Was?«

Laura zögerte. Nach seinem Teilgeständnis heute Abend war sie sich nicht sicher, ob sie den kompletten Text wiedergeben sollte. »Hast du schon einmal etwas von Corporis Genetics gehört?«

»Keine Ahnung. Ich glaube nicht.« Die Stille, die das Gespräch jetzt unterbrach, war fast greifbar. »Komm schon, was ist es? Was hat sie dir geschrieben? Hat es etwas mit mir zu tun?«

Laura las die Nachrichten vor. Am anderen Ende der Leitung blieb es still. Unsicher, was sie sagen sollte, lief sie zu ihrem Schreibtisch und startete den Laptop. Das Geräusch der Tastatur war das Einzige, was zu hören war. Ackermann knabberte wohl noch wie erwartet an der Tatsache, dass Elena mit Kevekordes unterwegs war.

Um die peinliche Stille zu übergehen, sagte sie: »Ich schau mir Corporis Genetics mal im Netz an.« Es dauerte nur Sekunden, und Laura wurde fündig. »Sie stellen Bioimplantate her!«

Ackermann grunzte. »Wäre nett, wenn du mir sagst, was das bedeutet.« Sie studierte die Webseite. »Diese Firma verarbeitet Leichen zu menschlichen Ersatzteilen!« Sie zögerte. »Elena wüsste sicherlich genauer, was es damit auf sich hat.«

Sie verstummte und fragte sich, ob es klug gewesen war, von der Rechtsmedizinerin zu sprechen. Aber sie hatten seit Stunden nichts mehr von ihr gehört. Und dann noch diese ominösen Nachrichten. »Ob ihr etwas passiert ist?« Ihre Stimme war jetzt ein Flüstern.

Er antwortete nicht sofort. Durch den Hörer drang ein kratzendes Geräusch. Einen Augenblick lang dachte Laura, die Leitung wäre gestört oder er hätte aufgelegt, doch dann dämmerte ihr, dass er sich über das unrasierte Kinn strich.

»Ich überlege zwar noch, worin die Verbindung bestehen könnte, aber langsam sieht es so aus, als hätten wir es mit ein paar Zufällen zu viel zu tun.«

# KAPITEL 31

Elena fühlte sich wie ein gehetztes Tier. Verfolgt wurde sie von einer Frau, die ihren Tod wollte, und was vor ihr lag, sollte wohl ihr Grab werden. Ängstlich schob sie die Bahre weiter. Jeder Schritt war eine Qual, und der Schmutz unter ihren Schuhen knirschte wie eine Ermahnung. Einem inneren Widerwillen folgend, verlangsamte sie ihre Schritte, um so das Unausweichliche hinauszuzögern.

Sie sah auf den Leichnam. Bosch hatte sich diesen Tag sicherlich auch anders vorgestellt. Wären sie nicht Sebastians Impuls gefolgt, würde er vermutlich noch leben.

Sie schluckte hörbar. Der Geruch nach verbranntem Fleisch kratzte verdächtig in ihrer Nase. Sie befanden sich auf dem Weg zum firmeneigenen Krematorium. Boschs Leiche sollte verbrannt werden. Nur noch wenige Schritte trennten sie von dem Raum.

Irgendwann würde ihn jemand als vermisst melden. Aber seine Leiche würde man nie finden. Das Feuer würde alles verzehren. Haare, Haut, Knochen. Lediglich ein

Häufchen Asche bliebe von ihm übrig. Ein trauriger Rest, und niemand käme auf die Idee, dass Bosch in seiner eigenen Firma den Tod gefunden hätte.

Sie blieb stehen und starrte die Tür an. Stahl. Kalt und grau. Doch die Luft direkt vor der Tür war trocken und überhitzt. Sie war sich ihres feuchten Kleides bewusst, und ihr ausgekühlter Körper sehnte sich nach Wärme.

»Öffnen«, bellte Holländer.

Sebastian zögerte. Die Frau deutete mit dem Kinn auf die Waffe. Noch ein kurzes Zögern, und er schob sich an der Bahre vorbei, wobei sein Blick Elena streifte.

Wütend wandte sie sich ab. Sie wollte Sebastian nicht ansehen. Zu sehr verachtete sie ihn in diesem Moment. Es war alles seine Schuld.

Heiße Luft schlug ihnen entgegen. Der scharfe Geruch nach Verbranntem war jetzt so stark, dass er Elena den Atem nahm. Und noch ein Geruch lag in der Luft. Ihr Körper sträubte sich, und sie schmeckte Angst. Ihr war klar, dass Holländer sie nur am Leben gelassen hatte, um nicht selbst die Drecksarbeit machen zu müssen.

Die Stahltür fiel hinter ihnen dumpf ins Schloss. Jäh verstärkte sich das Gefühl, gänzlich gefangen zu sein.

Der Brennofen war in Betrieb, und falls sie noch Zweifel gehabt hätte, bestätigten es die Betriebskontrollleuchte und der Thermostat, die in dem dunklen, fensterlosen Raum schimmerten. Holländer ging voran und tastete nach dem Lichtschalter.

Elena blinzelte, als kaltes Neonlicht den Raum erhellte und den Blick auf verschiedene Stahlcontainer preisgab. Daher kam also der Geruch. Sie brauchte keinen Blick auf deren Inhalt zu verschwenden. Sie wusste auch so, dass es sich hier um die nicht verwertbaren Leichenteile handelte. Menschlicher Abfall, der in den Augen des Managements lästigen Müll darstellte. Wie Lemminge standen die Container in einer Reihe, als warteten sie darauf, ihre faulende Fracht dem Feuer preisgeben zu können.

Holländer besah sich das Regelboard. Sie nickte zufrieden. Begeistert von dem, was sie offenbar den Messdaten entnehmen konnte, sagte sie: »Nur noch ein paar Minuten, dann bin ich diesen skrupellosen Mörder endgültig los.« Sie lachte. Trocken. Herzlos. »Es muss Schicksal sein, dass dieser Mörder in seiner eigenen Firma den Tod gefunden hat. In einem Unternehmen, bei dem er Menschen für Profit ausgeschlachtet hat.«

»Aber du hast ihn doch eben selbst getötet!«

Zufrieden sah sie in Richtung der Leiche ihres Geschäftsführers. »Ja, das habe ich.«

»Warum?«, fragte Sebastian.

Ihre Augen flackerten. »Weil es die einzige Möglichkeit gewesen war, ihn aufzuhalten. Er hat unzählige Menschen auf dem Gewissen. Frauen und Männer. Sogar Kinder. Er kannte keine Gnade!«

»Was meinst du? Sprichst du von den Containern?«

Sie nickte. »Er hatte sich hier ein Imperium aufgebaut. Aber behördliche Auflagen und mangelnde Bereitschaft zur Körperspende haben es ihm schwer gemacht, immer wieder für Nachschub zu sorgen. Doch er hatte einen Weg gefunden.« Ihre Stimme wurde bitter. »Ich habe jahrelang in der Flüchtlingshilfe gearbeitet, und es hat einige Zeit gedauert, bis ich davon erfahren habe. Aber schließlich bin ich ihm auf die Schliche gekommen. Deshalb habe ich letztes Jahr diese Stelle angenommen. Ich wollte wissen, ob sich mein Verdacht bestätigt.«

Holländer zögerte einen Moment lang, ehe sie fortfuhr. »Es hat auch tatsächlich nicht lange gedauert, bis der erste Container eintraf. Bosch erzählte von einem missglückten Flüchtlingstransport. Beim zweiten Mal hieß es, man hätte die Ertrunkenen vor der Küste Italiens eingesammelt. Als Medizinerin hatte ich gleich bemerkt, dass ein Großteil der Menschen noch nicht lange tot war.« Sie stieß ein kehliges Lachen aus. »Und gerade kam eine neue Lieferung Frischfleisch an. Für ihn ist ein Mensch nur dann wertvoll, wenn er dessen Körper gewinnbringend verhökern kann. Er hatte das schon clever geregelt und am Wochenende ständig wechselnde Leiharbeiter eingesetzt. Bis Montag hätte man alle Leichen verarbeitet und somit sämtliche Beweise beseitigt. Aber die Kollegen habe ich erst einmal alle nach Hause geschickt. Wir sind also ganz ungestört, falls ihr die Hoffnung haben solltet, es könnte euch jemand zu Hilfe eilen.«

Elena witterte ihre Chance. »Vor einigen Tagen ist ein Transporter unweit von hier verunglückt. In dem Container waren achtundvierzig Leichen. Die Polizei ist informiert. Rufen Sie sie an. Legen Sie Bosch und seinen Komplizen das Handwerk!«

Holländers Blick veränderte sich. »O Gott, schon wieder? Und so viele? Die Polizei hat uns bisher nie geglaubt, obwohl wir sie bereits vor Wochen informiert hatten. Deshalb mussten wir schließlich alles selbst in die Hand nehmen, um die Menschen zu retten!«

Zorn spiegelte sich in ihren Augen wider, und ihre Stimme wurde laut, als sie weitersprach: »Man wird mir auch dieses Mal nicht glauben. Ich bin mir sicher, Bosch hat einige Leute geschmiert. Es ist mir doch gar nichts anderes übrig geblieben, als ihn zu töten. Er hätte sich wieder aus der Affäre gezogen. Vermutlich hätte er das Ganze sogar mir angelastet. Und wenn ich erst einmal im Gefängnis gelandet wäre, hätten er und seine Komplizen munter weiter gemordet.«

Ein wenig schien es Elena, als würde diese Erkenntnis Holländer einen neuen Blickwinkel geben. Sie verzog ihr Gesicht zu einer hässlichen Fratze. »Er ist ein Monster. Ein Mörder. Wer unbequem ist, wird entsorgt. Nein! Ich habe keine Lust, für ihn ins Gefängnis zu gehen. Er muss verschwinden, und morgen bin ich über alle Berge.«

Sie sah Sebastian an. Ein leichtes Lächeln huschte über ihre Lippen. »Da ich schon mal dabei bin, unliebsame Dinge zu entsorgen, kann ich ja auch gleich bei dir weitermachen.«

»Lassen Sie uns gehen. Wir haben Ihnen nichts getan!«, flehte Elena. Angst schnürte ihre Kehle zu, als Risslans eiskalte Augen ihren Blick fixierten.

»Glaubst du wirklich, er hätte nichts getan? Hat er dir nicht erzählt, wie viel Blut an seinen Händen klebt? Ich sage es dir: Das von siebenunddreißig Menschen. Er ist keinen Deut besser als Bosch!«

Elena war verwirrt, und offensichtlich sah man ihr das an, denn Holländer lachte bitter: »Dachte ich mir!« Ihr Blick wanderte zu Sebastian.

»Sie ist unfreiwillig hier. Lass sie gehen. Bitte!«, sagte er. Offensichtlich war ihm klar, worum es hier ging.

»Warum sollte ich das tun? Weil sie unschuldig ist?« Ein gereizter Ausdruck zog wie ein Schatten über Holländers Gesicht. Sie entsicherte die Pistole und richtete die Mündung direkt auf ihn. Elena konnte an ihrem Gesicht ablesen, wie stark ihr Wunsch war, Sebastian zu töten. Aber offensichtlich hatte Risslan beschlossen, ihn zuvor noch einmal wissen zu lassen, warum sie ihn so sehr hasste.

»Du elender Mistkerl, hast sie einfach verrecken lassen!«, zischte Risslan, und falls sie gehofft hatte, in ihm damit etwas auszulösen, war der Versuch nicht vergebens gewesen. Sein blasses, von Angst gezeichnetes Gesicht sah unter den grellen Lampen wie ausgeblichen aus, und er zuckte unter ihren Worten zusammen, als wären es Peitschenhiebe.

»Du hast sie alle auf dem Gewissen! Männer, Frauen und Kinder. Unschuldige. Sie sind in unsere Station gekommen und haben ihr Leben in unsere Hände gelegt. Und was hast *du* getan?«

Ihre Augen hatten sich zu Schlitzen verengt, und sie hatte anscheinend längst vergessen, dass sich Elena auch noch im Raum befand. Jetzt schwoll ihre Stimme zu einem Kreischen an. Die Hand mit der Waffe zitterte vor Zorn.

»Was hast du getan? Illegale Medikamententests! Du hast sie als Versuchskaninchen benutzt! Es war dir egal, ob sie draufgehen! Siebenunddreißig arme, hilflose Menschen!«

Ihr Mund spie Speichel und sie keuchte. Sie gab ihre Unterarme preis. Rosa fleischige Narben zogen sich in einem wilden Muster über die Innenseite ihrer Arme, als hätte jemand die Haut zusammengeknüllt wie Pergament.

»Mich hätte es auch fast erwischt. Deine Leute dachten,

ich wäre auch ein Opfer des Impfstoffes. Nur wegen meiner Hautfarbe. Zu spät haben sie bemerkt, dass ich zum medizinischen Personal gehörte und nicht an einem anaphylaktischen Schock sterben würde. Thomas hat mich gerettet, während du schon über alle Berge warst!«

Sebastian schnitt ihr das Wort ab. »Ich habe das nie gewollt!« Er riss die Arme zu einer verzweifelten Geste hoch. »Sie hatten uns den Geldhahn abgedreht. Man wollte die Station schließen! Niemand interessiert sich für die Menschen im Kongo. Nicht einmal die eigene Regierung. Und die Politiker aus dem Ausland?« Er stieß ein raues Lachen aus. »Nur, wenn es der Imageverbesserung dient. Selbst die Pharmakonzerne finanzieren nur Projekte, wenn wir uns kooperativ zeigen und ihre Studien durchführen.«

Er wagte einen Schritt auf sie zu, und sie ließ es entweder zu, oder sie bemerkte es nicht.

»Du hast es selbst gesehen. Du hast es miterlebt. Ebola ist nur von Vorteil, wenn alle daran verdienen. Die westlichen Industrieländer stecken Millionen in die Forschung für Impfstoffe gegen Infektionen, vor denen sie sich fürchten. Ihnen ist es egal, ob Unzählige an Ebola, Marburg oder Lassa verrecken, solange diese Krankheiten auf dem afrikanischen Kontinent bleiben.«

»Das hast du dir aber schön zurechtgelegt!«

Die Bitterkeit in Holländers Stimme war nicht zu überhören. Sebastians Worte hatten es nicht geschafft, sie von ihrem Vorhaben abzubringen.

Er machte einen weiteren Schritt auf sie zu. »Risslan. Es tut mir wirklich leid. Ich wusste nicht, was sie vorhatten. Man hatte mich nicht eingeweiht. Ich war glücklich über den Impfstoff!« Er rang nach Worten. »Mir war nicht klar, dass ich zum Handlanger eines Pharmariesen geworden war. Als ungewöhnliche Symptome sichtbar wurden, hatte ich das umgehend gemeldet. Dann wurde ich abgezogen und versetzt. Später erfuhr ich, dass du in dem Feuer umgekommen bist. Ich habe die Organisation sofort nach dem Vorfall verlassen. Ich bin heilfroh, dass du überlebt hast.«

Elena beobachtete den Streit zwischen den beiden, und plötzlich wurde ihr einiges klar. Risslan hatte Sebastian bei ihrem heutigen Besuch wiedererkannt. Und er sie. Leider nicht sofort.

Jetzt verstand sie seinen verstörten Blick. Er war wie vor den Kopf gestoßen, dass sie noch lebte. Hatte er sie doch tot geglaubt.

Zu einem anderen Zeitpunkt hätte sie versucht, den Zwist zwischen den beiden zu schlichten. Heute fehlte ihr dazu die Kraft. Diese Frau hatte bereits einen Menschen ermordet, und sie war gewillt, es wieder zu tun.

Sebastian ging auf Holländer zu. Mit einer versöhnlichen Geste hob er die Hände. Aber die Frau kniff die Augen zu Schlitzen zusammen und starrte ihn wütend an.

Der Brenner des Ofens schaltete sich mit einem Klacken ab. Risslan zuckte zusammen und wandte sich um. Sebastian nutzte die Unachtsamkeit der Frau und stürzte sich auf sie. Erschrocken schrie sie auf. Doch er war um einiges stärker als sie und drückte sie zu Boden.

»Die Waffe!«

Elena benötigte nur einen Herzschlag, um zu reagieren. Sofort hechtete sie auf die Kämpfenden zu.

Der Knall war ohrenbetäubend. Sekundenlang war sie zu benommen, um reagieren zu können. Sie hatte die Arme vor das Gesicht geworfen und wartete mit klopfendem Herzen auf den nächsten Schuss. Die Stille danach war unerträglich. Sie blickte auf und erkannte, dass Sebastian taumelte. Er stöhnte.

Ihr erster Reflex war es, ihn aufzufangen, aber die Frau warf ihr einen warnenden Blick zu. Elena blieb stehen und starrte auf die Waffe in Risslans Hand. Angst schnürte ihre Kehle zu. Hitze bohrte sich in ihre Haut. Brannte auf ihrem Gesicht. Hilflos musste sie mit ansehen, wie Sebastian vor ihr zusammenbrach.

Sie schluchzte. Sie wusste, sie würde die Nächste sein.

Atemlos wich sie zurück, ignorierte die Hitze des Brennofens in ihrem Rücken, die heiße Metallstange an ihren Händen. Ihr blieb nichts anderes übrig, als zuzusehen, wie die Frau wieder auf die Füße kam.

Risslan wandte ihr den Rücken zu, lud die Waffe durch und zielte.

Im nächsten Moment sackte sie zu Boden. Kein Laut kam über ihre Lippen, als ihr Körper dumpf auf dem Beton aufschlug. Elena stand zitternd über ihr. Ihr Herz raste. Sie ließ die Arme sinken, und die Metallschaufel schepperte über den Untergrund.

»Sebastian!«

Sein Stöhnen ließ sie erkennen, dass er noch lebte. Er lag bewegungslos im Durchgang. Sie stürzte auf ihn zu. »Sebastian!«

Blut. Auch wenn ihr der Anblick von Körperflüssigkeiten nicht fremd war, erschreckte sie der immer größer werdende Fleck auf seinem Hemd.

Sein Gesicht war kreidebleich, und sein Atem ging pfeifend. Er schlug die Augen auf und stöhnte.

»Sebastian!«

Sein Gesicht verzog sich schmerzhaft. »Leni, geh!«

»Lass mich die Wunde ansehen.«

Er schüttelte den Kopf. »Lauf! Schnell!«

»Nicht ohne dich!«

Er sah sie an. Sein Blick eine Mischung aus Schmerz und Trotz. »Geh! Bitte! Hol Hilfe.«

Plötzlich nahm Elena ein Geräusch wahr. Sie hob den Kopf und fixierte die Tür. Schritte näherten sich. Sie erschrak. In dumpfem Stakkato drangen sie durch die Stahltür. Elena warf Sebastian einen panischen Blick zu.

»Versteck dich!«, sagte er.

Ihr Blick jagte durch den Raum, der ihr kaum einen Schlupfwinkel bot. Einen weiteren Ausgang gab es nicht.

Risslan lag immer noch am Boden, doch das Flattern ihrer Lider verhieß nichts Gutes. Lange würde die Ohnmacht nicht mehr andauern. Dann würden sie den Zorn der Frau mit voller Wucht zu spüren bekommen.

Die Lichter des Ofens blinkten hektisch und trieben sie an, eine Entscheidung zu treffen. Es blieb ihnen nur der Stahlcontainer.

Elena verstand nicht, woher sie die Kraft nahm, aber irgendwie schaffte sie es, Sebastian auf die Beine zu ziehen und ihn hinter einen Rollcontainer zu bugsieren.

»Leni« flüsterte er und sah ihr in die Augen. Wenn ich es dir sage, dann läufst du, so schnell du kannst!«

Elena schüttelte energisch den Kopf. Angst spiegelte sich in ihren Augen. »Ich gehe nicht ohne dich.«

Dann fiel ihr Blick auf die am Boden liegende Waffe.

Elena sprintete los. Doch noch bevor sie Risslan und die Waffe erreichte, wurde die Tür aufgestoßen. Ein Mann stand vor ihr und bäumte sich auf.

Mit einem Hechtsprung stürzte sie sich auf die Waffe, doch der Mann hatte die Situation sofort erfasst und kickte Elena gegen die Hand. Ein jäher Schmerz durchfuhr ihre Finger, und die Waffe polterte wieder auf den Boden. Ein weiterer Tritt traf ihren Oberbauch. Der Schmerz explodierte in der Magengegend und zwang sie in die Knie. Auf allen Vieren versuchte sie keuchend, auf die Beine zu kommen, als ein Schatten an ihrem Kopf vorbeizog. Sie hob den Blick.

Sebastian, obwohl schwer verletzt, stürzte sich auf den Mann. Panisch suchte Elena den Raum ab. Verdammt, wo war die Waffe?

»Lauf!«, hörte sie Sebastians Stimme.

Hektisch drehte sie sich um. Die Faust des Mannes donnerte gegen Sebastians Kinn. Er stöhnte, kam aber schwankend auf die Beine. Hilflos stand sie da, Tränen trübten ihren Blick.

»Lauf!« Dieses Mal klang Sebastians Stimme schwächer.

Als würde ihr Körper ein Eigenleben entwickeln, rannte sie auf den Ausgang zu. Die Türklinke in der Hand, drehte sie sich noch einmal um und fand Sebastians Blick. Sie wollte ihn nicht verlassen. Dieser Mann könnte ihn töten. *Nein, er würde ihn töten!*

Dann traf ihn ein Hieb und er taumelte zu Boden.

Elena stürzte aus dem Raum.

KAPITEL

# 32

Hast du die Adresse?«

Ackermanns Atem roch nach Bier. Er ließ sich auf den Beifahrersitz von Lauras Golf fallen. Obwohl der Regen bereits nachgelassen hatte, brachte er feuchte Luft und den Mief nasser Kleidung mit. »Mistwetter!«

Sie sah kurz zur Seite und betrachtete sein Profil. Trotz des warmen Lichts der Innenraumbeleuchtung wirkte sein Gesicht grau. Die Augen rotgerändert. Der dunkle Schatten seines Kinns war der sichtbare Beweis dafür, dass er sich seit Tagen nicht mehr rasiert hatte.

Laura fluchte. Wieso war ihr das nicht schon am Nachmittag aufgefallen? Zu sehr mit sich selbst beschäftigt, hatte sie den offensichtlichen Kummer ihres Kollegen nicht bemerkt.

Als er die Wagentür schloss, erlosch die Beleuchtung. Fast dankbar, dass sie seinen Schmerz nicht mehr sehen musste, lenkte sie den Wagen vom Gehsteig. »Lampertheim. Gewerbegebiet.«

»Ernsthaft? Gleich um die Ecke?«

Sie erkannte den Selbstvorwurf in seinen Worten. Statt einer Antwort konzentrierte sie sich auf den Verkehr. Ihre eigenen Gedanken nahmen sie zu sehr in Anspruch. Auch sie kämpfte mit der Sorge um die Freundin. Zum anderen konnte sie sich zum jetzigen Zeitpunkt nicht vorstellen, was sie bei Corporis Genetics ausrichten sollten.

Sie rief sich noch einmal die Nachrichten von Elena ins Gedächtnis. *Überseecontainer auf Gelände entdeckt. Corporis Genetics verwertet Leichen.* Was wäre, wenn Elena und Kevekordes den Leuten bei Corporis Genetics auf den Zahn gefühlt hatten. Das käme dem sprichwörtlichen Öffnen der Büchse der Pandora gleich. Die Vorstellung gefiel ihr nicht. Ärger machte sich in ihr breit. Wie konnte Elena eine solche Aktion im Alleingang starten? Warum hatte sie ihr nichts gesagt?

Es dauerte einen Moment, bis ihr das Gespräch im Auto wieder einfiel. Elena hatte ihrer Wut deutlich Luft gemacht und hätte sicher noch ein paar Tage gebraucht, um sich zu beruhigen, so viel war Laura klar. Dass die Freundin letztendlich doch angerufen hatte, musste sie einiges an Überwindung gekostet haben. Oder an Verzweiflung.

Je mehr sie darüber nachdachte, desto schneller kam sie zu dem Entschluss, dass sie sich wirklich Sorgen um die Freundin machen musste. Sie erhöhte das Tempo. »Alles klar?«

Er antwortete nicht, und Laura hatte das Gefühl, weiterreden zu müssen. »Du wirst sehen, es geht ihr gut«, sagte sie, auch, um sich selbst zu beruhigen.

Falk gab ein nervöses Brummen von sich. »Was ist nur los mit euch beiden?«, fragte er.

Laura umklammerte das Lenkrad und warf ihm einen schnellen Blick zu. Obwohl es dunkel im Fond des Wagens war, glaubte sie, Sorge in seinem Blick zu erkennen. »Ich bin mir gerade nicht sicher, was du meinst«, sagte sie und konzentrierte sich wieder auf den Verkehr.

»Ständig muss ich eine von euch beiden aus der Scheiße ziehen!«, polterte er. »Wenn ich nur daran denke, dass sie schon wieder in Gefahr sein könnte, wird mir ganz schlecht. Hat es nicht gereicht, dass wir sie erst vor einigen Wochen aus einem Bergwerk befreien mussten?«

Laura presste die Zähne zusammen. Die Erinnerung an den missglückten Urlaub, den sie gemeinsam erst kürzlich mit Elena unternommen hatte, war noch nicht verblasst und schwebte wie ein Damoklesschwert über ihrer Freundschaft. Ihr Puls raste, und sie drückte das Gaspedal noch weiter durch.

Sie passierten die Zufahrt zu einem Einkaufszentrum, eine Tankstelle und schließlich den verlassenen Parkplatz eines Möbelhauses. Die Beleuchtung des Navis tauchte das Wageninnere in Dämmerlicht, als die Stimme aus dem Lautsprecher krächzte: »Sie haben ihr Ziel erreicht!«

Draußen klatschten nur noch vereinzelte Regentropfen gegen die Windschutzscheibe, während Laura ungläubig das Gebäude musterte. Wie oft war sie an diesem Gebäude vorbeigefahren. Nie hatte sie sich darüber Gedanken gemacht, welches Geheimnis die Glasfassade verbergen könnte. Wenn sie der Nachricht Elenas Glauben schenken sollte, war sie sich plötzlich nicht mehr sicher, ob sie es wirklich wissen wollte. Für ihren Geschmack hatte sie heute schon genug unappetitliche Leichenteile gesehen.

Sie stiegen aus. Feuchter Wind verfing sich in Lauras

Haaren, und sie zog die Kapuze ihres Parkas über den Kopf.

Ehe sie sich dem Gelände nähern konnten, wurden sie von einem Wachmann abgefangen. Aus einem bartlosen Gesicht blickten sie wache Augen an.

»Kann ich Ihnen helfen?«

Das war der Moment, vor dem sich Laura gefürchtet hatte. Nun standen sie vor dem Ziel und kamen nicht weiter.

»Guten Abend«, sagte Ackermann, und Laura warf dem Gelände einen Blick zu. Ein hoher Zaun verhinderte ungewollte Eindringlinge. Jeder, der Corporis Genetics einen Besuch abstatten wollte, musste wohl oder übel an dem Wachmann vorbei.

»Wir interessieren uns für Ihr Unternehmen!«

»Das kann ich sehen.«

»Wir sind auf der Suche nach zwei Personen.«

»Und Sie glauben, sie bei uns zu finden? Um diese Uhrzeit?«

Um seine Worte zu unterstreichen, sah er demonstrativ auf seine Armbanduhr. Dann schenkte er den Besuchern einen argwöhnischen Blick.

»Wir sind von der Polizei.«

Laura glaubte, Ackermann würde noch etwas hinzufügen. Aber offensichtlich wollte er es dem Mann nicht zu einfach machen.

Der Uniformierte sah an den Beamten vorbei und musterte Lauras Golf. »Ja, das sieht man.«

»Wir sind von der Mordkommission.«

»Bestimmt!« Ein ungläubiges Lächeln umspielte seinen Mund.

Jetzt mischte sich Laura ein. »Wir vermissen unsere Kollegin, Frau Dr. Elena Salonis. Sie ist Rechtsmedizinerin.«

Das Grinsen des Wachmannes verzog sich zu einer Fratze. »Das wird ja immer abenteuerlicher. Die Leute erzählen mir echt jeden Scheiß. Reporter. Auf der Suche nach einer haarsträubenden Story. Aber ich muss zugeben: Ihre ist die Beste.« Er deutete auf das Auto. »Ich schlage vor, sie hauen jetzt ganz schnell ab, und ich vergesse, dass Sie hier gewesen sind. Ansonsten rufe ich die Bullen. Die echten!«

Laura seufzte. Das lief ja super. Was würden die Kollegen wohl sagen, wenn der Wachmann tatsächlich die Polizei rufen würde? Sicherlich würde dies für jede Menge Erheiterung in den Mannheimer Dienststellen sorgen.

»Bitte sehen Sie in Ihrer Besucherliste nach, wann Frau Salonis das Gebäude wieder verlassen hat.«

»Ich zähle jetzt bis drei, und dann sind Sie hier weg!« Er drehte sich um und stapfte auf sein Wärterhäuschen zu.

»Der Leiter des Seuchenschutzes war auch dabei!«, rief ihm Laura nach. Direkt vor dem Häuschen hielt der Mann in der Bewegung inne. Langsam drehte er sich zu den Beamten um. Laura erkannte, dass der Wachmann mit sich rang. Hoffnung keimte in ihr auf.

»Sie sind wirklich von der Polizei?«

»Ja.« Zur Bestätigung kramten beide ihre Dienstausweise aus den Taschen. »Hören Sie, guter Mann, wir sind eigentlich nicht offiziell hier.« Ackermann machte einen Schritt auf ihn zu. »Dr. Salonis ist meine Lebensgefährtin und heute Abend nicht nach Hause gekommen. Wir machen uns einfach Sorgen. Und wir wollten nicht sofort die zuständigen Kollegen informieren. Diese hätten uns ja sowieso erzählt, dass es zu früh sei. Sie wissen doch, wie das ist!«

Laura registrierte die Zugänglichkeit des Wachmannes. Ackermann hatte mit seiner Lüge genau den richtigen Ton getroffen, und der Mann lenkte ein.

»Ich bin erst seit 18 Uhr im Dienst. Ich habe Ihre Freundin nicht gesehen.«

Laura presste enttäuscht die Lippen zusammen.

»Aber mein Kollege erzählte mir bei Dienstantritt eine Geschichte, und ein Leiter vom Seuchenschutz kam auch darin vor.«

Er räusperte sich und winkte sie näher. Sie beeilten sich, ehe der Mann seine Meinung ändern würde.

Im Wärterhäuschen war es angenehm warm und trocken. Laura war froh, dem kühlen Wind entfliehen zu können und strich sich ihre Kapuze zurück. Der Wachmann trat an den kleinen Schreibtisch. Er schob eine Zeitung zur Seite und hämmerte auf eine Tastatur. Offensichtlich überrascht von dem, was der Bildschirm ihm sagte, murmelte er: »Das ist seltsam.«

»Was meinen Sie?«, fragte Laura.

»Ich kann im Logbuch keinen Eintrag von einer Salonis finden. Wie war noch einmal der Name des Mannes?«

»Dr. Kevekordes«, antwortete die Polizistin.

Der Wachmann schüttelte den Kopf. »Das verstehe ich nicht. Steffen hat mir berichtet, dass um die Mittagszeit so ein Typ hier aufgetaucht sei. Hatte wohl alle hier ganz nervös gemacht und was von irgendwelchen Krankheiten erzählt.«

Er hielt inne, als würde er sich flüchtig an etwas erinnern. Dann sah er Ackermann mit einem seltsamen Blick an und fuhr fort.

»Steffen sagte, dass eine sehr schöne Frau bei ihm gewesen sei.«

Der Wachmann wandte den Blick ab und schien verlegen. Er durchforstete weiter den Computer und ließ sich plötzlich mit einem verwunderten »Mmh« in den Stuhl fallen. Dann startete er einen weiteren Versuch und starrte wieder auf den Bildschirm. Wenige Klicks später sah er die Beamten überrascht an. »Ich kann die Besucherliste nicht mehr finden. Laut Computer existiert die Datei nicht mehr.«

»Können Sie uns sagen, ob sie gelöscht wurde?«

Der Wachmann zuckte entschuldigend mit den Schultern. »So weit reichen meine Computerkenntnisse nicht. Ich nehme an, jemand mit Administratorrechten könnte ihnen die Frage be …« Er unterbrach sich selbst, als käme ihm ein Gedanke.

Laura wartete darauf, dass er fortfuhr. Aber der Wachmann, auf dessen Brust ein Schild mit dem Namen Kessler prangte, blieb stumm. Offensichtlich forderte der Computer seine ganze Aufmerksamkeit. Laura versuchte, dem Wirrwarr an Dateien zu folgen. Schaffte es aber nicht.

Schließlich lehnte sich der Mann zurück und runzelte die Stirn. Seine Miene war mehr als verwirrt.

»Ich verstehe das nicht. Sicherlich ist das ein Problem mit der Technik.« Er schüttelte den Kopf. »Der Computer speichert offensichtlich derzeit keine Dateien.«

Er suchte nach einem Stift und machte sich eine handschriftliche Notiz, dann sah er die Beamten an.

»Kurz nach meinem Schichtbeginn hatten wir einen Fehlalarm. Aber auch hierzu kann ich keinen Eintrag finden. Dabei bin ich mir sicher, diesen in der entsprechenden Datei eingetragen zu haben.« Er kratzte sich verlegen am Kinn. »Wie gesagt, der Computer spinnt mal wieder!«

Die ganze Entwicklung gefiel Laura immer weniger. Sie sah zu Falk und erkannte, dass er das Gleiche dachte. Sie sprach es schließlich aus. »Das kann langsam kein Zufall mehr sein!«

»Von welcher Art Fehlalarm sprechen wir denn?«, fragte Ackermann.

»Ach, da war nichts.« Kessler winkte ab.

»Was war das für ein Alarm?« Falk baute sich vor dem Wachmann auf.

Kessler zuckte leicht zurück und sah die Polizisten an. »Feuer. Wir hatten einen Feueralarm. Aber die Feuerwehr musste nicht anrücken. Ich sagte doch, es war ein Fehlalarm. Jemand vom Reinigungspersonal hat ihn versehentlich ausgelöst. Ständig machen die was kaputt. Ist ja auch kein Wunder. Die meisten sprechen kaum ein Wort Deutsch. Da darf man sich auch nicht fragen, warum nichts mehr funkt …«

Bevor Kessler seine Tirade fortführen konnte, fiel ihm Ackermann ins Wort. »In welchem Bereich wurde der Alarm ausgelöst?«

Der Wachmann wirkte völlig in sich versunken, und auf seinem Gesicht lag ein Stirnrunzeln. »Ich glaube, das war im Keller. Ja, jetzt weiß ich es wieder. Sektor 12 A.«

»Was bedeutet das genau?«, fragte Laura.

Die Falten auf der Stirn des Wachmanns waren verschwunden und einem verständnislosen Blick gewichen. »Im Bereich der Kühlkammern. Da arbeiten nur ausgewählte Leute. Hier werden die Neuankömmlinge eingelagert.«

»Die Neuankömmlinge?« Laura sah den Mann an, und sie erahnte seine Antwort schon lange, bevor er diese selbst aussprach.

»Leichen!«

»Wir müssen rein!«, rief Ackermann.

»Wie bitte? Auf gar keinen Fall!«

»Bringen Sie uns dahin!«

Doch Ackermann erntete nur ein widerwilliges Schnauben. »Ich kann Sie nicht auf das Gelände lassen. Sie sind ja noch nicht einmal im Dienst.«

»Ich muss da jetzt rein!«, brüllte Ackermann. Das Gesicht hochrot.

Kessler sprang auf und hob beschwichtigend die Hände.

»Das kann ich nicht zulassen. Sorry, Leute!«

Falk kam bedrohlich näher. »Entweder Sie lassen uns jetzt auf das Gelände, oder wir rufen die Kollegen und nehmen den Laden hoch.« Er schnaubte wütend. »Dann wird es eine sehr lange Nacht!«

Kessler sah verärgert aus. Er gebot Ackermann mit einer Geste Einhalt. »Mann. Ich würde meinen Job verlieren!«

»Sollte Elena etwas passiert sein, weil ich hier stehe und mit Ihnen diskutieren muss –«, Ackermann machte eine bedrohliche Pause, »dann sorge ich höchstpersönlich dafür.«

Kessler ignorierte die Gebärden des Beamten. »Brauchen Sie dafür nicht einen richterlichen Beschluss oder so?«

»Schluss jetzt!«, warf Laura dazwischen. Es war, als wäre eine Blase geplatzt. Zwei oder drei Sekunden lang blieben die Streithähne regungslos stehen und sahen die Kommissarin an.

»Wir brauchen keinen richterlichen Beschluss und auch nicht die Kollegen. Wenn Gefahr in Verzug ist, stehen wir jederzeit in der Pflicht, zu helfen. Sie rufen jetzt jemanden, der uns reinlässt. Ihren Chef, den Geschäftsführer, den Hausmeister. Mir egal. Sofort!«, sagte Laura und war selbst überrascht, wie ruhig sie blieb.

Kessler nickte, aber seine Miene verriet immer noch Wut. »Um diese Zeit ist niemand mehr im Haus.«

Als Laura ihm einen ungeduldigen Blick zuwarf, griff er nach dem Telefon und wählte.

Ackermann trat zurück und fuhr sich mit der Hand über die Stirn. Die Sorge um Elena hatte tiefe Furchen in sein Gesicht gegraben. Wieder einmal.

Der Wachmann legte auf und wählte erneut. Dann eine andere Nummer. Er klang fast entschuldigend, als er sprach: »Ich kann niemanden erreichen. Der Geschäftsführer geht nicht ans Telefon und auch nicht an sein Handy. Die Qualitätsmanagerin ist auch nicht erreichbar.« Er sah auf seine Armbanduhr. »Vermutlich schlafen sie alle schon.«

Der Wachmann starrte Ackermann an. Es war unschwer zu erkennen, dass er wenig Lust hatte, sich noch einmal mit dem Polizisten anzulegen. Er sah zu Laura, in der Hoffnung, sie würde einlenken. Aber ihr Blick machte ihm deutlich, dass er von ihr keine Hilfe zu erwarten hätte. Schließlich seufzte er. »Das wird mich den Kopf kosten.«

KAPITEL

# 33

Elena sprintete los.

Keuchend warf sie sich gegen die Stahltür. Der Durchgang dahinter war ihr bekannt, und sie wusste, dass sie noch eine Sicherheitstür passieren musste. Sie betete zu Gott, dass diese nicht verschlossen sein würde. Fast rechnete sie damit und stieß einen erleichterten Seufzer aus. Sie hatte Glück. Aus ihrer Richtung bildete die Tür keine Barriere. Sie war Teil des Fluchtwegs.

Dahinter war der Flur hell. Sie versuchte, sich zu orientieren. Aber dafür blieb ihr kaum Zeit. Kopflos lief sie geradeaus. Sie hatte keine Ahnung, wohin der Weg führte. *Raus.* Sie musste einfach nur hinaus und Hilfe holen. Vielleicht gab es für Sebastian doch noch eine Chance.

Ihre Gedanken kreisten in ihrem Kopf. Sie konnte es kaum ertragen, dass sie sich so in Sebastian geirrt hatte. Sein Geständnis, illegal Medikamente an Unschuldigen getestet zu haben, hatte sie schwer getroffen. Sebastian. Wie konnte er so etwas tun? Er, der Afrika seine zweite

Heimat nannte und sich aufopfernd um die Kranken in den Lagern kümmerte.

Ihr Herz schien einen Moment auszusetzen, als sie an die Einsatzgebiete dachte. Es fiel ihr schwer zu glauben, dass er so viele Menschen durch die Impfungen getötet hatte. Das war nicht der Sebastian, den sie kannte. Nicht der, den sie einst geliebt hatte und für den sie immer noch viel empfand. Sie wusste, wer er war. Er hatte sich eine Kugel für sie eingefangen und sich trotz seiner Verletzung dem Mann entgegengestellt, der nach ihrem Leben trachtete. *Das* war ihr Sebastian. Er hatte ihr eine Fluchtmöglichkeit und einen Vorsprung verschafft.

Und vermutlich würde er das mit seinem Leben bezahlen.

Sie schluchzte. Sie rannte. Stolperte. Stand auf und lief. Immer weiter. Ihr einziges Ziel war ein Ausweg aus dem Gebäude.

Schwere Schritte am Ende des Flures kündigten an, dass sie verfolgt wurde. Angsterfüllt drehte sie sich um. Er war direkt hinter ihr. Mit langen Schritten schob er sich bedrohlich näher. O Gott.

Sie erhöhte ihr Tempo. Doch da war schon wieder eine Tür. Als sie die Türklinke packte, raubte ihr die Panik fast den Atem. *Jetzt nur nicht schlapp machen!*

Entschlossen stürzte sie hinaus und fand sich in der Dunkelheit eines Treppenhauses wieder. *Verdammt.*

Sie tastete nach dem Lichtschalter, und augenblicklich wurden grelle Lampen zum Leben erweckt. Sie starrte auf die kalten Stufen. Sie führten nur in eine Richtung. Nach oben. Wie gerne hätte sie zwei Stufen auf einmal genommen. Aber ihre Beine ließen es nicht zu.

Im Treppenhaus war es kalt. Die feuchte Wolle ihres Kleids umgab sie wie ein steifer Kokon und machte das Treppensteigen fast unmöglich. Sie raffte den Stoff und kämpfte sich die Stufen empor. Die Stille in dem Gebäudeteil wurde nur durch das dumpfe Klappern ihrer Schuhe unterbrochen. Und seiner.

Eine Kugel jagte an ihr vorbei. Eine zweite. Instinktiv zog sie den Kopf zwischen die Schultern und blieb dicht an der Wand. Sie keuchte. Verflucht. Hätte sie bloß die Waffe im Krematorium nicht fallengelassen! Jetzt könnte sie sich damit verteidigen. Theoretisch.

Seine Schritte wurden lauter, er war ihr viel zu dicht auf den Fersen. Sie erreichte ein Stockwerk. Sofort zerrte sie an der Türklinke. Verschlossen! Das durfte doch nicht wahr sein.

Sie rannte weiter die Stufen hoch. Sie hatte kaum noch Kraft. Ihre Lunge kämpfte wie ein Blasebalg. Aber sie hatte keine Zeit, sich auszuruhen. Keuchend zwang sie sich weiter. Das nächste Stockwerk als Ziel, hechtete sie weiter aufwärts. Ihr war übel von der Anstrengung, und sie rang nach Atem.

Die Tür ließ sich öffnen. Überrascht von der Tatsache, dass diese Etage nicht verschlossen war, schlüpfte sie durch den Türspalt, hinein in einen dunklen Flur. Sie haderte mit sich, ob sie den Lichtschalter suchen sollte. Sie entschied sich dagegen. Die Dunkelheit würde ihr Schutz bieten. Allerdings verschluckte sie auch sämtliche Orientierungspunkte.

Langsam tastete sie nach einer Wand und hangelte sich weiter. *Mein Gott, ist das dunkel.*

Ihr Knie rammte etwas Hartes. Ein dumpfer Schmerz

jagte durch ihr Bein. Sie biss lautlos fluchend die Zähne zusammen und tastete nach dem Gegenstand, der ihr in der Dunkelheit zum Hindernis geworden war. Ein Feuerlöscher.

Sie nahm sich vor, mehr Abstand zu den Wänden zu halten. Plötzlich griff sie ins Leere und wäre fast gestürzt, doch gleich darauf berührte sie eine glatte Fläche. Dann umschlossen ihre Finger einen Türgriff. Sie drückte den Hebel leise herunter. Verschlossen.

»Mist«, fluchte sie und schob sich durch die Dunkelheit. Immer weiter. Wieder eine Tür. Sie betete, dass sie offen sein würde.

Sie hatte Glück. Silbernes Mondlicht fiel durch die großen Fenster und warf gespenstische Schatten über den Boden. Elena starrte in das Innere. Vertraute Gerüche schlugen ihr entgegen. Jedoch vermochte ihr Gehirn nicht, diese einzuordnen. Leise drückte sie die Tür ins Schloss.

Die Nacht hatte den Saal in Schwarz-Weiß getaucht. Aber die Schatten waren ihr nicht fremd. Allmählich wurde ihr klar, welche Funktion dieser Raum hatte. Dunkle Tische mit hohen Aufbauten. Silhouetten von Gegenständen, Flaschen, Geräten. Es handelte sich um ein Labor.

Das Mondlicht war ihr Verbündeter und schickte sanftes Licht durch die hohen Fenster. Sie schob sich durch die Reihen von Tischen. Ihr Blick jagte durch das Labor. Doch das plötzlich hereinfallende Mondlicht ließ ihre Freude über die Zuflucht jäh zerplatzen. Dieser Raum hatte keine Ausgänge. Nur einen, und aus dieser Richtung würde ihr Verfolger kommen. *Ich Idiot*, durchfuhr es sie. *Wieso hast du nicht die nächste Tür genommen?*

Sie saß in der Falle. Einer plötzlichen Eingebung folgend, stürzte sie zu den Fenstern. Hinter den zerrissenen Wolken tauchte der Mond die Welt vor ihr in eine silbrige Schattenlandschaft. Das Areal um den Gebäudekomplex lag ruhig und verlassen unter ihr, wie in einem Tiefschlaf. Alle Fenster des Nebengebäudes waren verdunkelt. Das Wärterhäuschen schwach beleuchtet von den Laternen. Der Wachmann hatte vermutlich Feierabend. Auf dem Parkplatz fristete ein einsamer Wagen sein Dasein. Niemand würde ihre Hilferufe hören.

Doch *er* würde sie hören, und ihre Schreie würden ihn direkt zu ihr führen. Sie überlegte, ob sie einen Sprung in die Tiefe wagen sollte, entschied aber, dass sie das nicht überleben konnte.

Wieder sah sie sich um. Wo war das verdammte Telefon? Ihr Blick überflog die Tische. Es war zu finster. Da fiel ihr ein, dass die Labortische an sich nicht mit Telefonen ausgestattet waren. Schreibtische hingegen schon.

Am Ende des Raums erahnte sie kleinere Tische. Wenn sie Glück hatte, waren das die Schreibtische der Mitarbeiter.

Sie schob sich durch das Dunkel. Computer, Tastatur, mehrere Ordner. Und ein Telefon. Wie um einen Rettungsanker schlossen sich ihre Finger um den Hörer.

Sie wählte den Notruf. Das Freizeichen der Leitung war wie ein persönlicher Triumph, gleichzeitig erschreckend laut. Schweiß rann ihr über den Rücken. *Wie lange dauerte das noch?*

»Notrufzentrale?«

Elena schloss die Augen. Die Freude über die Stimme in der Leitung war überwältigend. Sie spürte einen Kloß im Hals und krächzte: »Er will mich töten! Ich …«

Eine Tür fiel zu. Schritte. Er durchforstete das Stockwerk nach ihr. Das Blut gefror ihr in den Adern. Schnell warf sie den Hörer auf die Gabel. Sie quetschte sich in eine Nische zwischen der Wand und dem Schreibtisch. Dicht an das Holz gedrängt, wagte sie es kaum zu atmen. Trotzdem forderte die Angst ihren Tribut, und ihr Atem ging stoßweise.

Die Schritte kamen näher. Drangen wie unerbittliche Hammerschläge durch den Spalt unter der Tür. *O mein Gott. Er wird mich finden! Er wird mich töten!*

Er riss die Tür mit solcher Wucht auf, dass sie hart gegen die Wand flog. Elena erschrak, doch sie biss die Zähne aufeinander. Lampen erhellten den Raum. Schwere Schritte kamen näher.

Elena erstarrte. Sie presste sich tiefer in die Nische und sie wünschte sich, der Boden würde sich auftun und sie verschlingen. *Geh!*, flehte sie im Stillen. *Bitte!*

Die Schritte verstummten. »Ich weiß, dass du hier bist! Komm aus deinem Versteck. Ich werde dich sowieso finden. Früher oder später. Ich wäre für früher, dann haben wir es hinter uns!«

Elena hielt den Atem an. Er lief weiter. Sie hörte sein Keuchen. Schränke wurden aufgerissen. Stühle umgeworfen. Dann das dumpfe Scheppern von Gegenständen. Sie schloss die Augen. *Wenn ich dich nicht sehe, dann siehst du mich auch nicht.* Sie schalt sich selbst eine Närrin, weil sie wie in Kindertagen dachte. Eigentlich hatte es damals schon nicht geklappt.

»Komm jetzt raus!«

Glas zerbrach. Dann noch einmal das Klirren von Glas. Der vertraute Geruch von Alkohol hing schwer in der

Luft. Weitere Flaschen zerbarsten. Im Kühlraum hatte sie geglaubt, dass ihr Albtraum nicht schlimmer sein könnte. Wieso ließ dieser Typ seine Wut an den Laborflaschen aus? Was hatte er vor?

Dann traf sie die Erkenntnis wie ein Schlag. Und als würde er ihre Gedanken erraten, rief er: »Entweder du kommst jetzt aus deinem Versteck, oder ich fackel dich mitsamt dem ganzen Laden hier ab!«

Elena zwang sich, nicht in Panik zu verfallen. Schweiß rann ihr über den Rücken. Sie wusste nicht, was sie tun sollte. Sie wollte keinesfalls bei lebendigem Leibe verbrennen. Aber sich von diesem Irren abknallen zu lassen, war auch keine Option.

»Zeig dich!«, schrie er, und seine Wut war fast greifbar. Dann herrschte einige Sekunden lang Stille. Sie hörte nur seinen Atem und Schritte über Glas.

»Wie du willst!«

KAPITEL

# 34

Wie ich Ihnen gesagt habe. Fehlalarm!«

Kessler war die Erleichterung anzusehen. Nach einem letzten prüfenden Blick in Richtung Kühlraum, als wäre er persönlich dafür verantwortlich, dass die Ruhe der Toten gestört wurde, wandte er sich ab. »Dann können wir ja endlich gehen!«

Laura hielt ihn davon ab, die Tür zum Kühlraum zu schließen. »Nicht so schnell!«

Der Wachmann schnaubte ärgerlich: »Ich muss wieder auf meinen Posten. Kein Feuer. Keine vermissten Personen!«

Ihre Faust krachte gegen den Lichtschalter, dann drückte sie die Tür auf und spähte noch einmal in den Raum. Kalte Luft schlug ihr entgegen. Sie blinzelte, als die Neonröhren den Raum flackernd erhellten. Selbst bei Licht hatte sich das Bild nicht verändert. Nackte Körper reihten sich vor ihnen auf. Ordentlich. Bleich und leblos. Die Stille wurde nur von dem Dröhnen eines Kühlaggregates unterbrochen.

Laura setzte sich in Bewegung.

»Sie können da nicht rein!«

Sie sparte sich jeden Kommentar und schüttelte seinen Arm ab. Kessler warf ihr einen verängstigten Blick zu. »Ich warte hier draußen!«

In dem Raum war es frostig. Binnen Sekunden drang die eisige Luft durch ihre Kleidung, wie Nadelstiche. Sie zog ihre Jacke zu. »Ist das kalt!« Ihr Atem verwandelte sich sofort in eine Dampfwolke.

Ackermann nickte. »Wie im Kühlschrank!«

Die Leichen erinnerten Laura an ihren Besuch bei Dr. von Dahl. Sie erschauderte. Diesen Toten würde es ähnlich ergehen wie von Dahls Exponaten. Man würde sie ausweiden und dessen berauben, was als verwertbar galt.

Sie beäugte das erste Gesicht. Falten wiesen auf ein bewegtes Leben hin. Sie atmete hörbar aus, und wieder tanzten weiße Wölkchen vor ihren Augen. Die Leiche auf der nächsten Bahre war ein Mann. Leicht ergrautes Haar umspielte das Gesicht. Sie hielt die Luft an und ging näher heran. »Nicht Kevekordes«, sagte sie leise.

Ackermann stand an einer anderen Rollbahre. Er sah auf das Etikett am Knöchel des Mannes. »Sie sind nicht hier. Gott sei Dank!«

Im Prinzip waren das gute Neuigkeiten, aber die Erleichterung wollte sich bei Laura trotzdem nicht einstellen. Dennoch: Es gab eigentlich keinen Grund mehr, noch länger in der Eiseskälte herumzustehen.

Aber so schnell wollte sie nicht aufgeben. Auch wenn ihr die Kälte des Raumes bereits bis ins Mark drang. Irgendetwas sagte ihr, dass hier etwas nicht stimmte. Sie hatte längst die kleinen Pfützen unter den Körpern und die nassen Wände bemerkt. Alles sichere Anzeichen dafür, dass der Sprinkler aktiv gewesen war.

Sie beäugte eine weitere Bahre. Die Frau starrte sie mit trüben Augen, die einmal blau gewesen sein mussten, an. Das blonde Haar war so feucht, dass es in dicken Strähnen am Schädel klebte und kleine Rinnsale unter ihrem Kopf und Hals zu einer Pfütze verschmolzen. Die Haut der Toten war übersät von winzigen Tröpfchen.

Sie winkte Ackermann heran. »Schau dir das mal an. Sieht aus, als hätte man sie kürzlich gebadet.«

Er schnaubte angesichts des Vergleichs. »Alt ist sie ja nicht geworden«, sagte er.

Laura bemerkte den Blick, mit dem er die schlanken Hüften und die vollen Brüste der Toten musterte. Doch bevor sie ihn rügen konnte, fragte er: »Hast du Papiertaschentücher?«

»Was?« Sie sah seinem Blick an, dass er es ernst meinte, und begann in ihren Jackentaschen zu suchen. Sie zog eine Packung hervor, die vermutlich schon jahrelang ihr Dasein in der Jacke fristete.

Er nahm ein zerknittertes Tuch heraus, faltete es so, dass die intakte, saubere Seite zum Vorschein kam und strich mit einer kräftigen Handbewegung über die Haare der Toten. »Blut«, sagte er und zeigte Laura den verfärbten Zellstoff.

Sie nickte. »Denkst du, es ist ihr eigenes Blut?«

Er zuckte mit den Achseln. »Damit sollen sich andere herumschlagen. Ich wollte es nur sagen.«

»Sie ist tropfnass, und in ihren Haaren klebt Blut«, sagte Laura. »Sehr seltsam.« Ihr Blick ging zur Decke. »Der Sprinkler selbst ist intakt. Die Glasampulle aber nicht.

Mir stellt sich die Frage, wie man die Ampulle mittels Leiter zerstören kann, ohne dabei den Sprinklerkopf abzureißen!«

»Das ist tatsächlich eine gute Frage.«

Sie wandte sich an Kessler, der sich bisher nicht in den Kühlraum gewagt hatte. Mit bleichem Gesicht stand er im Flur und zuckte erschrocken zusammen, als Laura ihn ansprach.

»Wurde der Sprinkler instand gesetzt?«

Er schüttelte langsam den Kopf.

»Wer hat sich um das Chaos hier gekümmert?«

Kessler zuckte mit den Schultern. Eine Mischung aus Neugier und Ekel lag in seinem Blick, als er antwortete: »Keine Ahnung.«

»Jemand muss den Sprinkler abgestellt und dafür gesorgt haben, dass die Leichen nicht allzu sehr im Nassen liegen. Ich habe zwar keine Ahnung, aber ich gehe davon aus, dass Wasser ihren Zustand nicht gerade verbessert«, sagte Laura.

Wieder zuckte Kessler mit den Schultern. »Vielleicht jemand vom medizinischen Personal. Wie bereits erwähnt, am Wochenende wird nur mit kleiner Mannschaft gearbeitet.« Er sah an der Polizistin vorbei. »Sie sieht so jung aus!«

Seine Stimme wurde brüchig, und er wandte sich keuchend ab. Laura ließ noch einmal ihren Blick über die Tote gleiten. Der Wachmann hatte recht. Zwischen all den Leichen wirkte der straffe Körper der jungen Frau wie der einer zarten Elfe. Schlank und feingliedrig. Das Gesicht, blass wie Porzellan, dessen Reinheit lediglich von dunklen Linien durchzogen wurde. Adern. In ihnen war das Blut zum Stillstand gekommen, und nichts auf dieser Welt konnte es wieder zum Fließen bringen.

Ein Würgen unterbrach ihre Gedanken, und sie ahnte schon, dass das Geräusch von Kessler kam. Sie schenkte Ackermann einen kurzen Blick, ehe sie das Kühlhaus verließ. Die Temperatur im Flur hüllte Laura wie in ein warmes Tuch. Ihre Nasenspitze fühlte sich immer noch eisig an. Vielleicht nicht der schlechteste Zustand, angesichts dessen, dass sich der Wachmann sein Abendessen auf die Stiefel erbrach. Tatsächlich verhinderte die Vereisung ihrer Nasenschleimhäute, dass sie den Geruch wahrnahm. Aber das war nur von kurzer Dauer gewesen. Kesslers Atem roch säuerlich, als sie ihm ein Taschentuch reichte.

»Entschuldigung.«

Sie winkte ab. »Ich weiß, das ist nicht jedermanns Sache.«

»Sie sind wirklich von der Mordkommission?«

Sie nickte.

»Das wäre nichts für mich. Nee. Echt nicht!«

Ackermann streckte den Kopf aus dem Kühlhaus. »Laura?«

Sie wusste sofort, dass er etwas gefunden hatte. Aber war es wirklich ein Hinweis, der sie bei der Suche nach Elena weiterbringen würde?

Sie folgte ihm. Der Gegenstand, der sich hinter einer der schmalen Rollen befand, war fast mit dem Metall der Bahre verschmolzen. Es war ein kleiner silberner Zylinder. Erst bei näherer Betrachtung konnte Laura erkennen, dass es sich um ein Feuerzeug handelte.

»Denkst du das Gleiche wie ich?« Ackermanns Stimme

war rau. Er bückte sich und angelte nach dem Feuerzeug. Es war leer.

Laura nickte. »Ich könnte mir vorstellen, dass jemand mit diesem Feuerzeug versucht hatte, den Alarm auszulösen. Nur wer?«

Sie sah zu den Leichen. Verwarf aber sogleich jeden Gedanken an sie.

Ackermann betrachtete das Feuerzeug und deutete auf eine Gravur. »Für Rainer, in Liebe, Bella.«

»Kennen Sie einen Rainer?«

Das bereits bleiche Gesicht des Wachmanns wurde noch eine Spur blasser, und er ließ sich Zeit mit der Antwort: »Herr Bosch, unser Geschäftsführer!«

»Heißt seine Frau Bella?«

»Isabella.«

»Rufen Sie ihn an!«, rief Laura.

KAPITEL

# 35

Elena schloss die Augen. Es war so weit. Sie würde sterben. Heute. Heiße Tränen rannen ihr über das Gesicht. Sie wollte es nicht glauben! Sie war dem Erfrierungstod entkommen. Sebastian hatte sich geopfert, damit sie fliehen konnte. Nun hatte sie die Wahl zwischen Feuer oder Kugel. Beides war eine grauenhafte Vorstellung. Sie überlegte, ob sie in ihrem Versteck ausharren sollte, bis er sie aufstöbern würde. So leicht würde sie es ihm nicht machen.

Allem Anschein nach konnte er sie nicht finden. Sonst hätte er nicht mit dem Feuer gedroht. Er war ganz nah, dessen war sie sich sicher. Sie fühlte es, und sein keuchender Atem räumte jeden Zweifel aus.

Fest gegen den Schreibtisch gepresst, öffnete sie ein Auge. Seine Beine standen unweit von ihr. Aber sie bewegten sich in die andere Richtung. Gott sei Dank. Tränen der Erleichterung liefen über ihre Wangen.

Er schien zu wissen, wie er ihre Angst nähren konnte und schritt betont langsam auf und ab. Nicht weit von ihr entdeckte sie eine Notfalldusche. Vielleicht konnte sie zur Dusche laufen, falls er Feuer legen sollte. Das Wasser würde sie vor den Flammen retten. Da fiel ihr ein, dass das Unternehmen über ein funktionierendes Löschsystem verfügte, wie sie am eigenen Leib bereits erfahren hatte. Zum Glück. Diese Erkenntnis nahm ihr zumindest einen Teil der Angst.

Der Geruch von Alkohol verätzte die Luft, und die Stille war unerträglich. Ob er noch da war? Sie wartete. Es dauerte auch nicht lange, als direkt neben ihr Glas knirschte. Sie hielt den Atem an.

»Wir haben nichts mehr zu verlieren, Risslan und ich«, rief er in die Stille des Raumes. »Jetzt klebt Blut an unseren Händen. Dabei wollten wir sie alle retten.«

Er blieb stehen, und es schien, als würde er seine Worte mit Bedacht wählen. »Aber dann ging alles schief. Juri war mein bester Freund, und ich konnte ihn überreden, bei uns mitzumachen. Doch Bosch hat seinen besten Mann mitgeschickt. Edgar, dieser Mistkerl! Warum musste er auch unbedingt bei diesem Transport mitfahren? Verflucht, Juri hätte das allein geschafft. Mit ihm wären die Menschen im Container gut und sicher ankommen. Aber Edgar hat uns allen einen Strich durch die Rechnung gemacht. Er hat sie auf dem Gewissen. Er war genauso skrupellos wie Bosch. Aber ich habe Juri gerächt und diesen Scheißkerl verschwinden lassen. Hätte nicht gedacht, dass es so einfach werden würde, und Bosch hätte es vielleicht nicht so schnell gemerkt.« Er lachte. »Niemand wird Edgar finden. Niemand!« Seine Schritte kamen immer näher.

»Heute kam schon wieder ein Container. Risslan ist fast

ausgeflippt, da es schon wieder ein illegaler Transport war, und dann noch Leute aus ihrem Volk. Ich habe es einfach nicht geschafft, ihr von unserer letzten missglückten Rettungsaktion zu berichten, es hätte ihr das Herz gebrochen. Wir wollten Bosch eigentlich auch verschwinden lassen. Tja, dass hat ja nicht funktioniert, weil du mit diesem Typen zurückgekommen bist. Echt blöd. Wirklich blöd.«

Er seufzte. »Wir können es uns leider nicht leisten, Zeugen am Leben zu lassen.«

Elena kauerte in ihrem Versteck und versuchte, die Informationen zu verarbeiten. Wenn sie seine Worte richtig interpretierte, dann hatte Risslans Komplize ihr gerade den Mord an dem falschen Arzt gestanden, der Juri Ivanow im Krankenhaus getötet hatte.

»Genug der Spielchen. Ich kann dich nicht entkommen lassen. Zeig dich! Dein Macker ist vermutlich eh schon tot. Ihn soll das gleiche Schicksal ereilen, wie das, was er meiner Frau angetan hat. Er hat sie in der Station zurückgelassen. Wer hätte gedacht, dass sie einmal die Gelegenheit bekommen würde, es ihm heimzuzahlen. Sozusagen mit gleicher Münze!«

Er lachte, und in sein Lachen mischte sich ein seltsames Brummen. Kaum hörbar. Es dauerte noch einige Herzschläge, bis sie bemerkte, dass es sich um ein Vibrieren handelte. In der Seitentasche ihres Kleides. Schnell schob sie ihre Hand hinein und zog ein Handy heraus. Scharf drang es in ihr Bewusstsein, wie sie vor Kurzem Boschs Handy an sich genommen hatte. Panik stieg in ihr auf angesichts des Geräuschs, und gleichzeitig frohlockte ihr Herz über das Stück Hoffnung, auch wenn ihr klar war, dass sie nun aufs Ganze gehen musste. *Es ist deine einzige Chance!*

Ihr Gehirn registrierte das Wort *Werkschutz*, während etwas in ihr die Entscheidung für sie traf und sie sich beeilte, das Gespräch anzunehmen. Sie schob das Telefon vor sich unter den Schreibtischcontainer. Keine Sekunde zu spät. Kräftige Hände schnappten ihre Arme und zerrten an ihnen.

»Hilfe. Er will mich töten!«

Dies war ihre einzige Chance. Vielleicht war es aussichtslos, aber sie hoffte, der Anrufer würde es kapieren. »Hilfe! Lassen Sie mich los! Hier im Labor werden Sie Ihre Spuren nicht verwischen können«, brüllte Elena. Wer immer sich am anderen Ende der Leitung befand, sollte ihre Not hören und ihren Hinweis verstehen.

»Zier dich nicht, du kleines Miststück.«

Sie schrie und schlug um sich. Die Person in der Telefonleitung gab ihr das Gefühl, nicht mehr allein zu sein. Ein Gedanke durchfuhr sie. Die Frage, warum er sie nicht schon längst erschossen hatte. Seine Hand schloss sich immer stärker um ihren Arm. Wie ein Schraubstock. Sie neigte den Kopf und biss zu.

Er schrie auf, ließ aber nicht von ihr ab. Im Gegenteil. Angestachelt von Schmerz und Wut, schnappte er sie an den Beinen und zerrte sie über den Boden. Glassplitter bohrten sich in ihren Rücken. Aber sie hatte nicht genug Zeit, dem Schmerz Beachtung zu schenken. Ihr Kopf prallte gegen einen Schrank. Fast ohnmächtig von dem Schlag registrierte sie, dass er sich auf sie stürzte und seine Hände um ihren Hals schloss. Sein Gesicht war jetzt ganz nah bei ihr, und sie konnte seinen Atem riechen. Immer fester drückte er ihre Kehle zu. Sein Gewicht drückte gegen ihren Brustkorb. Ihr zusammengepresstes Zwerchfell kämpfte um Luft. Nur ein kaum hörbares Röcheln kam über ihre Lippen. In ihrem Kopf begann es zu surren.

Ihr Blick fixierte die Leuchtstoffröhren an der Decke. Eine der Lampen zuckte leicht. *Sie ist kaputt*, dachte Elena.

Dann umschlossen ihre Finger etwas Glattes.

Es war der Aufschrei eines verwundeten Tieres. Laut. Hässlich. Wie im Todeskampf.

Die Hände um ihren Hals verloren ihre Kraft. Er ließ sie los. Kippte zur Seite. Elena keuchte. Hustend rang sie nach Atem. Ihr Verstand riet ihr zur Flucht. Aber sie brauchte noch einige Atemzüge, um ihren Körper wieder mit lebenswichtigem Sauerstoff zu versorgen.

Mit allerletzter Kraft stemmte sie sich vom Boden ab, doch ihre Beine versagten ihren Dienst. Sie blinzelte. Wie in Trance registrierte sie, dass er auf ihrem Unterkörper zusammengesackt war. Panisch stieß sie ihre Schuhe gegen seinen Rumpf. Immer wieder, bis sie endlich frei war.

Keuchend kroch sie über den Fußboden. Sie setzte sich auf. Ein metallischer Geruch lag in der Luft. Eigentlich hätte sie ihn erkennen müssen, aber ihr Gehirn weigerte sich beharrlich.

Dann endlich erblickte sie das Blut. Es war überall. Auf seinem Hemd, dem Fußboden und … ihren Beinen. Sie sah an sich herab und erschauderte. Überall war Blut. An manchen Stellen stellte sich der natürliche Prozess der Gerinnung ein, und dicke Klumpen klebten an ihren Waden.

Von Ekel erfasst stemmte sie sich hoch und wich zurück. Aus sicherer Entfernung sah sie auf ihn herab. Ihr war selbst nicht klar, warum sie nicht floh. Vielleicht lag es daran, dass ihr Unterbewusstsein bereits akzeptiert hatte, dass dieser Mann sterben würde. Nun musste auch sie akzeptieren, dass sie ihm die tödliche Verletzung beigebracht hatte.

Aber noch lebte er. Sein Brustkorb hob und senkte sich schwerfällig, wie unter großen Anstrengungen. Langsam bildete sich ein dunkler See um seinen Oberkörper. Ein beängstigender Gedanke streifte durch ihr Bewusstsein. Er wird verbluten!

Diese Vorstellung war ebenso erschreckend wie die Tatsache, dass sie einfach dastand und zusah, wie sein Herz mit jedem Schlag eine Druckwelle Blut aus der Wunde presste. Sein Röcheln wurde leiser.

Hin- und hergerissen zwischen dem Wunsch zu fliehen und dem Eid, den sie einmal geschworen hatte, starrte sie auf den Verletzten. Sein Brustkorb hob und senkte sich in einem immer schneller werdenden Rhythmus.

Plötzlich entwickelte ihr Körper ein Eigenleben. Fast wehrte sie sich gegen ihren Verstand, der ihr befahl, auf den Mann zuzugehen. Als sie sich neben ihn kniete, war ihr nur halb bewusst, was sie tat. Ohne zu zögern, drehte sie ihn auf den Rücken. Die blauen Augen flackerten, und in seinem Gesicht lag ein Ausdruck von Verwunderung. Routiniert erfasste ihr Gehirn, was sie sah, und jetzt übernahm die Ärztin die Kontrolle über ihr Handeln.

Der abgebrochene Hals einer Laborflasche hatte sich tief in die Haut gebohrt und steckte nur wenige Millimeter unterhalb des rechten Schlüsselbeins. Durch den Druck des verletzten Blutgefäßes und fast gänzlich bedeckt mit seinem Blut schien sie sich ebenfalls pulsierend zu bewegen, wie zu einem rhythmischen Tanz.

Fieberhaft sah sie sich im Raum um. Binnen Sekunden hatte sie auch schon den Erste-Hilfe-Schrank entdeckt. Sie stürzte auf den kleinen unscheinbaren Kasten mit dem grünen Kreuz zu. Mit einer schnellen Bewegung zerrte sie die Tür auf und durchwühlte den Inhalt.

Während sie zu dem Mann zurücklief, riss sie eine Verpackung nach der anderen auf. Sie zog sich Handschuhe über und schnappte sich im Vorbeigehen eine Pinzette vom Labortisch.

Er war extrem blass. Kalter Schweiß sammelte sich auf seiner Stirn. Sein Atem ging jetzt stoßweise. Die Lider, halbgeschlossen, ließen nur noch das Weiß der Augäpfel erkennen.

Sie atmete tief durch, und sofort füllte sich ihre Lunge mit dem metallischen Geruch nach Blut. Und noch etwas. Urin. Er hatte sich eingenässt. Ein sehr schlechtes Zeichen. Sein bereits im Todeskampf befindlicher Körper war auf dem besten Weg aufzugeben.

Ohne Rücksicht riss sie sein Hemd auf. Die Knöpfe stoben zu allen Seiten. Die Glasscherbe steckte noch immer in der Wunde. Es war besser, die Scherbe an Ort und Stelle zu belassen. Sonst lief sie Gefahr, dass er innerhalb weniger Herzschläge verblutete. Sie war sich sowieso nicht sicher, ob sie ihm hier, mit den bescheidenen Mitteln eines Erste-Hilfe-Schranks, das Leben retten konnte. Überhaupt war das, was sie jetzt vorhatte, weitab jedes Lehrbuchs. Aber sie hatte keine Wahl. Ein Druckverband würde die Blutung nicht stillen, und Abbinden konnte man nur Extremitäten. Das kam also auch nicht in Frage.

Mit Pinzette und Verbandsmull bewaffnet, machte sie sich daran, sich einen Überblick zu verschaffen. Kaum hatte sie das Blut weggewischt, schwappte sofort ein weiterer Schwall aus der Wunde heraus. Das war gut. Fürs Erste. Fast blind stocherte sie in dem See aus Blut herum. Dabei diente die Scherbe zur Orientierung. Die Pinzette schabte am Glas entlang. Blut sprudelte aus der Wunde, und bald würde ihr Vorrat an Mullkompressen aufgebraucht sein. Aber dadurch wurde ihr klar, nach was sie suchen musste. Sie kannte den Verlauf der Vena mammaria lateralis, und ihr war bewusst, dass er nur eine Chance haben würde, wenn sie irgendwie das Gefäß in dem Venennetz abklemmte. Trotzdem brauchte es mehrere Versuche, die oberflächliche Brustvene zu lokalisieren. Endlich schloss sich die Spitze der Pinzette um das blutgetränkte Gewebe, und der Blutstrom versiegte. Sie tupfte vorsichtig um das Areal. Nur noch ein dünnes Rinnsal fand den Weg aus der Verletzung. Dieses konnte sie vernachlässigen. Kleine Gefäße und Kapillaren würden zwar weiter bluten, aber die zerschnittene Vene wäre verschlossen. Sie hatte es geschafft.

Ein winziges Stück Freude machte sich in ihr breit. Sie seufzte. Aber die erhoffte Erleichterung wollte sich nicht einstellen. Ihr Blick schnellte zu seinen Lippen. Der bläuliche Ton wirkte bedrohlich, selbst gegen die graue Gesichtsfarbe. Sein Atem ging flach und pfeifend. Das hatte sie erwartet. Pneumothorax. Die Wunde hatte nicht nur Blutgefäße verletzt, sondern den empfindlichen Unterdruck in der Brusthöhle erheblich gestört. Eindringende Luft und Blut würden den Lungenflügel so lange zusammendrücken, bis dieser schließlich kollabierte.

Die Situation wirkte plötzlich sehr unwirklich. Es war nahezu paradox, dass sie ihm erst die Wunde beigebracht hatte und nun verzweifelt um sein Leben kämpfte.

Sie keuchte und hoffte, damit ihre Gedanken ordnen zu können. So vieles war heute passiert. Menschen waren ums Leben gekommen. Sie wäre fast gestorben, und das nicht nur einmal.

Sie sah auf ihre Hände herab. Das Blut trocknete bereits an den Handschuhen und verlieh ihnen ein eigenartiges Muster. Ihre Finger hielten das Instrument umschlossen wie einen Rettungsanker. Und jetzt dämmerte ihr, warum die Erleichterung auf sich warten ließ. Er würde es nicht überleben! Nicht hier! Sie konnte keine Hilfe rufen, ohne die Pinzette loszulassen. Der Blutverlust war zu groß. Die nächsten Herzschläge würden auch noch den Rest des lebenswichtigen Blutes aus ihm herauspumpen. Sie musste dringend Hilfe holen. Aber wie?

Sie stieß einen verzweifelten, ungläubigen Schrei aus, der das ganze Dilemma widerspiegelte und sah sich suchend in dem Labor um. Der Raum war ausgestattet mit medizinischen Instrumenten und Geräten, die ihr nicht von Nutzen waren. Nichts lag in unmittelbarer Reichweite. Erst recht nicht das Telefon auf dem Schreibtisch. Sie starrte das nutzlose Ding an. Wie ein Mahnmal. Hätte sie doch nur eher daran gedacht, es zu sich zu ziehen, als sie noch die Gelegenheit dazu gehabt hatte. Jetzt zu versuchen, es zu erreichen, barg die Gefahr, dass die Pinzette abrutschen und das Gefäß wieder bluten würde.

Da fiel ihr das Mobiltelefon wieder ein. »Hallo«, schrie sie, so laut sie konnte, und hoffte, dass der Teilnehmer immer noch in der Leitung war. »Hallo! Hören Sie mich?«

Sie wusste, wie irrational die Frage war, da sie die Antwort aus dem Handy nicht hören konnte, und sprach schnell weiter. »Wir sind im Labor von Corporis Genetics. Hallo!« Sie schluckte. »Corporis Genetics in Lampertheim! Das Labor ist in einem der oberen Stockwerke. Wir brauchen dringend einen Krankenwagen. Hallo!«

Sie lauschte in die Stille, bemüht, ihren Griff nicht zu lockern. Ein weiteres Mal würde sie es nicht schaffen, das Blutgefäß abzuklemmen, bevor er seinen letzten Atemzug machte. Selbst in einer modernen Klinik, umgeben von Ärzten und Schwestern, wäre sein Zustand problematisch. Er würde Unmengen von Blutkonserven und Infusionen benötigen. Während die einen damit beschäftigt wären, die verletzte Vene zu flicken, wäre ein ganzes Team von Spezialisten vonnöten, seinen Blutkreislauf zu stabilisieren.

»Hallo, Sie am Telefon! Wir brauchen Hilfe!«

Sie hielt den Atem an, vielleicht könnte sie dann hören, ob ihr Hilferuf angekommen war. Doch das Röcheln ihres Peinigers war alles, was die Stille des Raumes unterbrach. Sie ließ ihren Blick zu seinem Gesicht wandern. Die Blässe war erschreckend. Sein Atem ging flach, aber die Gesichtszüge wirkten seltsam entspannt.

»Du Scheißkerl!«, stieß sie hervor, obwohl sie wusste, dass er sie nicht mehr hören konnte. »Warum musstest du mich auch verfolgen? Warum hast du mich nicht einfach in Ruhe gelassen? Jetzt muss ich versuchen, dein Scheißleben zu retten!«

Sie schluchzte, weil sie nicht wusste, was sie noch tun konnte und wie lange sie selbst hier noch ausharren konnte. Plötzlich schwand ihre Kraft, als wäre ein Schalter umgelegt worden. Ihre Schultern verloren die Spannung, und ihre Hand begann zu zittern. Das Adrenalin, das ihrem Körper als letzte Kraftreserve gedient hatte, wurde langsam abgebaut und hinterließ nur noch eine schwache Hülle. Sie biss die Zähne zusammen und straffte die Schultern. Bewegte den steifen Nacken und kämpfte gegen den dringenden Wunsch an, sich auszuruhen. Ihre rechte Hand schmerzte ungewöhnlich stark und fühlte sich schwer und verkrampft an. »Hilfe!«

Sie verlagerte die Pinzette in die andere Hand und vollführte seltsame Bewegungen mit den Fingergliedern ihrer rechten, um dem Blutstau entgegenzuwirken.

Die Tür zum Labor wurde mit solcher Wucht aufgestoßen, dass sie krachend gegen die Wand flog. Elenas Körper zuckte vor Schreck zusammen, und sie ließ die Pinzette los. Halb konnte sie erkennen, dass Laura und Falk in das Zimmer stürmten. Aber sie hatte keine Zeit, sich über die beiden zu freuen. Die Wunde füllte sich sofort mit Blut.

»Mein Gott. Nein!«, stieß sie hervor.

# KAPITEL 36

Laura stockte der Atem. Sie erfasste das Szenario mit einem Blick. Die Freundin über dem Körper eines bewusstlosen Mannes. Ein Labor, verwüstet. Blut. Überall war Blut. In der Luft hing eine metallische Feuchtigkeit und der stechende Geruch von Alkohol. Meine Güte, in was war die Freundin da hineingeraten?

Elena fand zuerst ihre Sprache wieder. »Laura, lauf schnell zum Verbandsschrank und besorge Mull. Falk, ruf sofort einen Krankenwagen. Schnell! Sonst stirbt er!«

Laura stürzte zu dem Schränkchen und zerrte alles heraus, was sie finden konnte. Ihre Gedanken rasten. Elena lebte, aber der Verletzte war nicht Kevekordes. Wer war er dann? Der vermisste Geschäftsführer?

Beladen mit Mullpäckchen eilte sie auf die Medizinerin zu und warf alles auf den Boden. Die Ärztin verschwendete keine Energie, nach den Kompressen zu suchen.

»Pack einfach alles aus!«, rief sie.

Laura riss ein Päckchen nach dem anderen auf und drückte Elena eine Rolle Verbandsmaterial in die Hand.

Es war keine Kompresse, aber trotzdem saugfähig. Mit flinken Fingern betupfte Elena die Wunde. Blut quoll aus dem klaffenden Schnitt.

Lauras Blick schnellte zum Gesicht des Mannes. Seine Blässe war mehr als erschreckend.

»Schnell, beatme ihn!«, rief Elena ihr entgegen.

Laura verstand, holte tief Luft und legte ihre Lippen auf die des Verletzten.

Falk tauchte auf und übernahm die Herzdruckmassage. »Der Krankenwagen ist unterwegs!«, sagte er.

Laura nickte erleichtert und wartete auf sein Zeichen, um noch ein weiteres Mal beatmen zu können.

Die Lippen des Unbekannten fühlten sich seltsam kühl an und schmeckten metallisch. Ob sie sich durch den Lippenkontakt mit Krankheiten infizieren konnte? Laura schob die unangenehmen Gedanken beiseite, viel wichtiger war es, dem Mann das Leben zu retten. Erfreut sah sie, wie sich die Brust des Verletzten hob und senkte. Also fruchteten ihre Rettungsversuche. Er würde überleben! Doch ihre Hoffnung schwand jäh, als sie während einer Beatmungspause Elenas Blick einfing. Mit flackernden Augen fixierte die Freundin die Wunde. Die Hände, in der Bewegung erstarrt, umklammerten eine Pinzette und ein Bündel Mull. Ein kleiner Schwall Blut sprudelte aus der Wunde, als Falk seine Handballen kraftvoll gegen das Brustbein presste.

»Ihr könnt aufhören. Er hat es nicht geschafft!«, sagte Elena, und Laura sah die Freundin entsetzt an. Falk ließ die Hände fallen. Sie konnte ihm ansehen, dass auch er mit dieser Nachricht überfordert war.

»Was? Habe ich etwas falsch gemacht?« Sofort wollte

sie die Wiederbelebungsmaßnahmen fortführen. Doch als sie ihre Lippen auf seine pressen wollte, erkannte sie, was Elena bereits wusste. Der Mund des Mannes klaffte weit offen, umrahmt von dunkelblauen Lippen. Das Gesicht blutleer. Erstarrt zu einer bleichen Maske. Den Blick zu einem Punkt an der Decke gerichtet, während die Augen langsam ihren Glanz verloren.

Eine Stille legte sich über den Raum, die Laura sagte, dass sie nichts mehr für den Mann tun konnte. Wie in einer Schockblase saßen sie um den Toten herum, und es dauerte einen Moment, bis Laura sich lösen konnte. Fassungslos sah sie zwischen dem Unbekannten und der Freundin hin und her. Eine kleine Blutspur folgte von seinem Brustkorb der Kraft der Erdanziehung und suchte sich seinen Weg. Fast ließ sie sich dazu verleiten, zu glauben, dass der Mann doch nicht tot war. Aber der pulsierende Blutstrom war schon lange versiegt. Aus der Verletzung ragte die Spitze einer Glasscherbe. Das erklärte einiges, aber nicht alles. Ihre Gedanken liefen Amok und ließen sich kaum einfangen. Trotzdem keuchte sie: »Wer ist das? Was ist passiert?«

In Elena kam Bewegung. Langsam schüttelte sie den Kopf. Tränen liefen ihr über die Wangen und bildeten ein wirres Muster mit den Blutspritzern auf ihrem blassen Gesicht. »Er wollte mich töten! Ich habe nur versucht …« Ihre Stimme versagte.

Laura hatte den Wunsch, der Freundin Trost zu spenden. Aber mehr als eine Phrase bekam sie nicht über die Lippen. »Ist schon gut. Wir sind jetzt da!«

Als Elena nicht reagierte, fragte sie: »Ist mit dir alles okay? Bist du verletzt?« Sie hatte schon längst die roten

Würgemale an Elenas Hals und die Wunden an ihren Handgelenken entdeckt.

Als die Freundin den Kopf schüttelte, zwang sich Laura, ihr zu glauben. Elenas Zustand war erschreckend. Haare, Haut und Kleidung waren blutbefleckt. Ihr Gesicht war blass, und die Augen trugen einen Ausdruck namenlosen Schreckens.

Ackermann stemmte sich hoch und zog Lauras Aufmerksamkeit auf sich. Seine Stirn glänzte feucht von der Anstrengung der Reanimationsversuche. Blut klebte an seinen Händen. Sein Blick fand das Waschbecken, und er ging darauf zu.

»Wo ist eigentlich Kessler?«, rief Laura ihm zu. Sie hätte zu gerne gewusst, wer der Tote war. Vielleicht hätte der Wachmann ihn identifizieren können.

»Er ist am Tor und lässt den Rettungsdienst rein«, erklärte Falk und drehte das Wasser auf.

Das war gut. Auch wenn der Rettungsdienst bei dem Mann nichts mehr ausrichten konnte, so konnten sie sich doch wenigstens um Elena kümmern.

Was immer die Freundin heute erlebt hatte, musste tiefe Wunden in ihrer Seele hinterlassen haben. Dessen war sich Laura sicher, auch wenn sie die Geschichte um ihren Besuch bei Corporis Genetics nicht kannte. Wieder fragte sie sich, wie sie auf die dumme Idee gekommen war, auf eigene Faust zu ermitteln. Das passte nicht zu Elena.

Dann durchfuhr sie ein anderer Gedanke. »Wo ist Kevekordes?«

Wenn es möglich war, dass ein Mensch noch mehr in sich zusammensacken konnte als nach einem missglückten Rettungsversuch, dann geschah es gerade bei Elena. Ihre versteinerte Miene verwandelte sich zu einem schmerzvollen Ausdruck, und ihre Stimme war nicht mehr als ein Flüstern: »Er … ich glaube, er ist tot!«

»Du glaubst …?« Laura starrte die Freundin ungläubig an. »Heißt das, du weißt es nicht?«

Ein Hoffnungsschimmer huschte über Elenas Gesicht. Es schien diese Hoffnung zu sein, die Elena neue Kräfte verlieh. Ohne dem toten Mann einen weiteren Blick zu schenken, sprang sie auf und stürzte auf die Tür zu.

Laura hatte Mühe, so schnell zu reagieren.

»Er ist im Krematorium. Schnell, vielleicht ist es noch nicht zu spät!«

Laura und Falk holten die Rechtsmedizinerin im Treppenhaus ein. Stockwerk für Stockwerk liefen sie abwärts. Das Poltern ihrer Schritte wurde nur durch ihr Keuchen unterbrochen. Unten angekommen, sammelten sie sich. Laura öffnete die Tür und spähte in den dahinterliegenden Flur. Er war leer. »Wo müssen wir lang?«, fragte sie und betrat den Flur.

»Wir müssen vorsichtig sein!«, sagte Elena und zögerte, durch die Tür zu gehen. »Sie ist bewaffnet!«

Laura stoppte in der Bewegung und sah die Freundin verständnislos an. »Wer? Was meinst Du? Gibt es noch mehr Leute im Gebäude, die uns gefährlich werden können?«

Elena nickte. »Die Frau des Toten könnte noch im Haus sein. Sie hat zuerst den Geschäftsführer getötet und im Krematorium auf Sebastian geschossen. Er …« Sie verstummte.

Mehr musste Elena nicht erzählen, denn Laura war klar, wie schwer es der Freundin fiel, darüber zu sprechen. Sie fand Ackermanns entsetzten Blick. Beide waren sie nicht im Dienst. Und folglich auch nicht bewaffnet.

Schnell bugsierte sie die Rechtsmedizinerin zurück ins Treppenhaus und schloss leise die Stahltür. »Wenn das so ist, können wir nicht weiter. Wir würden geradezu in ihre Schusslinie laufen!«, flüsterte sie.

Ackermann war anzusehen, dass er das genauso sah. »Wir müssen auf Verstärkung warten. Die Kollegen sind bereits informiert und sollten gleich eintreffen. Aber ich kann noch einmal nachfragen und unsere genaue Position durchgeben, damit sie uns hier rausholen. Außerdem sollen sie Kessler nach dem Weg zum Krematorium fragen.«

Ackermann hatte die Stimme ebenfalls gesenkt und musterte dabei sein Mobiltelefon. Er runzelte die Stirn und betrachtete die Wände.

»Mist! Zu viel Stahlbeton. Ich hab hier keinen Empfang!«

Er lief umher. Aber sein Handy schien seinen Dienst zu verweigern. Er fluchte, nahm einige Stufen nach oben und wählte erneut. Er schüttelte wütend den Kopf. »Verdammt! Das gibt es doch nicht!«

Er wirkte in Gedanken versunken, dann sah er Laura an. »In diesem Fall können wir nicht zum Krematorium gehen. Wir sollten zusehen, dass wir hier rauskommen. Hat jemand von euch einen Plan, wo es hier raus geht?«

Die Frauen verneinten.

»Wir müssen ihn retten!«, sagte Elena.

Sie verstummte, als sie Falks Blick auffing. Sein Gesicht

spiegelte die gesamte Palette an Gefühlen, die er für sie hatte. Schließlich holte er tief Luft und atmete laut aus, als würde er willentlich etwas loslassen. »Na gut. Ihr bleibt hier. Zusammen. Ich bin sofort zurück!«

»Nein«, rief ihm Laura hinterher.

Falk drehte sich noch einmal um und legte den Zeigefinger an die Lippen. Sie wollte noch einmal protestieren, aber da war er auch schon verschwunden. Leise Schritte waren das Einzige, was von ihm übrig blieb. Wie sollte sie sich und Elena gegen eine bewaffnete Frau verteidigen?

Als er gänzlich außer Sichtweite war, richtete Laura ihre Aufmerksamkeit auf die Freundin, die zitternd das Treppengeländer umklammerte. Laura zog ihre Jacke aus. »Hier, das wird dich wärmen.«

Elena lächelte, aber das Lächeln erreichte ihre Augen nicht. Sie schlüpfte in die Jacke und warf die Arme um ihren Körper. Jetzt bemerkte Laura, dass Elena immer noch die blutigen Handschuhe trug. Sie sagte nichts.

»Wie weit ist es noch bis zu diesem Krematorium?«

Elena zuckte mit den Schultern. »Ich weiß es nicht. Ich kann mich nicht erinnern. Ich glaube, durch die Tür, und dann links. Immer weiter. Ich werde es bestimmt wiedererkennen.«

»Nein!«, entschied Laura und sah die Ärztin an. Noch einmal wollte sie das Leben der Freundin nicht aufs Spiel setzen. »Das wäre Selbstmord! Wir brauchen jemanden, der sich hier auskennt. Wir warten auf die Kollegen!«

»Aber Sebastian …«, widersprach Elena, und die Verzweiflung war ihr anzusehen.

»Wir haben keine Waffen. Sobald wir dieses Kremarium betreten würden, könnte sie uns abknallen. Sorry, das kann ich nicht riskieren!«

»Mist! Verdammt! Die Waffe!«, sagte Elena.

»Was?« Laura sah die Freundin verständnislos an.

»Der Mann von Dr. Holländer. Er hatte eine Waffe. Er hat damit auf mich geschossen!«

»Wer?«

»Der Mann … Ich meine, der Tote. Er hatte eine Pistole.«

Laura stöhnte. Hätte sie davon gewusst, hätte sie die Waffe an sich nehmen können. Sie starrte das Treppenhaus empor. Zwei Stockwerke trennten sie von der Schusswaffe. So, wie es gerade aussah, war diese Waffe ihre einzige Chance, um sich und die Freundin gegen die Frau zu verteidigen. Sie könnten in wenigen Minuten zurück sein.

Ihr Blick streifte Elena. »Wir müssen die Waffe holen.«

Die Rechtsmedizinerin schüttelte den Kopf und musterte die Stufen. Die Vorstellung, dass sie noch einmal nach oben laufen sollte, ließ sie offenbar zögern.

»Du musst allein gehen. Ich habe keine Kraft mehr. Ich warte hier.«

»Nein, du kommst mit. Ich kann dich unmöglich hierlassen!«

Sie packte Elena am Arm, um sie mit nach oben zu ziehen, doch die Freundin schüttelte ihre Hand ab.

»Wir haben keine Zeit für Diskussionen. Geh, aber beeil dich! Falk ist hoffentlich gleich wieder zurück!«

Laura fielen genug Gründe ein, die Freundin nicht allein zurückzulassen. Doch der Anflug innerer Zerrissenheit war schnell vorüber, als sie Elenas stummes Flehen erkannte.

Laura spurtete die Stufen hinauf. Wilde Gedanken jagten ebenso schnell durch ihren Kopf, wie sie durch das Gebäude. Von Ackermann fehlte jede Spur. Sie konzentrierte sich darauf, das Labor zu finden, um schnellstmöglich wieder zurück bei Elena zu sein.

Kaum hatte sie das erste Stockwerk hinter sich gelassen, da bereute sie bereits ihre Entscheidung. Der Gedanke, dass Elena etwas zustoßen könnte, ließ sie gleich zwei Stufen auf einmal nehmen.

Im Labor schlug ihr ein seltsamer Geruch entgegen. Sie konnte ihn nicht definieren. Aber bei ihrem ersten Besuch war er ihr nicht aufgefallen. Das Licht brannte noch, und sie fand den Raum unverändert vor. Glas knirschte unter ihren Sohlen. Ein weiteres Indiz, welchem sie vor wenigen Minuten keine Beachtung geschenkt hatte.

Der Mann lag auf dem Rücken. Der Blick seiner blauen Augen war starr zur Decke gerichtet. Sein Gesicht war dabei seltsam grau und leblos. Die Menge an Blut um seinen Körper zeugte davon, dass er den Kampf gegen den Tod verloren hatte.

Sie kannte ihn nicht und sie wusste nicht, wer er war und warum er sein Leben lassen musste. Aber eines war sie sich durchaus bewusst: Die Freundin musste zwingende Gründe gehabt haben, sich auf diese Weise zu verteidigen.

Ein Hauch von Mitgefühl durchfuhr sie, aber nur so lange, bis ihr Verstand ihr sagte, dass Elena an seiner Stelle hier liegen könnte. Dieser Gedanke ließ sie erschaudern, und sie bemühte sich, ihn zu verdrängen. Schließlich war sie hier, um die Waffe zu finden.

Doch das Ding ließ sich nicht blicken.

Elena musste sich geirrt haben. Sie suchte den Boden ab. Nichts. Vielleicht war sie im Kampf unter einen der Tische gefallen. Sie sah genauer nach. Doch eine Waffe war nirgends zu sehen.

Ihr Blick wanderte wieder zu der Leiche. Sie seufzte. Bemüht, irgendwie dem Blut auszuweichen, ließ sie sich neben ihm nieder. Sie sah auf ihn herab. Seine Brust war nackt und blutüberströmt. Das helle Hemd, das sich um die muskulösen Schultern spannte, fast durchtränkt.

Sie atmete tief ein und stemmte ihre Hände gegen seine massige Gestalt. Obwohl er erst vor wenigen Minuten verstorben war, fühlte sich die Haut kühl an. Vielleicht war es auch einfach nur Illusion. Keine Einbildung allerdings war die Tatsache, dass sich sein Körper schwer und unnachgiebig gegen ihre Versuche, ihn in Bauchlage zu bringen, wehrte. Immer wieder rutschten ihre Hände ab. Das Blut hatte seine Haut in eine glitschige Oberfläche verwandelt. Sie biss die Zähne zusammen und riss an seinem Hemd und an seiner Jeans. Mit einem lauten Stöhnen schaffte sie es, den Mann auf die Seite zu drehen. Tatsächlich. Die Waffe steckte in seinem Hosenbund. Sie griff danach und hievte sich hoch.

Bevor sie aus dem Labor stürzte, kam ihr der Gedanke, seine Hosentaschen abzusuchen, und sie fand ein zweites Magazin. Sie war froh, umsichtig gehandelt zu haben, und lud die Waffe.

Im Treppenhaus traf sie auf Ackermann. Er polterte bereits in Richtung Erdgeschoss und sah überrascht auf, als er sie kommen hörte. Sie deutete stumm auf die Schusswaffe, und er verstand.

»Wo ist Elena?«, fragte er und suchte den Flur hinter Laura ab.

»Sie wartet unten.«

Seine Lippen formten ein wortloses *Was?*, und der Blick, den er ihr zuwarf, war vernichtend. Er stürzte regelrecht das Treppenhaus hinab. Sie musste ihre ganze Energie darauf verwenden, ihm zu folgen, ohne auf den Stufen auszurutschen.

Wie nicht anders zu erwarten, erreichte er die Tür zum Kellergeschoss als Erster. Mit gehetztem Blick sah er sich um. »Wo zum Teufel ist sie?«

Laura blieb keuchend an der untersten Stufe stehen. Ihr Herz schlug noch stärker, als sie Elena nicht entdecken konnte. Sein Blick bohrte sich in ihr Innerstes, als er fluchte: »Verdammte Scheiße!«

Laura schob sich an ihm vorbei. Vorsichtig öffnete sie die schwere Tür. Zu ihrer Überraschung war der Flur dahinter erleuchtet. Und leer. *Mist!*

Sie wagte es nicht, Ackermann anzusehen. Es reichte ihr, seinen brennenden Blick in ihrem Nacken zu spüren. *Verdammt.* Wo war sie? Warum hatte sie sich nicht an die Vereinbarung gehalten? Hatte Elena sie absichtlich nach oben geschickt, damit sie sich allein auf die Suche nach Kevekordes machen konnte? Das war absurd. Doch im Rückblick begriff Laura, wie dumm sie selbst gehandelt hatte. Sie war Polizistin, verdammt noch mal! Sie hätte die Warnzeichen nicht ignorieren dürfen. Sie hatte Elenas flackernden Blick und die Nervosität erkannt und leider unterschätzt.

Ackermanns übliche Gelassenheit war schmallippiger Wut gewichen, als er vor ihr den Gang entlangmarschierte. Dass Elena schon wieder in Gefahr schweben könnte, hatte ihn offenbar aus der Bahn geworfen.

»Das war verdammt dämlich!«, verkündete er, als er auf eine Schleuse zusteuerte. »Ich habe euch deutlich gesagt, dass ihr zusammenbleiben sollt! Mensch, Laura!«

Er drehte sich um, und sein Zorn ließ sie zurückweichen.

»Wenn ihr etwas passiert sein sollte, dann gnade dir Gott!«

# KAPITEL 37

Kaum war Laura aus dem Blickfeld verschwunden, da bedauerte Elena, dass sie sich nicht der Kommissarin angeschlossen hatte. Zu erschöpft, um auf den Beinen zu bleiben, ließ sie sich auf den Stufen nieder und umklammerte das Geländer. Ihr Kopf dröhnte, und ihre Energie schwand zunehmend. Die Ereignisse des Tages forderten jetzt ihren Tribut. Ihr Körper hatte einfach zu viel leisten müssen, und nun gab sie sich der Erschöpfung hin.

In der Ferne nahm sie die Stimme von Falk wahr. Gott sei Dank, sie war doch nicht allein! Wieder gelangten Gesprächsfetzen an ihr Ohr. Sie seufzte. Er hatte die Kollegen erreicht. Sie hoffte, dass dieser Albtraum bald ein Ende finden würde.

Sie schloss die Augen und legte den Kopf gegen den kalten Stahl. Doch ihr Verstand kam nicht zur Ruhe. Sebastian. Sie schluchzte. Risslan. Der Schuss. Sebastian. Das Gewicht der Schaufel. Risslan. Die Hitze des Ofens. Sebastians Verletzung. Die Flucht. Die Schritte des Mannes hinter ihr.

Die Flashbacks in ihrem Kopf drohten, ihr den Verstand zu rauben. Die Schritte hämmerten in ihren Ohren. Immer lauter.

Die Tür vor ihr wurde aufgestoßen und auf der Schwelle erschien Risslan. Elena war zu perplex, um zu reagieren, und starrte die Frau an.

Risslan hatte sich als Erste wieder gefasst und richtete sofort die Waffe auf die Ärztin. »Was machen Sie hier? Wo ist Thomas?«

Elena antwortete nicht. Die Augen vor Angst und Verwirrung geweitet, starrte sie die Mörderin an. Die Pistole in der Hand der Frau verhieß nichts Gutes, und der gehetzte Blick verriet ihr, dass die Frau mit der Situation genauso überfordert war wie sie selbst.

Risslan musterte Elena. »Was haben Sie mit meinem Mann gemacht?«, zischte sie und kam bedrohlich näher.

Elena umklammerte das Geländer fester und wagte nicht, die Frau anzusehen. Sie wollte es selbst nicht glauben, dass sie vor wenigen Minuten einen Mann getötet hatte. Schon der zweite Mensch in dieser Woche.

Plötzlich spürte sie den Lauf der Pistole an ihrem Kopf. »Wo ist er? Wo ist mein Mann? Ist das sein Blut an Ihren Händen?«

Die Frau war nun ganz nah, und Elena konnte ihr Parfum riechen, subtil moschusartig und pudrig. Ihre Stimme bebte vor unterdrückter Wut.

Elenas Blick fixierte den Fußboden. Sie hatte das Gefühl, dass, wenn sie jetzt Risslan ansähe, die Frau die Antworten in ihren Augen würde lesen können. Sie schwieg beharrlich. Sollte sie doch ihre eigenen Schlüsse ziehen.

Die Stille war unerträglich. Elena spürte die Bewegung der Pistole beim Atmen, und instinktiv ahnte sie, was passieren würde. Risslan lud die Waffe durch. Das Geräusch vervielfachte sich in Elenas Kopf. Sie ballte die Hände zu Fäusten, als wollte sie das Geländer würgen. Eine Träne fand ihren Weg.

Schritte hallten auf den Stufen. Himmel! Laura und Falk! Elena hatte die Kollegen fast vergessen.

Der Druck an ihrer Schläfe ließ nach. Elena wagte es, die Augen zu öffnen. Risslan stand vor ihr. Die Waffe weiterhin auf sie gerichtet. Ihr Blick aber galt den Stufen nach oben. Ein leichtes Lächeln kräuselte ihre Lippen. *Mein Gott. Sie glaubt, ihr Mann kommt die Treppe herunter!* Aber was wäre, wenn sie erkennen würde, dass es sich bei den Personen nicht um ihn handelte? Die Freunde waren ahnungslos und würden direkt in ihre Schusslinie laufen. Das durfte Elena nicht zulassen! Aber was konnte sie noch tun?

Blitzschnell traf Elena eine Entscheidung. »Ich habe ihn getötet! Das sind Polizeibeamte, und sie kommen meinetwegen.«

Der Gesichtsausdruck der Frau wechselte innerhalb eines Herzschlags von Vorfreude in unendlichen Schmerz. Ihr Blick streifte Elenas Hände, und der Ausdruck ihrer Augen wich jähem Zorn.

Da bemerkte Elena, dass sie immer noch die blutverkrusteten Handschuhe trug. Entsetzt wollte sie diese abstreifen. Aber sie wagte es nicht, sich zu bewegen, und wartete, was als Nächstes passieren würde.

Risslans Lippen bebten zornig, und Elena rechnete fest damit, dass die Frau sie erschießen würde. Sie konnte es ihr fast nicht verdenken. Trotzdem musste sie gegen den Wunsch, zu fliehen, ankämpfen.

»Du hast *was?*«

Ein Blitz explodierte vor Elenas Augen. Ihr Kopf schlug gegen das Geländer, und im nächsten Moment stürzte sie von den Stufen und schlug auf die Knie. Keuchend fanden ihre Hände Halt auf dem Untergrund. Risslan hatte ihr mit dem Knauf der Waffe gegen den Kopf geschlagen. In ihrer Schläfe begann es zu pochen, was nur vom Klingeln in ihren Ohren übertönt wurde.

»Aufstehen! Los!«

Elena blinzelte. »Was?«

Ein jäher Schmerz durchfuhr Elenas Kopfhaut, als die Frau sie an den Haaren riss.

»Mach schon!«

»Nein!«, keuchte Elena. Sie konnte kaum auf den Beinen bleiben. Risslan zerrte sie gnadenlos an den Haaren durch die Tür. Geradezu apathisch ließ sie sich mitziehen, und die Fähigkeit, klar zu denken, war ihr gänzlich abhandengekommen.

»Geradeaus!«, fauchte Risslan und verpasste Elena einen unsanften Schubs.

Elena blieb keine Wahl, und sie stolperte den Flur entlang. Sie erreichten eine Tür, wo ein Fingerabdruckscanner Risslan aufforderte, ihren Daumen in das entsprechende Feld zu legen. Die Tür öffnete sich und gab den Zugang zu einem wenig beleuchteten Parkplatz frei. Elena hatte Mühe, in der Dunkelheit etwas zu erkennen, doch die Laderampe vom Nachmittag war ihr bekannt. Sie befanden sich auf der Rückseite des Gebäudes, dessen Gelände hier schräg abfiel. Die LKWs, die hier normalerweise standen, waren verschwunden. Nur ein Kleintransporter stand auf dem regennassen Platz.

»Zum Wagen!«, sagte Risslan.

Der Wind war wie eine eisige Ermahnung an Elena, sich gegen die Frau zu wehren. Aber alle Kraftreserven waren dahin. Sie war am Ende.

Der Mond kam hinter Wolkenfetzen hervor und beleuchtete die Konturen des Geländes. Unter der Laderampe war eine Reihe Oberlichter angeordnet. Es waren die Fenster des Kellers, in dem sie die letzten Stunden verbracht hatte. Elena verfluchte ihr Schicksal, das ihr auch jetzt wieder keine Fluchtmöglichkeit bot.

Die Zentralverriegelung sprang mit einem leisen Klickgeräusch auf.

»Los, rein da!«

»Nein!« Von ihrem eigenen Widerspruch überrascht, trat Elena einen Schritt zurück.

Holländer ließ sich ihre Verwunderung nicht anmerken. Ohne zu zögern, griff sie ihr fester in die Haare und zerrte sie auf den Beifahrersitz. »Du fährst!«

Elenas Kopfhaut schmerzte, als sie in die harte Polsterung des Wagens fiel.

»Rutsch rüber!«

Elena krabbelte hinter das Steuer. Risslan ließ sich auf den Beifahrersitz fallen und warf die Tür zu. »Keine Mätzchen!«, zischte sie, während sie den Zündschlüssel in das Schloss steckte.

Benommen saß Elena hinter dem Steuer. Sie fühlte sich augenblicklich nicht in der Lage zu fahren. »Ich kann nicht!«, schluchzte Elena. Jetzt war ihr alles egal. Sollte die Frau sie doch erschießen. Dann wäre es wenigstens vorbei. Der kalte Lauf der Pistole drückte sich in ihre Wange, doch die Stimme der Frau war noch um einiges frostiger. »Fahr!«

Irgendwie hatte sie es geschafft, den Motor zu starten, denn der Transporter rumpelte über den Asphalt.

»Hier entlang!«

Sie lenkte den Wagen wie geheißen um das Gebäude herum. Blaulichter. Die Einfahrt des Firmengeländes war mit Polizeifahrzeugen und Krankenwagen verstopft.

»Stopp!«, brüllte Risslan.

Elena trat auf die Bremse, und die beiden Frauen wurden nach vorne geschleudert.

Ein Fausthieb traf sie ins Gesicht. »Keine Mätzchen, habe ich gesagt. Das nächste Mal trifft dich eine Kugel! Und jetzt zurück!«

»Dann erschieß mich doch!«, schrie Elena. Ihre Wange brannte, und Tränen verschleierten ihren Blick. »Los! Es ist mir scheißegal. Mach schon!«

Schluchzend sank sie über dem Lenkrad zusammen. Risslans dezenten Moschusduft in der Nase, wartete sie auf den erlösenden Schuss. Wie ein zu Tode gehetztes Tier.

Doch Risslan tat ihr den Gefallen nicht. Elena hob den Kopf. Die Frau schenkte ihr kaum Beachtung. Ihre Aufmerksamkeit galt vielmehr den Fahrzeugen mit Blaulichtern, die auf das Gelände strömten. Elena rutschte zur Tür, dann nahm sie die Hände vom Lenkrad. Vielleicht konnte sie die Tür öffnen und sich nach draußen fallen lassen.

Doch Risslan durchschaute ihren Plan. »Versuch es, und du bist tot, und dann siehst du ihn nie wieder!«

Elena starrte Risslan an. Die Frau brauchte den Namen gar nicht auszusprechen. Das Funkeln in ihren Augen sagte Elena, dass Sebastian noch lebte. Oder sollte dies bloß ein Trick sein, damit sie gehorchte?

»Los, fahr!«

Kieselsteine stoben nach allen Seiten, und der Motor heulte auf, als sie übertrieben schnell zurücksetzte. Gedanken wirbelten durch ihren Kopf und ließen sich kaum einfangen.

»Um das Gebäude herum!«

Sie verstand. Die Dunkelheit verschluckte alle Orientierungspunkte, und Elena hatte Schwierigkeiten, den Wagen auf dem Weg zu halten. Kaum hatten sie den Komplex hinter sich gelassen, als auch schon das Ende des Schotterwegs in Sicht kam.

»Los! Weiter!«, kreischte Risslan, als Elena den Wagen abbremste.

»Aber hier ist keine Straße!«

»Das ist mir scheißegal. Fahr los!«

Elena war klar, dass die Frau nicht aufgeben würde. Warum auch. Für sie gab es nur noch eine Option. Flucht nach vorn.

Und genau das taten sie. Die Rechtsmedizinerin trat das Gaspedal durch. Der Motor beschwerte sich heulend und schüttelte die Insassen kräftig durch. Gebüsche und tiefhängende Äste der Bäume kratzten über den Lack, als wollten sie die Frauen persönlich von ihrem Fluchtversuch abhalten. Elenas Hände klammerten sich schmerzhaft um das Lenkrad. Es war die Wut auf die ausweglose Situation, die sich in ihrem Griff Bahn brach, als sie gnadenlos auf den Zaun vor ihnen zuhielt.

Mit einem dumpfen Knall prallte der Wagen gegen den Zaun. Doch Elena nahm den Fuß nicht vom Gas. Die Räder des Transporters drehten kurz durch, dann gaben die Stützpfosten des Maschendrahtzauns nach, und das komplette Segment stürzte um. Das Fahrzeug rumpelte über den Zaun und schüttelte seine Insassen kräftig durch. Metall schrammte gegen den Unterboden, doch nach ein paar weiteren Schlägen gegen die Karosserie ruckelte der Transporter weiter und nahm an Fahrt auf. Der Wagen schoss über den Parkplatz eines Möbelhauses, und Elena hatte alle Hände voll zu tun, nicht ins Schleudern zu geraten.

Scheinwerfer kamen direkt auf sie zu, und pulsierendes Blaulicht verriet, dass es sich um ein Polizeiauto handelte. Reflexartig riss Elena das Steuer herum und schoss an dem Fahrzeug vorbei. Der Transporter geriet ins Schlingern. Mit zittrigen Armen stemmte sie sich gegen das Lenkrad und versuchte, den Wagen in der Spur zu halten. Jetzt musste sie auch noch Slalom fahren! Das konnte doch alles nicht wahr sein! Sie war es nicht gewohnt, so rasant zu fahren und erst recht nicht mit einem Auto, dessen Fahrverhalten sie nicht kannte. Sie riss am Schaltknüppel, und die Kupplung sprang widerwillig in den nächsten Gang.

»Schneller!«, rief Risslan, als ein weiteres Polizeiauto auf sie zusteuerte.

Elena wusste nicht mehr, was sie tun sollte. Wie gerne hätte sie einfach den Wagen angehalten und wäre ihren Rettern in die Arme gelaufen.

Der Transporter beschleunigte. Sie jagten vom Parkplatz auf die einspurige Landstraße. Zum Glück kamen ihnen keine Fahrzeuge entgegen. Bäume, Straßenschilder und Markierungspfosten flogen in dunklen Schatten an ihnen vorbei. Ab und zu traf das Scheinwerferlicht auf die dunkle Oberfläche des vorbeiziehenden Flusses, und das Licht tanzte in hellen Flecken davon. Elena musste ihre ganze Konzentration darauf verwenden, nicht von der Straße abzukommen. Sie wagte einen Blick in den Seitenspiegel und erkannte in der Ferne Blaulichter. Gott sei Dank. Sie hatten sie nicht aufgegeben. Elena nahm den Fuß vom Gas und sah zu, wie sich die Tachonadel langsam in die richtige Richtung bewegte. Sie wollte unbedingt den Abstand zu den Verfolgern verringern. Sie erreichten eine Bundesstraße, und die gerade Strecke war eine Erleichterung für Elena. Ohne Vorwarnung purzelten Elenas Gedanken über ihre Lippen: »Was ist mit Sebastian? Haben Sie ihn getötet?«

»Leider nicht. Im Gegensatz zu dir bin ich nämlich ein Menschenfreund und wollte schon mein ganzes Leben lang Menschen retten und Mörder rächen. Aber du Schlampe hast meinen Mann getötet, und dafür werde ich dich kaltmachen!«

»Das wollte ich nicht, und das wissen Sie genauso gut wie ich. Schließlich war er hinter mir her! Ich hatte keine andere Wahl, um mein eigenes Leben zu retten!«, keifte Elena zurück. Sie starrte Risslan an. »Die Polizei ist direkt hinter uns. Sie haben jetzt die Möglichkeit, sich zu ergeben. Auf was warten Sie?«

Risslans Antwort kam in Form eines Aufschreis.

Elena drehte den Kopf wieder zur Fahrbahn. Das Nächste, was sie registrierte, war der Volvo, der auf sie zusteuerte. Das schwarze Ungetüm war blitzschnell aufgetaucht. Scheinwerfer nahmen ihr die Sicht. Sie stieg in die Bremsen und wollte ausweichen. Aber der Fahrer des SUV hatte die gleiche Idee.

Elena riss das Steuer herum. Knirschend schrammte der Volvo gegen den Lack des Transporters. Mit rasendem Puls versuchte Elena, den Wagen unter Kontrolle zu bringen. Da schlitterten sie bereits über den unbefestigten Randstreifen und durchbrachen die Leitplanke. Der Kleinlaster schoss ins Leere. Elena schrie.

Der Transporter durchbrach die Oberfläche des Wassers mit einem dumpfen Knall. Der Airbag sprang aus dem Lenkrad, und Elena klatschte gegen den luftgefüllten Sack. Vom Aufprall benommen blinzelte sie durch die Seitenscheibe. In wilder Panik durchfuhr sie nur noch ein Gedanke. *Wasser! Wir sinken!*

Sie zwang sich, den Kopf zu heben. Ihr Gesicht fühlte sich taub an. Das Atmen fiel ihr schwer. Trotzdem stemmte sie sich gegen den Airbag und suchte den Verschluss des Sicherheitsgurtes. Sie musste husten. Ein jäher Schmerz durchfuhr sie. Sie kannte die Bilder der von Airbags verursachten Verletzungen nur zu gut. Aber davon wollte sie sich jetzt nicht aufhalten lassen. Sie musste hier raus. Sofort. Das Fahrzeug würde innerhalb von Sekunden volllaufen, und sie hätten keine Chance mehr, dem Ertrinkungstod zu entkommen.

Hektisch sah sie sich um, aber sämtliche Orientierungspunkte wurden von der Dunkelheit verschluckt. Der schwere Motor des Transporters zog die Fahrerkabine in die Tiefe, und das Auto neigte sich bereits nach rechts. Die Scheinwerfer kämpften gegen die trüben Fluten an. Jetzt wurde ihr auch bewusst, dass ihre Füße bereits von Wasser umspült wurden. Mühevoll stemmte sie sich hoch und stützte sich auf dem Lenkrad ab. »Risslan!«, keuchte sie.

Ein Blick auf den Beifahrersitz ließ nur einen regungslosen Schatten erkennen. Das Gesicht im Airbag vergraben, hing die Frau im Anschnallgurt. Sie war bewusstlos. Dann, nach einem kurzen Moment des Haderns, entschied sie, die Frau nicht den eisigen Fluten überlassen zu können.

Hastig suchte sie den Schalter für die Innenraumbeleuchtung. Tatsächlich funktionierte die Elektrik auch unter Wasser. Im nächsten Augenblick wurden sie im Wagen durchgerüttelt. Das Fahrzeug hatte den Grund erreicht, und das Heck senkte sich langsam.

Sie kämpfte gegen die Verzweiflung an. Das Wasser kam von allen Seiten. Gleich würde die gesamte Innenkabine unter Wasser stehen. Die Airbags machten ihrem Namen alle Ehre und füllten einen Großteil des Fonds aus.

Elena löste Risslans Gurt, dann quetsche sie sich am Beifahrerairbag entlang und zerrte die bewusstlose Frau zu sich. Mit einer Hand angelte sie nach dem Türöffner und zog daran. Nichts passierte. Sie ließ die Frau los und warf sich mit ihrem ganzen Körpergewicht gegen die Tür. Zu ihrer Verzweiflung gab die Tür nicht nach. Der Druck des Wassers war so stark, dass sie die Tür nicht öffnen konnte. *Sie würde sterben!*

Das Wasser hatte fast die ganze Fahrerkabine geflutet. Wie lange würde sie noch atmen können? Warum ging alles so schnell? Sie brauchte mehr Zeit. Sie füllte ihre Lungen mit dem lebenswichtigen Sauerstoff, tauchte hinab und trat verzweifelt gegen die Fahrertür. Aber die hielt ihren Befreiungsversuchen stand. *O Gott. Nein!*

Sie schwamm in Richtung Kabinendecke. Gierig sog sie die Luft ein und schluckte Flusswasser. Sie rang hustend nach Atem und kämpfte darum, über Wasser zu bleiben. Risslans bewusstloser Körper zerrte schwer an ihr. Trotzdem schaffte sie es, das Gesicht der Frau an der Wasseroberfläche zu halten. Doch der Kraftaufwand war enorm.

Sie hustete. Ein Schwall Wasser fand den Weg in ihren Mund. Es schmeckte widerlich, und augenblicklich musste sie würgen. Dann traf sie die Erkenntnis wie ein Schlag. *Das wird also mein Tod sein. Ein feuchtes Grab!*

Sie schob ihr Gesicht aus dem Wasser und holte noch einmal tief Luft. Ihr letzter Atemzug. Gleich würde das Fahrzeug vollgelaufen sein.

Sie tauchte ab und suchte den Fensterheber. Lautlos glitt die Fensterscheibe herunter. Elena bugsierte Risslan aus dem Fahrzeuginnern. Mit letzter Kraft schaffte sie es, selbst durch das Fenster zu schwimmen. Obwohl ihre Sinne bis aufs Äußerste geschärft waren, fehlte ihr die Fähigkeit zur Orientierung. Das schwarze Wasser war überall, umschlang sie, und sie spürte den Sog, der an ihrem Körper zerrte. Lauras schwere Jacke wog schwer, behinderte ihre Bewegungen und drohte, sie weiter nach unten zu ziehen.

Sie strampelte sich aus der Jacke und stieß sich vom Wrack ab. Ihre Lungen brannten. Völlig orientierungslos legte sie ihre ganze Energie in den Versuch, an die Oberfläche zu schwimmen.

# KAPITEL 38

Laura und Falk sprangen fast gleichzeitig aus dem Auto. Im Licht der Scheinwerfer ihres Wagens rannten sie auf das Ufer zu. Blaulichter durchzuckten die Nacht und tanzten auf der Wasseroberfläche.

Falk Ackermann schleuderte im Sprint seine Jacke zu Boden und rannte Richtung Wasser. Ohne zu zögern, lief er direkt in den Fluss hinein. Ein weiterer Polizist war ihnen gefolgt und rief ihm etwas zu, aber die Worte prallten an ihm ab. Ein beherzter Sprung in das dunkle Wasser, und Falk verschwand aus Lauras Blickfeld.

*Auch das noch.* Ihr blieb nichts anderes übrig, als es ihm gleichzutun. Sie sah den Kollegen kurz an und sagte: »Ich muss das tun!«

Er nickte. »Ich habe ein Seil im Auto und kann dich sichern.« Er sprintete zum Polizeiauto, was Laura die Möglichkeit gab, die unruhige Wasseroberfläche abzusuchen und sich erst einmal einen Überblick zu verschaffen. Doch allzu lange wollte sie nicht warten.

Falk tauchte auf. In seiner Nähe tanzten Lichter unter der Oberfläche. Das Auto! Sie hatte immer gedacht, dass die Elektrik von Fahrzeugen unter Wasser sofort ausfallen würde. Doch der gelbe Schein belehrte sie eines Besseren. Das war ein positiver Aspekt. Für Falk war das Licht der Scheinwerfer ein guter Orientierungspunkt, und sie hoffte, dass er Elena schnell finden würde. Unter Wasser zählte jede Sekunde. Der Kollege kam mit dem Seil zurück und half Laura ins Wasser.

Die Kälte des Flusses überraschte sie und nahm ihr den Atem. Sie keuchte und wäre gerne noch einen Moment stehen geblieben, um sich an die Temperatur zu gewöhnen, doch die Strömung des Flusses riss sie sofort mit. Ihr blieb nichts anderes übrig, als zu schwimmen. Das Seil gab ihr ein Gefühl von Sicherheit, und sie beschloss, in die Richtung zu schwimmen, wo sie Falk vermutete.

Etwas durchbrach die Wasseroberfläche. »Elena!«, brüllte sie. Sie kämpfte gegen die Strömung und rief noch einmal. Doch was immer sie gesehen hatte, war jetzt verschwunden. *Verdammt.* Ihre Kleidung zog schwer an ihr, und das Seil verfing sich immer wieder in ihren Beinen. Doch die extreme Strömung ermahnte sie, den Knoten nicht zu lösen. Keuchend schwamm sie weiter. Sie beschloss, weiter zu rufen. »Elena!«

Wasser schwappte in ihren Mund. Laura musste husten und ruderte wild mit den Armen.

»Elena!«

Unweit von ihr tauchte ein Kopf auf. Das musste Elena sein! Voller Hoffnung schwamm sie darauf zu. Aber an der massigen Silhouette erkannte sie, dass es ein Mann war. Falk prustete und rang nach Atem.

Sie rief ihm entgegen: »Hast du sie?«

Dass er sofort wieder abtauchte, war ihr Antwort genug.

»Elena!«

Sie drehte sich im Wasser hin und her und suchte den Fluss ab. Verdammt, wo war sie? Diese verflixte Dunkelheit. Frustriert schlug sie mit der flachen Hand aufs Wasser. *Verdammt!*

Am Ufer entstand Bewegung. Sie erkannte, dass die Feuerwehr eintraf und Personen in Taucheranzügen aus den Fahrzeugen stürmten. Laura atmete erleichtert auf. Aber sie wusste, dass Taucher keine Garantie dafür waren, dass Elena lebend geborgen wurde. Sie waren nur ein zusätzliches Mittel. Eine weitere Hoffnung.

Das Seil um ihren Bauch spannte. Verärgert drehte sie sich um. *Verflixt.* Sie war zu weit geschwommen. Das Seil war wohl zu Ende. Doch es keimte auch die Hoffnung in ihr auf, dass möglicherweise Elena das Seil umklammert hätte. Aber zu ihrer Enttäuschung war es nur der Polizeibeamte, um sie auf ein Schlauchboot aufmerksam zu machen.

Laura verstand und kämpfte sich zur Seite. Das Boot näherte sich. Ein Suchscheinwerfer erfasste sie. »Mein Kollege taucht bereits nach den beiden Vermissten!«, rief sie.

Einer der Taucher an Bord hob bestätigend die Hand und fuhr weiter. Das Boot kam über der hellen Stelle im Wasser zum Stehen, und sofort sprangen Taucher ins Wasser.

*Gott sei Dank*, dachte Laura und gestattete sich, durchzuatmen. Ihre Lippen zitterten. Sie wusste, dass sie in Bewegung bleiben musste. Immer wieder rief sie Elenas

Namen. Und die Enttäuschung zerrte genauso schwer an ihr wie ihre nasse Kleidung.

Sie registrierte, dass sie die Strömung in Richtung Ufer trieb, und sie kämpfte dagegen an. Verrottete Holzpfosten eines längst vergessenen Stegs ragten wie knochige Finger aus dem Uferschlick. Sie musste aufpassen, dass sich das Seil nicht darin verfing oder sie sich daran verletzte.

Wieder zog man an ihrem Seil. Dieses Mal heftiger. Sie hatte wohl endgültig die Länge ihrer Nabelschnur ausgereizt. Sie sah, dass ein weiteres Wasserfahrzeug in den Fluss gezerrt wurde, welches geradewegs auf sie zusteuerte. Laura wollte schon ausweichen, als ihr jemand eine Hand entgegenstreckte.

»Kommen Sie ins Boot, bevor Sie uns auch noch absaufen. Die Kollegen machen das schon!«, rief ihr jemand entgegen.

Laura sträubte sich, aus dem Wasser gezogen zu werden. Sie musste erst Elena finden. Das Gefühl, die Freundin im Stich zu lassen, machte sich in ihr breit. Sie schüttelte den Kopf.

»Machen Sie keinen Quatsch, junge Frau!«, rief er.

Sie spürte Wut und wollte protestieren. Aber zur Wut kamen auch die ersten Anzeichen einer Unterkühlung. Ihre Bewegungen wurden langsamer. Ihre Muskeln schmerzten, und ihre Kräfte ließen nach. Es war nur vernünftig, ins Boot zu steigen. Sie konnten vom Boot aus mehr ausrichten als im Wasser.

Sie ergriff die Hand. Triefnass und schlotternd warf sie sich auf den Rücken. Sie befreite sich vom Seil und schmiss es über Bord. Dann hob sie den Kopf und ließ ihren Blick über das Wasser gleiten.

Das kleine Festrumpfschlauchboot wurde von zwei Männern gesteuert, und einer reichte ihr eine Decke. »Wo ist Ihr Kollege?«

»Ich weiß es nicht! Er war die ganze Zeit in der Nähe des Wracks«, war alles, was sie hervorbrachte.

Sie deutete auf die Stelle im Rhein. Wann hatte sie Falk das letzte Mal gesehen?

Sollte dieser verdammte Fluss auch noch ihren Partner verschluckt haben? Sie hatte vor wenigen Minuten noch die starke Strömung des Gewässers gespürt. Wie lange würden Falks Kräfte dem Strom standhalten?

Das Boot trieb langsam über den Fluss. Ein weiteres Festrumpfboot tauchte auf. Aber die Hoffnung, dass sich die Gesuchten an Bord befanden, wurde von einem Kopfschütteln des Feuerwehrmannes zerschlagen.

Während ihr der kalte Wind ins Gesicht schlug, suchte Laura hektisch die dunkle Oberfläche des Flusses ab. Aber weder Elena noch Falk waren zu entdecken.

»Falk!«, schrie sie. »Elena!«

Der Feuerwehrmann tat es ihr gleich und brüllte lautstark nach Ackermann. Nach wie vor keine Antwort. Die einzigen Geräusche waren das Schwappen des Wassers gegen den Kiel und das Klatschen der Ruder. Der Mond kam hinter den zerrissenen Wolken zum Vorschein und zeichnete eine silbrige Landschaft ans Ufer. Den Bäumen und Sträuchern malte er schimmernde Hauben.

Laura hatte für das Naturschauspiel keinen Blick. Ihre Hauptsorge, Elena nicht mehr lebend zu finden, hatte sich urplötzlich um eine zusätzliche Sorge erweitert. Falk Ackermann. Sie hatte panische Angst, dass ihm etwas zustoßen könnte. Es wäre nicht der erste Rettungsversuch in der Geschichte des Rheins, bei dem Retter und Opfer nicht überlebten. Laura würde sich das nie verzeihen.

Das Krachen des Funkgeräts riss Laura aus ihren Gedanken. Sofort galt ihre Aufmerksamkeit dem Steuermann. Seine Miene veränderte sich. Doch Laura konnte sie nicht deuten. »Habt ihr etwas gefunden?«

Der Mann sprach ins Mikrofon, dann sagte er: »Das Wrack ist leer!«

Laura erstarrte angesichts dieser Neuigkeit. Sofort begann Laura wieder, den Fluss abzusuchen. *Ich werde euch finden!*

»Elena!? Falk!?«

Ein lautes Dröhnen kündigte die Wasserschutzpolizei an. Obwohl sie sich in sicherem Abstand zur Unglücksstelle bewegten, verursachte der Motor starke Kreuzströmungen, und Wellen trafen den Rumpf von der Seite. Die Wellen erschütterten die Insassen und sprühten kalte Gischt ins offene Cockpit. Laura musste sich am Geräteträger festklammern, um nicht in den Fluss geschleudert zu werden, als eine besonders große Woge gegen die Steuerbordseite schlug. Doch dann drehte sich der Bug direkt in die Strömung, und die Männer hielten wieder Kurs.

»Alles okay?«, rief ihr der Feuerwehrmann zu.

Laura atmete erleichtert auf. Sie nickte. Heilfroh, nicht über Bord gegangen zu sein, rang sie sich ein Lächeln ab.

Der Steuermann ließ das Boot mit der Strömung gleiten. Der Suchscheinwerfer schickte gleißendes Licht ans Flussufer. Laura war vollends damit beschäftigt, dem Lichtkegel zu folgen. Ihre Augen brannten vom Fahrtwind, und sie fror in ihrer nassen Kleidung. Die Männer wollten sie schon ans Ufer bringen, aber sie entschied, an Bord zu bleiben.

Wasservögel, aus dem Schlaf gerissen, stoben aufgeregt in alle Richtungen. Lauras Kehle war trocken und brannte, was sie aber nicht davon abhalten konnte, nach den Kollegen zu rufen.

Der Wind trug ihre Rufe davon, aber sie erhielt keine Antwort. Lauras Stimme erstarb, und die ersten Zweifel daran, dass sie die beiden jemals wiedersehen würde, überkamen sie.

Von ihrem eigenen Schluchzen überrascht, schielte sie zu den Feuerwehrmännern. Hatten sie ihre Verzweiflung gehört?

Hoffnungslosigkeit stand in ihren Gesichtern, und sie wandte sich schnell ab. Aufgeben war für sie keine Option. Noch nicht! Trotzdem musste sie die Tränen wegblinzeln.

Da vernahm sie plötzlich ein dumpfes Plätschern.

Der Wind fegte es direkt auf sie zu, dann verstummte es. Alarmiert hielt Laura inne, drehte den Kopf, um besser hören zu können, und suchte den Fluss ab. Verflixt, sie hatte doch etwas gehört. Sie musste unbedingt wissen, was dieses Geräusch verursacht hatte.

Das Boot schaukelte gefährlich, als sie aufsprang. Der Steuermann rief: »Hey, was soll das? Hinsetzen!«

Laura gehorchte widerwillig. Sie war sich plötzlich sehr sicher, etwas gehört zu haben. »Da war ein Geräusch!«, beharrte sie.

Die beiden Männer sahen sie ungläubig an. Der eine sagte: »Ich habe nichts gehört!«

»Psst!« Laura gab ihnen zu verstehen, leise zu sein. Sie drehte den Kopf und hoffte inständig, der Wind möge noch einmal das Geräusch zu ihr tragen. Nichts. Sie glaubte schon, dass ihre Fantasie ihr einen Streich gespielt hatte, als sie meinte, ein Wimmern zu vernehmen.

»Moment«, rief sie und gab den Feuerwehrmännern ein Zeichen, das Boot zu stoppen. Sie hielt inne und lauschte.

»Ich kann immer noch nichts ...«, sagte einer der Männer und runzelte ungläubig die Stirn, als nur das Schlagen der Wellen zu hören war.

Da hörten sie es erneut!

»Da ist etwas!«, rief Laura und konnte ihre Aufregung kaum verbergen. Behutsam, um sich nicht wieder den Unmut der Besatzung einzufangen, kam sie auf die Beine. Konzentriert ließ sie ihren Blick über die Oberfläche des Flusses gleiten. Lautlos glitt das Boot auf das Schilfgras am Ufer zu.

»Hoffentlich nicht wieder irgendwelche Vögel oder Tiere!«, sagte der Steuermann.

Das Boot schob sich näher heran, und Laura erkannte, dass sich etwas zwischen den Halmen bewegte. Hoffnung keimte in ihr auf, die aber nach wenigen Sekunden bereits wieder zerschlagen wurde, als sie auf das Nest eines Wasservogels stießen.

Das Festrumpfboot glitt träge am Ufer entlang. Das Wasser schwappte in sanften Wellen gegen den Fiberglas-Rumpf. Alle Rufe nach Falk oder Elena verhallten in der immer wiederkehrenden Stille.

Laura wagte es kaum, die Feuerwehrmänner anzusehen. Stattdessen heftete sie ihren Blick stur auf den Lichtkegel, der die Vegetation am Ufer lautlos zerschnitt.

Die Sekunden zogen sich unendlich, und mit jedem

Meter, den sich das Boot von der Unfallstelle entfernte, sank Lauras Hoffnung. Sie hörte hinter sich das Knacken des Funkgeräts und die Rückmeldung des Steuermannes. Sie drehte sich um und fing die Gesprächsfetzen auf. Sie brauchte nicht nachzufragen, denn sie erkannte die Antwort in den Augen des Mannes. Man hatte sie noch nicht gefunden. Das waren immerhin keine schlechten Nachrichten. Somit bestand noch die Chance, die beiden lebend zu finden …

Das Boot trieb weiter und näherte sich einer Brücke. Große Scheinwerfer tauchten das Bauwerk in eine gelbe Hülle, die sich in einem wilden Muster auf dem Rhein spiegelte. Flackernde Lichter rasten über die Fahrbahn. Autos. Weit nach Mitternacht fuhren wenige Fahrzeuge darüber. Wer jetzt noch unterwegs war, war sicherlich auf dem Weg nach Hause. Vielleicht von einem netten Abend mit Freunden, einer Party oder einem heißen Date.

Laura wünschte sich plötzlich weit weg von dieser Situation. Sie wäre jetzt auch lieber mit Freunden zusammen, statt sich um Falk und Elena zu sorgen. Sie schwor sich, ihre Beziehung zu beiden zu pflegen, falls diese nur den heutigen Abend überleben würden.

»Nach der Brücke kehren wir um und nehmen uns die andere Seite des Flusses vor!«, brüllte der Mann am Steuer.

Laura war nicht wohl bei dem Gedanken. Sie wollte weitersuchen. »Nein. Bitte nicht. Wir können noch nicht aufgeben!«, rief sie.

»Wer sagt denn etwas von aufgeben? Wir nehmen uns nur einen anderen Bereich vor.«

Er deutete in die Ferne. Lichter, vermutlich von einem Boot, kamen auf sie zu.

»Das sind Ihre Kollegen. Sie kommen der Strömung entgegen. Wenn uns die zwei entwischen, dann fangen die sie ein. Ganz sicher!«

Laura war sich nicht klar, wen er damit beruhigen wollte und konnte. Sie jedenfalls nicht. »Elena! Falk!«, brüllte sie. Immer wieder, bis ihre Stimme brach.

Der Steuermann lenkte das Boot zwischen den Brückenpfeilern hindurch, und sie suchten die gekräuselte Oberfläche nach Hinweisen ab. Das Rauschen des Wassers schwoll unter der Brücke zu einem dumpfen Dröhnen an. Sollten Falk und Elena ihre Rufe beantworten, hier wären sie ganz bestimmt nicht zu hören. Der Steuermann drehte das Ruder, und das Boot deutete eine leichte Kurve an. Der Suchscheinwerfer warf flackerndes Licht über die dunklen Steine der Brückenpfeiler, dann verlor er sich in der Weite des Flusses. Lauras Hoffnung sank gegen null.

Das Boot umrundete einen Pfeiler und stellte sich quer zum Wasserlauf. Wellen bäumten sich auf und schlugen gegen den Rumpf. Offensichtlich war die Strömung hier sehr stark, denn die Feuerwehrmänner hatten alle Hände voll zu tun, um das Boot vor dem Kentern zu bewahren. Es schaukelte und schwankte. Laura sah hilflos zu, wie die Männer das Ruder herumrissen. Der Scheinwerferstrahl wirbelte durch die Dunkelheit und streifte unkontrolliert umher.

Plötzlich sah sie in den schwarzen Fluten ein Gesicht. Fast glaubte sie, dass es sich lediglich um eine Reflexion oder eine Boje handelte. Aber plötzlich vernahm sie ihren Namen. Ganz leise.

»Halt!«, schrie sie und zog sich am Geräteträger hoch.

»Schon wieder was gehört?«, fragte einer der Feuerwehrmänner.

Sie ignorierte seine Bemerkung und brüllte: »Motor aus!«

Sie hechtete zum Suchscheinwerfer und schickte gleißendes Licht über das Wasser. Das Boot, durch ihre unbedachte Bewegung ins Wanken gebracht, beruhigte sich glücklicherweise schnell wieder, sodass der Lichtstrahl ruhig über das aufgewühlte Wasser glitt. Hilferufe erreichten das Boot.

»Hier!«, rief Laura. Ihre Nerven begannen zu flattern, als sie den Lichtstrahl in Richtung Brücke gleiten ließ. Jetzt erkannte sie die Stimme.

»Der mittlere Pfeiler!«, rief sie und war nicht mehr zu bremsen. Ein Feuerwehrmann startete den Außenbordmotor, und das Boot raste auf den Brückenpfeiler zu. Der Schub drückte Laura gegen den Gerätehalter, und sie klammerte sich an das Metall. Der Fahrtwind trieb ihr die Tränen in die Augen, und sie musste blinzeln. Jetzt durften sie ihre Sinne nicht im Stich lassen. Sie hatte eine Stimme gehört, dessen war sie sich absolut sicher.

Die Männer verlangsamten die Fahrt. Ein Feuerwehrmann riss den Rettungsring vom Haken und warf ihn in den Fluss. Zu Lauras Überraschung klammerten sich gleich zwei Personen an den Plastikreifen. Nacheinander zogen sie die Personen aus dem Wasser.

Laura, den Tränen nahe, packte die Freundin sofort in die Decke und umarmte sie. Elena zitterte so heftig, dass sie kaum ein Wort hervorbrachte.

Laura warf Falk einen kurzen, aber glücklichen Blick

zu. Er lebte! Gott sei Dank. In eine Decke eingewickelt, kauerte er im Boot und schenkte ihr ein Lächeln.

KAPITEL

# 39

Der erste Frost kleidete die kahlen Bäume in ein weißes Gewand. Vermummte Passanten eilten an dem kleinen Café in der Innenstadt von Mannheim vorbei.

Elena ließ die Zeitung sinken und griff mit beiden Händen nach der riesigen Milchkaffeeschale, die ihr Nihat vor wenigen Minuten gebracht hatte. Der Duft des aromatischen Getränks lud sie regelrecht dazu ein. Der Verband an ihrer linken Hand wehrte sich, und die Wunde spannte beim Versuch, die Kaffeeschale zu fassen. Wie ärgerlich. Sie hätte doch lieber ein Getränk wählen sollen, das in einer Tasse mit Henkel serviert wurde.

Sie entschied sich, nach dem Kellner Ausschau zu halten und ließ ihren Blick durch das Café gleiten.

Plötzlich hatte sie wieder das Gefühl, sich in einem Schwebezustand zu befinden. Jedes Mal, wenn sie die Augen schloss, war sie wieder in dem kleinen Transporter, und um sie herum versank die Welt in den Fluten und nahm ihr den Atem.

Immer wieder musste sie sich vor Augen führen, dass

es vorbei war. Und dass dieses Gefühl, keine Luft mehr zu bekommen, posttraumatisch war. So zumindest hatten es die Psychologen im Krankenhaus verklausuliert. Es würde dauern, bis die psychischen und physischen Nachwehen der Ereignisse abgeklungen wären. Noch verursachte die Erinnerung daran bei Elena nackte Panik.

Vielleicht auch deswegen, weil die Polizei Dr. Risslan Holländer immer noch nicht gefunden hatte. Die Bergung des Wracks hatte mehrere Stunden gedauert, und die Wasserschutzpolizei hatte noch den ganzen Tag nach ihr gesucht. Nichts.

Als Elena sich und Risslan aus dem Wrack befreit hatte, war sie sofort von der starken Strömung erfasst worden. Um Risslan hatte sie sich nicht mehr kümmern können. Hätte Ackermann sie nicht irgendwann am Arm erwischt, dann läge sie jetzt sicherlich irgendwo auf dem Grund des Flusses.

Laura hatte ihr versichert, dass sie Risslans leblosen Körper irgendwann aus dem Rhein fischen würden. Aber die Tage waren vergangen, und die Wahrscheinlichkeit, dass sie die Frau in dem kalten Gewässer finden würden, schwand mit jedem Tag. Erst recht nicht lebend. Ihr Körper könnte sich irgendwo im tiefen Flussbett verfangen haben. An einem Felsvorsprung oder im Fundament eines Bootsanlegers. Dann würden sie ihre Leiche vermutlich nie finden. Das eisige Wasser des Rheins würde ihren Körper langsam, aber mit sicherer Gewissheit auflösen. Ein Prozess, der Jahre andauern konnte. Zuerst würden die Finger und Hände, danach die Extremitäten abfallen. Zuletzt der Kopf, bis nur noch der Torso übrigbleiben würde. Das weiche Gewebe unter der Haut würde sich zersetzen, und dann gab es ja noch die Aasfresser. Eine Vielzahl von Flussbewohnern würde sich mit Freude an dem Gaumenschmaus gütlich tun. Wer glaubte, dass nur Haie Menschenfresser wären, der sollte sich irren.

Elena schüttelte die trüben Gedanken ab und konzentrierte sich wieder auf die Kaffeeschale. Wenn auch etwas ungeschickt, trank sie. Lecker. Sie genoss das Aroma und die Wärme. Und mit der Wärme des Getränks wurde ihr eines klar. Sie hatte überlebt!

Sie starrte kurz in ihren Milchkaffee und nahm dann noch schnell einen zweiten Schluck. Das plötzliche Gefühl, jede Sekunde ihres Lebens genießen zu wollen, war nahezu übermächtig. Auch wenn ihr Körper noch mit einigen Blessuren zu kämpfen hatte. Sie lebte.

Ihr Blick fiel auf die Tür. Der Mann, der das Café *Im Juli* gerade betrat, hatte sie bereits entdeckt und steuerte direkt auf sie zu. Er hatte um das Treffen gebeten. Sie wiederum hatte gezögert, aber letztendlich doch eingewilligt. Sein blasses Gesicht zeigte tiefe Spuren und versetzte ihrem Herzen einen kleinen Stich. Sie lief ihm entgegen, um ihn zu begrüßen.

»Mein Gott, Sebastian. Ich hatte schon geglaubt, ich würde dich nie wieder sehen!«

Er sah sie einen Moment lang an, als wollte er sich ihr Gesicht einprägen, dann sagte er: »Komm mit mir in den Sudan!«

# EPILOG

Mit einem Mal ist es ganz still um mich herum. Totenstill. Aber die Stille, die plötzlich eintritt, ist nicht von langer Dauer. Von draußen dringen Stimmen und vermischen sich mit unserem Stöhnen.

Keuchend versuche ich, mich zu bewegen. Aber das Gewicht der anderen drückt auf meinen Brustkorb und nimmt mir fast den Atem.

Dumpf höre ich die Rufe und das Weinen von Verletzten. Ich konzentriere mich und bündle meine Kraft. Lege meine ganze Energie in den einen Versuch, aufzustehen. Ich presse die Kiefer gegeneinander und stemme mich gegen die Last. Spüre, wie sich langsam über mir etwas bewegt.

Wie ein Ertrinkender breche ich durch die Oberfläche des Sees und ringe nach Luft. Nur, dass ich mich nicht im Wasser befinde, sondern unter einer Flut von Körpern.

Die Dunkelheit nimmt mir jede Möglichkeit zur Orientierung. Meine eigenen Schmerzen ignorierend, rufe ich nach Naadir. Er antwortet nicht. Dafür höre ich durch die Stahlwände dröhnende Schreie. Vermutlich von Männern. Sie werden immer lauter und machen mir Angst.

Ich senke meine eigene Stimme, und jemand antwortet. Doch es war lediglich der verzweifelte Ruf eines Insassen auf der Suche nach seiner Familie. Naadir antwortet nicht. Jemand greift nach mir. Erleichtert bekomme ich die Hand zu fassen und ziehe meinen Freund hoch, doch die Enttäuschung ist groß, als ich bemerke, dass es eine Frau ist.

Ein Scharren auf Metall lässt uns alle innehalten. Ich sehe auf und erschrecke, als gleißendes Licht in den Container dringt. Mein Puls beschleunigt sich. Grelles Licht schickt einen unerträglichen Schmerz durch meine Augen. Stöhnend reiße ich die Hände vors Gesicht. Doch der Schmerz lässt nicht nach. Jemand hat die Türen geöffnet.

Ich spüre einen Windzug auf meiner Haut und sauge den köstlichen Sauerstoff gierig ein. Als meine Augen ihren Dienst wieder aufnehmen, lässt der Anblick mein Blut gefrieren. Ich höre das Rauschen meines eigenen Pulses, als ich in die Gesichter bewaffneter Männer sehe. Ich weiche zurück, aber es gibt keinen Ausweg.

Verdammt, dieses Mal werden sie uns erschießen! Meine Mitreisenden denken wohl dasselbe, als ich ihre erschreckten Gesichter erblicke.

Ein Mann geht auf den Ausgang zu. Mir stockt der Atem, und ich fange an zu weinen, als ich sehe, wie die Menschen nach und nach den Container verlassen. Ich rufe, dass sie nicht mitgehen sollen. Doch ich ernte nur Ignoranz. Diese ahnungslosen Idioten! Man wird sie genauso töten wie die Ziegen zu Festtagen in unserem Dorf.

Der Container leert sich. Ich entdecke Naadir. Sein Körper wirkt irgendwie verdreht, und sein Blick ist ins Nichts gerichtet. Auf allen Vieren robbe ich zu meinem Freund

und reiße ihn an mich. Schlafend liegt er in meinen Armen. Ich registriere die besorgten und entsetzten Gesichter der Uniformierten, und erst jetzt merke ich, dass sich ihre Waffen immer noch in ihren Holstern befinden.

Jemand spricht mich an. Als ich nicht antworte, streckt er seine Hand in den Container. Ich reagiere nicht. So einfach werde ich es ihm nicht machen. Er zieht seine Hand nicht zurück und nickt mir lächelnd zu.

Jetzt erscheint eine Frau. Ihr Haar ist genauso hell wie ihre Haut. Sie trägt keine Uniform, dafür eine leuchtend rote Jacke. Die Wörter auf dem weißen Abzeichen kann ich nicht entziffern, aber das rote Kreuz erkenne ich. Ich weiß, dass es etwas Gutes bedeutet. Das wird mir spätestens dann bestätigt, als sie mir lächelnd eine Wasserflasche entgegenhält. Gierig beäuge ich deren Inhalt. Mein Blick stellt sich scharf, und ich sehe an ihr vorbei.

Draußen ist es hell, und obwohl so viele Personen durcheinanderrennen, wirkt die Gegend freundlich und grün. Sehr grün. Aber auch fremd. Ich erkenne die Menschen aus dem Container. Sie wirken erschöpft. Manche lächeln dankbar, als sie von den Rotjacken versorgt werden. Mein Blick wandert wieder zu der Frau. Ob ich es wagen kann, ihr zu vertrauen?

Mein Durst besiegt die Zweifel, die ich gegen diese Menschen hege, und ich greife nach der Flasche. Ein letztes Zögern, und ich beschließe, davon zu trinken. Das Wasser schmeckt so köstlich, dass es mir schwerfällt, nicht alles auszutrinken.

Ich nehme noch einen Schluck, den Rest bewahre ich für Naadir auf. Sein Gewicht erinnert mich daran, dass ich ihn beschützen muss. Tränen trüben meinen Blick, als ich auf ihn herabsehe. Sein Kopf liegt schlaff auf meiner Brust. Ich frage mich gerade, ob er noch atmet, als die Frau mich anspricht. Ihre Stimme ist hell und sanft.

Obwohl mein Englisch dürftig ist, glaube ich zu verstehen, dass sie mir helfen möchte, und bei einem Wort regt sich ein Funken Hoffnung in mir: *Save.*

Mein Blick wandert zu Naadir. Seine Augen, geweitet, sehen nichts mehr.

»Wir haben es geschafft. Wir sind in Sicherheit, mein Bruder!«, flüstere ich ihm zu. »Wir sind die Auserwählten.«

# DANKSAGUNG

Ich möchte all den Menschen danken, die mich auf unterschiedlichste Weise unterstützt haben. Ohne euch hätte ich es vermutlich nicht geschafft!

Beginnen möchte ich mit meinem Ehemann Marco, der mir immer den Rücken freigehalten hat. Ebenso bedanken möchte ich mich bei meiner Familie und Freunden, insbesondere bei meiner Schwester für ihre Zuversicht und bei meiner Mutter für ihre Anregungen. Bei meinem Schwiegervater Polizeihauptkommissar a. D. Horst Sawatzki für seine Expertise und seine Kontakte. Ein großer Dank geht an die Facharbeiter für Abwassertechnik Marcel Klamert und Markus Remmel, die mich mit ihrem Spezialwissen unterstützt und mich in die Mannheimer Unterwelt entführt haben.

Ein herzlicher Dank geht an Dr. med. Verena Hachmann und Dr. med. Karl Hünermund für ihre Zeit und Unterstützung bei medizinischen Fragen.

Bei allen, die mir ihre Namen für meine Protagonisten geliehen haben und die Figuren dadurch so lebendig machen, möchte ich mich im Besonderen bedanken. Nicht vergessen möchte ich meine Testleserinnen - allen voran Petra Mayer, Alexandra Altmann, Tanja Sanders und Ingrid Reidel für ihre konstruktive Kritik und für ein, zwei kritische Augen.

Ein großes Dankeschön geht an meine Leserinnen und Leser. Eure positiven Rückmeldungen haben mich bestärkt, weiterzuschreiben und Laura Braun zusammen mit Elena Salonis weiter ermitteln zu lassen.

Nicht vergessen möchte ich die Mörderischen Schwestern Rhein-Neckar. Eure Freundschaft und unsere gemeinsame Hingabe zu Mörderischem macht mich zur Serientäterin.

Die Zusammenarbeit mit Gesa Schöning und Dr. Ralf Winkler vom Kirschbuch Verlag war eine wunderbare und lehrreiche Erfahrung, die Lust auf weitere Buchprojekte macht. Danke, dass Sie an mich glauben!

# Der Kirschbuch Verlag

Außerdem im Kirschbuch Verlag erschienen

Elisabeth Rettelbach

## Die wunderbare Kälte

ISBN: 9783948736125

*»Auch als es Nacht wurde, hing die dunkle Kai immer noch lauernd im Spiegel. Ihre leeren schwarzen Augenhöhlen schimmerten eiskalt, triumphierend. Da bekam ich irgendwie Angst, mein Herz raste, es fühlte sich an, als säße in mir etwas. Etwas Stummes und Großes.«*

In einem fast märchenhaft schneereichen Winter wandelt die einzelgängerische Maskenbildnerin Kai durch die Straßen der Stadt und stalkt Fremde. Sie ist eine ferne Betrachterin des Lebens. Doch dann laufen ihr zwei Menschen über den Weg, die sie stärker faszinieren als alles andere und in deren Leben sie sich einmischt. Was zunächst als Spielerei beginnt, entwickelt sich mehr und mehr zu einem psychedelischen Albtraum, der seine Tribute fordert …

*»Ein literarisch bitterböses und doch poetisches Werk, das seinesgleichen sucht. Wem Amelie Nothomb gefällt, wird „Die wunderbare Kälte" lieben.«*

Jana Taysen

## Wir Verlorenen

ISBN: 9783948736064

*Dein Verstand weiß, dass du niemandem mehr trauen kannst – aber was tust du, wenn dein Herz etwas anderes verlangt?*

Die Welt, wie wir sie kannten, existiert seit einer verheerenden Katastrophe nicht mehr. Die junge Smilla weiß, dass es keinen Platz für Liebe und Glück geben kann. Bis sie ihren einstigen Nachbarn Falk wiedertrifft ...

Doch dann überschlagen sich die Ereignisse und Smilla befindet sich mitten in einer Spirale aus Verrat und Lügen. Wem kann sie noch trauen? Und welche zwielichtige Rolle spielt Falk bei alledem?

*»Spannungsgeladen, philosophisch, leidenschaftlich – und aktueller denn je.«*

Birgit Schlieper

## Maike, Martha und die Männer

ISBN: 9783948736002

Maike freut sich auf den Urlaub mit ihrem neuen Freund Arne. Statt in die Sonne, soll es jedoch plötzlich in den Schwarzwald gehen, um dort auf Arnes Oma aufzupassen. Doch damit nicht genug: Schnell erfährt Maike, dass Arne sich jedes Jahr eine neue Freundin sucht, um diese als »Oma-Sitterin« bei der alten Dame zurückzulassen!

Aber da hat er sich in Maike getäuscht, denn Rache ist süß und auch Oma Martha ist rüstiger als gedacht...

Der Auftakt eines aberwitzigen Roadtrips quer über Frankreichs Autobahnen, in dem Verfolgungsjagden und emotionale Berg- und Talfahrten weder eine Frage des Alters noch des Geschlechts sind.

Clara Blais

## Dort, wo die Sterne im Wasser leuchten

ISBN: 9783948736033

*Was würdest du tun, wenn dein bester Freund ertrinkt und du Jahre später glaubst, ihm wiederzubegegnen?*

Skyler ist noch ein Kind, als ihr bester Freund Matthew in einem See ertrinkt. Doch er hört nie auf, sie weiter zu begleiten. Halluziniert sie oder fängt sie sogar an, verrückt zu werden, wie ihre Mitschüler behaupten?

Als Skyler durch eine Verkettung von Unglücksfällen ihre Heimatstadt verlässt, trifft sie auf Damian. Einen Jungen, der dem toten Matthew erschreckend ähnlich sieht und sie stark an ihren besten Freund erinnert. Mit nur zwei Unterschieden: Damian ist am Leben. Und: Er ist leider ein Idiot. Aber dennoch gibt es etwas, das die beiden zu verbinden scheint …

»Romantisch, mystisch und doch lebensnah. Ein starkes Debüt!«